南湖互联网金融丛书

A股实业上市公司"出海"
互联网金融

—— 2013~2016 ——

主编：谢 平 邹传伟

课题组成员：蒋佳秀 肖博文 杨鑫杰 姚崇慧 张浅

经济管理出版社
ECONOMY & MANAGEMENT PUBLISHING HOUSE

图书在版编目（CIP）数据

A股实业上市公司"出海"互联网金融：2013～2016/谢平，邹传伟主编．—北京：经济管理出版社，2017.6

ISBN 978－7－5096－5138－4

Ⅰ.①A…　Ⅱ.①谢…　②邹…　Ⅲ.①互联网络—应用—上市公司—金融管理—研究—中国　Ⅳ.①F279.246－39

中国版本图书馆 CIP 数据核字（2017）第 118112 号

组稿编辑：宋　娜
责任编辑：侯春霞
责任印制：司东翔
责任校对：雨　千

出版发行：经济管理出版社
　　　　　（北京市海淀区北蜂窝 8 号中雅大厦 A 座 11 层　100038）
网　　址：www.E－mp.com.cn
电　　话：（010）51915602
印　　刷：玉田县昊达印刷有限公司
经　　销：新华书店
开　　本：720mm×1000mm/16
印　　张：22.75
字　　数：350 千字
版　　次：2017 年 6 月第 1 版　　2017 年 6 月第 1 次印刷
书　　号：ISBN 978－7－5096－5138－4
定　　价：98.00 元

序 言

2012年8月，中国投资有限责任公司副总经理谢平先生发布了中国金融四十人论坛课题报告——《互联网金融模式研究》，首次正式提出了"互联网金融"概念。

2013年6月13日，余额宝诞生，一夜之间在全国范围掀起互联网金融的热潮，借助互联网技术，传统观念中"高大上"的金融将触角无限贴近普通用户。同时随着技术的不断创新，互联网金融不断突破从业者的想象空间，突破垄断金融制度的严防死守，遍地开花，各类"宝宝"理财产品、众筹、互联网支付、P2P网络借贷突飞猛进。

部分上市公司也加入了这一波互联网金融的热潮。2015年，互联网金融概念股受到市场近乎疯狂的追捧，从多伦股份改名匹凸匹便可见一斑，股价在2015年股票市场"牛市"的背景下一路高歌猛进，屡创新高。各大上市公司也开始在互联网金融领域大显身手，无论是恒生电子这类金融信息服务机构还是原本与互联网金融毫无关联的房地产企业，都纷纷通过各类资本运作手段开展互联网金融相关业务。通过并购重组，上市公司以外延扩张的形式快速涉足互联网金融业务。互联网金融前期需要投入大量资本，通过A股市场资本运作手段，可以为其发展提供有力的资本支持。同时运用资产重组、股权转让、吸收合并、股份回购等多种手段，可以盘活存量资产，增强资本的流动性和盈利能力，提高市场化资源配置功能，促进产业结构调整和升级。

互联网金融概念出现之后，尤其是当市场在A股公司里短期很难找到较为纯粹的互联网金融标的时，有些个股虽然开展了一些互联网金融业务的探索与布局，但离业务落实并贡献业绩还有很大距离，在市场炒作下，估值会明显偏离其投资价值，投资者对此需要有清醒的认识。

2016 年 5 月，有媒体报道称，证监会已经叫停上市公司跨界定增，涉及互联网金融、游戏、影视、VR 四个行业，同时，这四个行业的并购重组和再融资也被叫停。但相关新闻并未得到有关部门证实，不过监管部门对跨界定增日趋严格已是不争的事实，这有利于抑制投机炒作和价值投资理念的形成。同时国家监管部门对互联网金融也开始规范化管理，2015 年 7 月 18 日，中国人民银行等十部委联合发布了《关于促进互联网金融健康发展的指导意见》，提出从多个角度鼓励和支持互联网金融的发展。

另外，作为上市公司，无论是通过收购还是以设立新企业的方式进入互联网金融领域，是否具备互联网金融转型的基因、如何有效地与原业务进行融合以产生"1＋1＞2"的效果、能否顺利开展相关业务并最终实现盈利才是最终的检测标准，随着监管加强，行业也会出现优胜劣汰，并将逐步走向有序、规范与成熟。

上市公司在资金、技术、人才、品牌等方面拥有一定的相对优势，而资源禀赋不同，开展互联网金融业务的路径及方向也比较多元化。根据万得资讯的分类，截至 2016 年 6 月底，A 股上市公司中涉及互联网金融业务的公司共有 53 家，本书的标的为纳入万得互联网金融指数的上市公司，剔除了并无实质互联网金融业务的 8 家，保留了 45 家上市公司。本书的思路如下：①国内互联网金融行业的介绍；②45 家上市公司原主营业务情况分析；③45 家上市公司开展互联网金融业务的情况；④45 家上市公司开展互联网金融业务的动因与路径分析；⑤监管新规后上市公司开展互联网金融业务所遇到的阻碍。

目　录

上篇　互联网金融行业发展篇

下篇　A股实业上市公司与互联网金融篇

上篇　互联网金融行业发展篇

　　本篇旨在对目前国内互联网金融行业的发展状况及最新动态做一个全面的介绍。首先在概述部分介绍了互联网金融的定义、互联网金融的相关理论、互联网金融的分类及 2016 年以来趋紧的监管环境，其次从现状、问题、监管政策解读及未来展望等几个角度，对互联网支付、网络借贷、股权众筹融资、互联网基金销售、互联网保险、互联网信托、互联网消费金融七个业态做了全面的介绍与分析，展现了当前互联网金融行业的概貌。

　　实业上市公司在互联网金融领域的业务拓展情况，包括路径、进展以及效果等，都是与整个互联网金融的行业背景息息相关，本篇所介绍的行业背景，有助于读者全面了解实业上市公司开展互联网金融业务。

第一章 互联网金融业务概述

第一节 互联网金融定义及相关理论

一、互联网金融定义

中国人民银行等十部委联合出台的《关于促进互联网金融健康发展的指导意见》指出，互联网金融是传统金融机构与互联网企业利用互联网技术和信息通信技术实现资金融通、支付、投资和信息中介服务的新型金融业务模式。这是对互联网金融一个比较宽泛的定义。

另外，业内也经常使用"Fintech"一词，关于 Fintech 与互联网金融的联系与区别，可以从 Fintech 的定义去理解。

国内外政府部门、研究机构和从业人员结合研究与实践，从业务模式和科学技术的角度出发，对 Fintech 提出三种不同角度的定义。第一种是将 Fintech 定义为金融和科技相融合后所形成的业务模式，具体包括数字支付、网络借贷、数字货币、股权众筹以及智能投顾等。将 Fintech 定义为业务模式比较符合国外 Fintech 领域的实践，Fintech 公司通过应用新兴技术来改进传统金融机构的业务模式，让客户能够享受更加高效便捷、低成本的金融服务。第二种是将 Fintech 定义为一种科学技术，即国内常提及的金融科技。Fintech 的第三种定义所包含的创新范围较广，既可以是前端产品，也可以是后台技术。①

综上，国外的 Fintech 与国内的互联网金融更为接近，均指业务模式，而国内的 Fintech 多指金融科技。

二、互联网金融相关理论

随着互联网金融的兴起，理论界也从各个角度对其进行了探讨。与互联网金融契合比较密切的理论解释主要包括长尾理论、平台经济、范围经济及规模经济与网络外部性。

1. 长尾理论

长尾（The Long Tail）概念是由《连线》杂志主编 Chris Anderson 在 2004 年 10 月的一篇文章中首次提出的，用来描述诸如亚马逊和 Netflix 之类网站的商业和经济模式。Anderson 还编写了《长尾理论》一书，中文译本由中信出版社于 2006 年出版。

所谓长尾的说法源于统计学中的正态分布曲线，如果用正态分布曲线去描述市场需求，则主流的市场需求汇聚在曲线中间凸起的"头部"，而少量的、零星的、个性化的市场需求则分布在曲线长长的"尾部"。

长尾理论强调了"长尾"所覆盖的市场需求的重要性，认为这部分市场需求，而非"头部"的主流市场需求，代表着商业和文化的未来。而技术及互联网的发展使得个性化的、非主流的需求得以满足，为发掘长尾市场或者利基（Niche）市场中的商机提供了支持。

长尾理论在很多方面较好地解释了国内的互联网金融实务，如 P2P 网络借贷能够覆盖那些不方便从传统金融机构获得贷款的中小企业及个人消费者的资金需求，以及在投资渠道狭窄的背景下，传统金融机构无法满足的民间资金的投资需求。同样，互联网消费金融具有单笔贷款金额不高、贷款期限短、审批快等特点，也是不被传统金融机构所重视的"小而散"市场领域。在互联网支付领域，非银行互联网支付与银行业互联网支付相

---

① 详见南湖互联网金融学院《南湖 Fintech 研究百篇系列之（一）——Fintech 的定义及相关概念辨析》，http：//nifi. org. cn/index. php/thesis/info/270。

比，虽然交易额较低，但交易笔数却远高于后者，说明更多的小额支付业务由非银行支付机构完成。

2. 平台经济

平台经济（Platform Economics）指一种虚拟或真实的交易场所，平台本身不生产产品，但可以促成双方或多方供求之间的交易，收取恰当的费用或赚取差价而获得收益。平台经济的特征是边际成本趋近于零，边际收益却很高。

在互联网金融实务中，P2P网络借贷平台较好地诠释了平台经济的这种低边际成本、高边际收益的特征。在2014年及2015年上市公司开展互联网金融业务的热潮中，P2P网络借贷平台几乎是必争之地。但与其他商业模式不同，P2P网络借贷平台多在营业初期无法实现盈利，一般要经历一两年甚至更长时间的客户积累才能实现盈利。

3. 范围经济

从企业的层面看，范围经济指企业通过扩大经营范围，增加产品种类，生产两种或两种以上的产品而引起单位成本的降低。范围经济形成的竞争优势可体现在成本、产品差异化以及市场营销等诸多方面。

在实务中，上市公司利用原有业务形成的平台、技术、客户等资源，进行产业链的扩展，实现范围经济，是开展互联网金融业务的一个重要动因。例如，财经资讯门户网站或证券交易系统提供商开展互联网基金销售业务，可以利用原有业务形成的客户资源，将其转化为基金销售业务的客户，在市场营销方面具有明显优势。同样，批发零售企业利用原有客户资源，针对上游供应商、下游消费者或个体商户开展网络借贷，布局供应链金融，也可以节约市场营销成本。

4. 规模经济与网络外部性

传统的规模经济是从供给方的角度出发，指的是随着生产规模的扩大，带来平均成本的下降，从而提高经济效益，例如企业扩大生产规模，可以降低单位固定成本，增加盈利。互联网经济为供给方规模经济带来了新的解释，例如软件的开发成本很高，而复制的成本极低，从而规模经济的效果更为明显。

需求方规模经济则源于网络外部性。网络外部性的概念最早由Rohlfs

（1974）提出，指一种产品对消费者的价值随着其他使用者数量的增加而增加。后来 Katz 和 Shapiro（1985）进一步给出了网络外部性的定义，即随着使用同一产品或服务的用户数量变化，每个用户从消费此产品或服务中所获得的效用的变化。网络外部性在互联网的应用中较明显，但并不局限于互联网，Katz 和 Shapiro 指出了其他网络外部性的可能来源，如电话网络。①

规模经济与网络外部性可以解释当前国内外互联网金融实务中一些领域的市场集中度。如美国的 P2P 网络借贷市场形成了双寡头垄断格局，Lending Club 和 Prosper 两家平台就占了约80%的市场份额，而国内 P2P 网络借贷平台的市场集中度也在提高。

第二节　互联网金融业务分类

关于互联网金融业务的分类，专家学者提出了不同的观点。

有观点认为，从国外互联网金融的发展来看，目前已经存在相对独立的四个互联网金融业务：一是传统金融业务互联网化；二是基于互联网的金融支付体系；三是互联网信用业务，主要包括网络存款、贷款、众筹等新兴互联网金融信用业务；四是网络虚拟货币，最典型的代表就是比特币。②

还有观点认为，根据各种互联网金融机构在支付、信息处理、资源配置上的差异，可以将现有互联网金融机构划分成八种主要类型③：一是传统金融机构的互联网形态，体现了互联网对金融机构的物理网点、人工服务等的替代；二是移动支付和第三方支付；三是互联网货币，如比特币；四是基于大数据的征信和网络贷款；五是 P2P 网络贷款；六是众筹融资，即互联网上的股权融资；七是金融产品的网络销售；八是网络金融交易平台。

---

① 朱彤. 外部性、网络外部性与网络效应［J］. 经济理论与经济管理，2001（11）.
② 郑联盛. 美国互联网金融为什么没有产生"颠覆性"？［J］. 经济研究信息，2014（3）.
③ 谢平，邹传伟. 互联网金融的兴起及八大类型［J］. 博鳌观察，2014（4）.

上述两种分类有重合的地方，2015 年 7 月出台的《关于促进互联网金融健康发展的指导意见》主要是从业态及功能的划分及便于分类监管的角度，将互联网金融业务分为八类：互联网支付、网络借贷、股权众筹融资、互联网基金销售、互联网保险、互联网信托、互联网消费金融和其他互联网金融业务。下面将根据这一分类，依次对各个互联网金融业务进行介绍。

第三节　互联网金融业务的监管

由于互联网金融与互联网、通信技术的结合，极大地拓展了金融的服务场景，突破了传统金融的覆盖领域。作为具有普惠金融、平台金融、信息金融和碎片金融等特征的新业态，互联网金融近几年发展迅速，尤其是以 P2P 网络借贷为代表的网贷行业，即便是在网贷新规出台后，在交易量上仍然保持了强劲增长势头。网贷之家统计的 2016 年 11 月 P2P 网络借贷平台成交额达 2197.34 亿元，环比 10 月增长了 16.53%，统计局公布的 11 月社会融资规模增量为 1.74 万亿元，可见仅就 P2P 网络借贷行业而言，体量已不容小觑。

与互联网金融行业的快速发展相比，监管则相对缺位、滞后，从而行业的风险也在积聚。2016 年，是监管迎头赶上、监管文件密集出台的一年，被业界称为互联网金融"监管年"。监管的收紧虽然短期增加了行业的合规成本，给经营带来困难，但长期有利于行业的健康有序发展。

2015 年 7 月，中国人民银行等十部门联合印发了《关于促进互联网金融健康发展的指导意见》，明确了监管的分工和要求。2016 年 4 月，开启了为期一年的互联网风险专项整治工作。2016 年 10 月，为规范行业发展，整治违法违规行为，防范风险，建立行业监管的长效机制，国务院发布《互联网金融风险专项整治工作实施方案》。在该方案的指导下，风险专项整治工作的重点分为六个细分领域：非银行支付机构、P2P 网络借贷、股权众筹、互联网保险、互联网资产管理、互联网广告及理财，具体相关文件如表 1-1 所示。

表 1－1　2016 年互联网金融风险专项整治相关文件

发布机构	文件名称
国务院	《互联网金融风险专项整治工作实施方案》
多部委联合印发	《非银行支付机构风险专项整治工作实施方案》 《P2P 网络借贷风险专项整治工作实施方案》 《股权众筹风险专项整治工作实施方案》 《互联网保险风险专项整治工作实施方案》 《通过互联网开展资产管理及跨界从事金融业务风险专项整治工作实施方案》 《开展互联网金融广告及以投资理财名义从事金融活动风险专项整治工作实施方案》

目前，针对互联网金融的监管体系正在逐步完善，除了相继出台的专门针对互联网金融业务的监管文件外，有的监管体现在监管文件中的互联网金融业务相关条款。具体文件如表 1－2 所示。

表 1－2　截至 2016 年底互联网金融相关的主要监管文件

发布机构	文件名称	施行日期
联合印发	《网络借贷信息中介机构业务活动管理暂行办法》	2016 年 8 月
中国人民银行	《非银行支付机构网络支付业务管理办法》	2016 年 7 月
证监会	《证券投资基金销售机构通过第三方电子商务平台开展业务管理暂行规定》	2013 年 3 月
	《货币市场基金监督管理办法》	2016 年 2 月
保监会	《互联网保险业务监管暂行办法》	2015 年 10 月
中国证券业协会	《场外证券业务备案管理办法》	2015 年 9 月
	《私募股权众筹融资管理办法（试行）（征求意见稿）》	2014 年 12 月

关于互联网金融的监管，在下面各章针对不同业态分别进行分析，这里不再赘述。

第二章 互联网支付：竞争加剧、盈利不足

互联网支付是指通过计算机、手机等设备，依托互联网发起支付指令并转移货币资金的服务。互联网支付是互联网金融的重要模式之一，也是其他模式运行的重要支柱，在互联网金融领域有着基础性的地位。

第一节 发展概况

互联网支付业务的参与者主要包括银行业金融机构和非银行支付机构，根据中国人民银行发布的《2016 年第三季度支付体系运行总体情况》（见图 2－1、图 2－2），2016 年第三季度互联网支付业务交易笔数为 556.35 亿笔，交易规模为 460.27 万亿元，其中银行业金融机构完成的交易笔数为 116.07 亿笔，交易规模为 433.93 万亿元，同比增长率分别为 41.34% 和 0.26%，非银行支付机构完成的交易笔数为 440.28 亿笔，交易规模为 26.34 万亿元，同比增长率分别为 106.83% 和 105.82%。

移动支付是指用户使用移动终端对所消费的商品或服务进行账务支付的一种服务方式，主要分为近场支付和远程支付两种。近场支付是指通过近距离无线通信技术的移动终端实现信息交互、进行资金转移的支付方式，主要包括射频、蓝牙和红外线等通道。远程支付是指通过移动网络与后台支付系统建立连接并完成支付的行为，是互联网支付概念的延伸。《2016 年第三季度支付体系运行总体情况》显示（见图 2－3），2016 年第三季度移

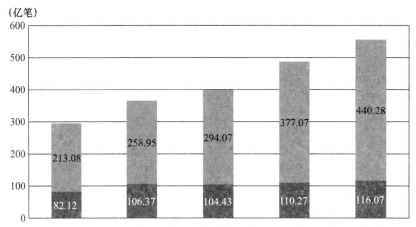

图 2 - 1 2015 年第三季度至 2016 年第三季度中国互联网支付业务交易笔数

资料来源：中国人民银行，本书课题组整理。

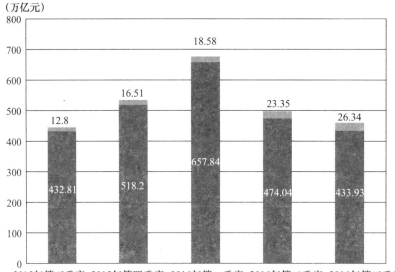

图 2 - 2 2015 年第三季度至 2016 年第三季度中国互联网支付业务交易规模

资料来源：中国人民银行，本书课题组整理。

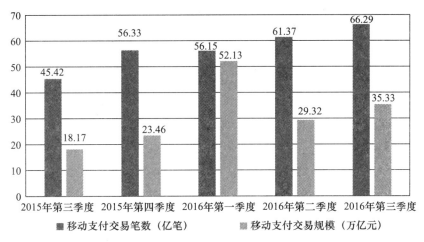

图2-3 2015年第三季度至2016年第三季度中国移动支付业务情况

资料来源：中国人民银行，本书课题组整理。

动支付业务交易笔数为66.29亿笔，交易规模为35.33万亿元，同比增长率分别为45.97%和94.45%。

第三方移动支付市场目前形成了以支付宝和财付通为代表的寡头垄断格局，如图2-4所示，易观智库统计的2016年第三季度的交易份额显示，支付宝及财付通合计占据了近九成的市场份额。

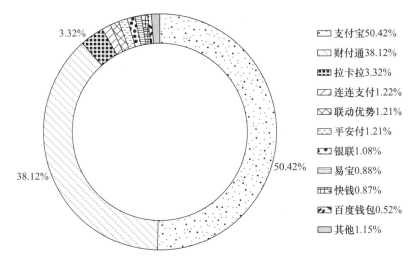

图2-4 2016年第三季度中国第三方移动支付市场交易份额

资料来源：易观智库，本书课题组整理。

互联网支付在发展过程中呈现出以下特点：

一、银行业金融机构仍然保持主导地位

从互联网支付业务的交易规模来看，银行业金融机构的交易规模占互联网支付业务整体规模的94.3%，而非银行支付机构的交易规模仅占整体规模的5.7%，银行业金融机构仍然保持主导地位。但是，银行业金融机构交易规模的增长速度缓慢，2016年第三季度的同比增长率仅为0.26%，而非银行支付机构的交易规模保持较快的增长，2016年第三季度的同比增长率达到105.82%。

二、非银行支付机构平均交易额度小

2016年第三季度非银行支付机构完成的交易笔数要远高于银行业金融机构，但是交易规模却不如银行业金融机构，对数据进行处理可以得出非银行支付机构的平均交易额度为每笔598元，而银行业金融机构的平均额度为每笔3.74万元。相比于银行业金融机构，非银行支付机构的平均交易额度较小。通过归纳总结，可以得出以下四方面原因：一是两者的业务范围存在较大的差异，非银行支付机构的业务以日常消费为主，而银行业金融机构还包括理财投资业务；二是用户对银行业金融机构的信任促使用户在进行大额交易时倾向于选择银行业金融机构；三是非银行支付机构对单笔的交易金额有所限制，例如，用中国建设银行借记卡绑定的微信支付单笔交易额度不能超过10亿元；四是监管部门倡导非银行支付机构开展小额便捷支付业务。

三、第三方支付牌照发放基本收口，牌照成稀缺资源

自2011年中国人民银行发放第一批共27家支付牌照以来，支付牌照的发放呈下降趋势，2013年发放数下降加快，主要原因在于行业出现了一些严重违规的现象，如未落实商户实名制、变造银行卡交易信息、为无证机

构提供交易接口、通过非客户备付金账户存放并划转客户备付金、外包服务管理不规范等问题。2011～2015 年发放的支付牌照数量分别为 101 家、96 家、53 家、19 家和 1 家，[①] 2016 年则未发放，目前合计为 270 家。第三方支付牌照发放收口，从而成为稀缺资源。

第三方支付牌照分为银行卡收单、网络支付及预付卡发行与受理，其中网络支付包括互联网支付、移动支付、数字电视支付和固定电话支付，而后两者目前应用已经很少。在第三方牌照的续展及整顿中，还有牌照被吊销或合并，所以市场上现存的牌照会减少。2016 年 8 月，中国人民银行有关负责人就《支付业务许可证》续展工作答记者问时表示，将坚持"总量控制、结构优化、提高质量、有序发展"的原则，一段时间内原则上不再批设新机构。

第二节　行业存在的问题

一、用户数据泄露

用户数据泄露是当前互联网支付面临的主要问题。互联网支付行业是黑客攻击的主要目标之一，黑客利用互联网支付系统在基础设施和数据管理等方面可能存在的缺陷，窃取用户的敏感信息，例如用户的支付账号和身份证号码等信息，并将信息出售给其他机构，这不仅会给用户造成巨大损失，而且还会造成互联网支付机构的信任危机。

金融机构和支付机构的内控机制不完善，也会导致信息泄露。金融机构和支付机构在提供网上服务和交易的过程中，会收集大量个人数据，由于监管和内控机制不到位，频频出现信息泄露现象。中国人民银行披露的信息显示，2015 年 1 月，某支付机构泄露了成千上万张银行卡信息，涉及

---

① 中国互联网金融协会. 中国互联网金融年报 2016 ［M］. 北京：中国金融出版社，2016.

全国 16 家银行，之后半年多的时间内，由于伪卡形成的损失已达 3900 多万元。①

用户数据泄露的责任方难以追踪给用户维权造成障碍。在支付过程中，有多方机构能够接触到用户的数据，如用户向保险公司购买保单，除了保险公司外，支付机构和保单快递公司都能够接触到用户的详细信息，都有可能泄露用户的信息。用户难以找出充足的证据确定数据泄露的责任方，而民事诉讼中"谁主张，谁举证"的基本原则要求当事人对自己提出的诉讼请求所依据的事实或者反驳对方诉讼请求所依据的事实有责任提供证据加以证明。

二、欺诈交易

随着越来越多的消费者选择互联网支付和移动支付，欺诈交易也从线下转移到线上，犯罪分子利用新的技术进行更加复杂的犯罪活动，到处寻找连接用户和支付网络的薄弱环节并进行攻击。据统计，2006 ~ 2015 年，线上的全球欺诈交易迅速增加，线上欺诈占总欺诈的比例从 2006 年的 35%上升到 2015 年的 51%。

用户数据泄露助长了欺诈交易。支付宝在 2015 年发布的统计资料显示，互联网支付最常见的风险类型是信息泄露引起的账户被盗和个人诈骗，占到互联网支付诈骗事件的八成以上。由于个人信息泄露，不法分子能够利用泄露信息刻画用户身份并实施精准诈骗，用户难以防范，使诈骗成功的概率上升。

三、盈利模式亟须创新

随着互联网支付行业的快速发展，大量互联网支付机构涌入支付市场，互联网支付机构之间的竞争不断加剧，盈利空间不断被压缩，互联网支付机构必须寻找新的市场空间和盈利空间。

---

① 吴秋余. 谁"偷"了我的支付信息？［EB/OL］. 人民日报，http：//sx. people. com. cn/n2/2016/1121/c352664 - 29337991. html.

此外，《非银行支付机构风险专项整治工作实施方案》对非银行支付机构的备付金提出了规范，中国人民银行或商业银行不向非银行支付机构备付金账户计付利息，进一步压缩了非银行支付机构的盈利空间。

第三节　政策解读

自 2016 年 7 月 1 日起《非银行支付机构网络支付业务管理办法》正式生效，要求互联网支付平台的所有用户必须进行实名制验证，并按照三类支付账户分级管理，对互联网支付机构实施差别化管理，采用扶优限劣的激励和制约措施，引导和推动支付机构既要合规经营，又要勇于创新。《非银行支付机构网络支付业务管理办法》也对支付账户和银行账户进行了区分。此前，支付账户与银行账户的功能趋同，定位混淆，既不利于保护社会公众的权益，也不利于国家金融和社会安全。

2016 年 8 月，中国人民银行对支付宝、财付通、银联等 27 家非银行支付机构的《支付业务许可证》续展 5 年，同时《支付业务许可证》缩减了存在问题的互联网支付机构的业务范围。

2016 年 10 月发布的《非银行支付机构风险专项整治工作实施方案》再次强调《支付业务许可证》的重要性，明确指出"对于业务许可存续期间未实质开展过支付业务、长期连续停止开展支付业务、客户备付金管理存在较大风险隐患的机构，不予续展《支付业务许可证》"。此外，《非银行支付机构风险专项整治工作实施方案》对非银行支付机构的备付金进行了规范，中国人民银行或银行业金融机构不向非银行支付机构备付金账户计付利息，防止支付机构以利差作为主要盈利模式，同时规定非银行支付机构不得连接多家银行系统，变相开展跨行清算业务。非银行支付机构开展跨行支付业务应通过中国人民银行跨行清算系统或者具有合法资质的清算机构进行。

互联网支付的监管框架越发明晰，有利于为互联网金融行业创造一个良好的环境，保证互联网支付健康有序发展。

第四节 未来展望

一、科技进步是互联网支付创新的核心动力

科技进步是互联网支付模式创新的核心动力。支付形式、支付安全保障、支付信息处理的每一次变革都反映出支付产业科技水平的不断提升，从支付形式来看，已经经历了从现金支付到信用卡支付，再到互联网支付的变革。从支付手段来看，短信支付、扫码支付、指纹支付、人脸支付等支付手段层出不穷，甚至智能穿戴式设备也可以支付，成为新的支付终端。从支付安全来看，生物识别技术的发展显著提升了支付体验和支付信息安全。从支付信息的处理来看，大数据、云计算等计算的应用使支付由简单的数据传输向数据的开发、利用延伸，逐渐发挥出支付数据和信息的重要价值。

二、互联网支付行业迎来跨界融合时代

互联网支付跨界融合主要体现在三个方面：一是与用户数据的融合。互联网平台拥有海量的数据，借助大数据和云计算技术，可以进行产业重构和价值链延伸，开拓平台化、综合化的商业模式，不断改进产品设计，优化用户体验，向智能化、个性化方向升级优化。二是与消费场景的融合。由于互联网支付和移动支付的快速发展，支付开始渗透到生活的方方面面，与生活中的场景相互融合，从而有助于优化用户的体验，扩大支付服务的范围，吸引消费者依托支付平台完成转账和消费。例如，支付宝车主服务平台与国内智慧停车代表企业 ETCP 实现合作，支付宝用户在出入 ETCP 停车场时可通过 APP 直接缴纳停车费。三是与金融的融合。支付机构留存了大量客户备付金，充分运用客户备付金有助于为支付机构创造新的盈利空

间，越来越多的支付机构已经开始有理财功能，如支付宝绑定余额宝帮助用户进行理财等。艾瑞咨询的统计数据显示，基金申购已经成了非银行支付机构网上支付最主要的业务。

三、聚合支付兴起

聚合支付是指通过聚合各种非银行支付机构、合作银行、合作电信运营商及其他服务商接口等多种支付工具开展综合支付服务。当前，支付机构缺乏互通，对于用户来说，用户难以比较支付机构之间的差异，无法从众多支付工具中选择最合适的支付工具；对于商户来说，与多家支付机构合作，会使对账环节变得烦琐。聚合支付通过对接多家平台，基于 LBS（Location Based Service）技术建设决策支持系统（Decision Support System），帮助用户从众多支付工具中选择最合适的支付工具。此外，聚合支付还可以为商户提供集合对账服务，提升商户的对账效率。

第三章　网络借贷："新规"下成交量曲折上升

第一节　发展概况

根据《关于促进互联网金融健康发展的指导意见》，网络借贷是指通过互联网平台进行借贷的模式，主要包括个体网络借贷和网络小额贷款。个体网络借贷就是通常所说的 P2P 网络借贷，其服务主要针对个体与个体之间的借贷行为，个体包含自然人、法人及其他组织。在 P2P 网络借贷中，根据监管要求，网贷平台仅作为信息中介，为借款人和投资人提供信息交流平台，自身不设资金池，不提供资金。网络小额贷款主要是通过"B2P"，即个人向机构直接进行借款的形式实现的。其中，"B"包括传统金融机构（如传统银行、传统的小额贷款公司等）、网络小额贷款公司。网络小额贷款的资金来自金融机构自身。

互联网金融行业竞争日益激烈，随着互联网金融风险专项整治活动的开展，以及 2016 年 8 月 24 日《网络借贷信息中介机构业务活动管理暂行办法》的出台，网络借贷行业的规模由快速扩张转为稳中有升，呈现出集中趋势。以 P2P 网络借贷为例，一方面，正常运营 P2P 网络借贷的平台在减少，截至 2016 年 11 月 30 日，P2P 借贷平台共 4800 家（仅包括有 PC 端业务的平台，且不含港澳台地区），其中正常运营的仅有 1613 家，仅占

33.6%，正常运营的平台环比下降 3.9%①，新增平台自 2015 年 5 月开始一直呈现下降趋势。另一方面，自 2015 年 12 月至 2016 年 11 月，P2P 网络借贷行业近一年成交额总计为 17967.19 亿元，成交量曲折上升（见图 3-1）。2016 年上半年，P2P 网络借贷累计成交量达到了 8000 多亿元人民币。② 平台成交量整体呈上升趋势，而正常运营平台一直环比下降，可见行业集中趋势正在显现，大平台的市场占有率越来越高，小平台面临着巨大的竞争压力。这种行业集中趋势还体现在地区分布上，截至 2016 年 6 月，中国 P2P 网络借贷平台数量为 2349 个，其中 1475 个运营平台分布在广东、北京、浙江、山东、上海这 5 个省市，占全国平台总数的 62.8%。

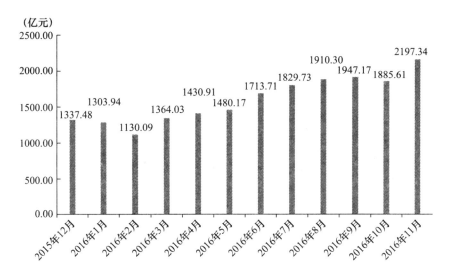

图 3-1　P2P 网络借贷行业月成交量

资料来源：网贷之家，本书课题组整理。

同时，随着监管的加强和利率市场化改革，P2P 网络借贷的收益率开始趋于合理化，P2P 网络借贷行业的总体综合收益率已经从 2015 年 12 月的 12.45% 下降至 2016 年 11 月的 9.61%（见图 3-2）。

---

① 零壹财经研究院. 中国网贷行业月度简报［EB/OL］. http：//www.01caijing.com/news/11188.htm.

② 盈灿咨询.2016 年全国 P2P 网络借贷行业半年报［EB/OL］. 网贷之家，http：//www.wdzj.com/news/baogao/30277.html.

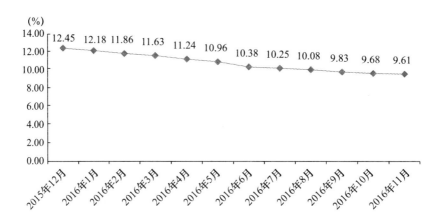

图 3－2　P2P 网络借贷行业月综合收益率

资料来源：网贷之家，本书课题组整理。

第二节　行业存在的问题

网络借贷行业过去的粗放式增长暴露了很多问题，以轰动一时的 e 租宝事件为例，不难看出，P2P 网络借贷行业要想走向阳光、健康，无论是从业者还是监管者都面临不小的挑战。P2P 网络借贷平台信息披露不真实、不及时，可能导致虚假发标的问题，如 e 租宝通过收购企业或注册空壳公司，虚构融资项目进行虚假发标，推高平台人气，诱导新投资人进入；P2P 网络借贷平台有私设资金池从而变相吸储、挪用资金的现象，e 租宝事件的发生原因之一是没有做到资金存管隔离。之前业内大多采用第三方支付机构资金托管模式，随着监管要求的明晰，银行存管已成为 P2P 网络借贷平台合规经营的必要条件。然而，由于存管门槛高，截至 2016 年 11 月底，国内网络借贷平台与银行签约存管实际完成系统对接的仅 129 家，其中部分还是颇受争议的银行与第三方支付"联合存管"模式。[①] 大多数平台尚未接入银行存管系统，这使行业整体的合规风险大大增加。此外，由于我国投资者风险识别意识较弱，难以自担风险，因此对于 P2P 网络借贷平台能否"保本保息"十分看重，导致过去各平台为了竞争揽客纷纷推出自担保或第三方担保服务。然而担保并不意味着投资者可以高枕无忧，平台跑路或者担保公司跑路的情况仍然频发。2015 年 8 月发布的《最高人民法院关于审理民间借贷案件适用法律若干问题的决定》，从法律上明确要求 P2P 网络借贷平台去担保化。

第三节　政策解读

2016 年 8 月 24 日，银监会、公安部、工信部、互联网信息办公室四部委联合发布了《网络借贷信息中介机构业务活动管理暂行办法》（以下简称《办法》），P2P 网络借贷行业监管细则正式出台。与 2015 年 12 月 28 日出台的《网络借贷信息中介机构业务活动管理暂行办法（征求意见稿）》相比，《办法》对"小额"做出了具体规定，P2P 网络借贷行业整改期也由征求意见稿中的 18 个月改为 12 个月，同时修改、新增了三条红线，即《办法》中引起业界轰动的三项规定：电信业务经营许可证、资金存管、借款余额限制，详见第十六章第四节监管新规后几家上市公司的互联网金融转型遇阻。

第四节　未来展望

监管部门的一系列措施说明，P2P 网络借贷行业已经告别过去"野蛮生

---

① 融360：《2016 年 P2P 资金银行存管分析报告》。

长、粗放经营"的发展方式，行业已进入优胜劣汰的关键阶段，未来行业集中度将进一步提升。随着风险专项整治力度的加大，平台经营合规成本增加，P2P网络借贷平台的发展呈现以下几种趋势：

一、坚持信息中介地位

P2P网络借贷平台积极拥抱监管政策，根据监管要求合规化经营，与银行签订第三方存管协议，发标金额满足《办法》的相关要求，积极披露相关信息，成为行业中大浪淘沙的幸存者。

二、资产端注重垂直化经营

垂直化经营模式专注于单一行业产业链的上下游业务，因为行业内部信息有着极强的相关性，可以降低平台信息收集成本，提高平台风控能力，为客户提供标准化、专业化的金融服务。过去P2P网络借贷行业的急速扩张导致了同类型平台过剩，且提高了经营合规性成本。供应链金融、消费金融等都是垂直细分领域资产端创新的典型代表。

三、资金端 P2P 变为 B2P

长期以来，P2P网络借贷平台的品牌宣传并不能带来直接的获客效果，福利只能换来"羊毛党"，却换不来真用户，投机客毫无用户黏性可言，不停释放福利无疑是饮鸩止渴。目前，网贷行业高额的获客成本使网贷平台很难通过正常经营覆盖经营成本，在这种情况下，越来越多的P2P网络借贷平台开始转变为B2P公司，资金募集从向个人端转为向公司端或私人银行客户募集，放贷端仍是以面向个人为主，从而平台获得资金的各项成本可以大幅降低，能够以相对低的利率吸引更多的借款者，真正为中小微企业和有借款需求的个人提供金融服务，践行普惠金融的理念。

四、良性退出市场

　　监管措施的陆续出台加速了实力较弱的平台离场，网贷行业已进入洗牌期。除了前述几种业务发展方向外，也有不少经营困难或不合规的网贷平台选择主动退出市场，也有数百家平台选择隐形停运，形成良币驱逐劣币的趋势，体现了优胜劣汰的健康发展机制。

第四章　股权众筹融资：静待监管出台中缓步前行

第一节　发展概况

根据市场发展，股权众筹分为互联网公开股权融资和互联网非公开股权融资。互联网非公开股权融资是指通过互联网进行的非公开的股权募资行为。根据我国市场的表现，本书所述股权众筹为互联网非公开股权融资。

综观 2016 年，从行业的整体表现看，股权众筹行业在挑战迂回中向前发展。2016 年伊始股权众筹发展平稳，1 月增加平台 2 家，私募股权融资规模达到 3.58 亿元。2 月一家股权众筹平台获得融资，36 氪作为垂直媒体转型的股权众筹平台，获得资本青睐，平台项目发展状况良好。5 月开始，股权众筹行业整体规模开始下降。据众筹之家统计，10 月众筹金额再创近 5 个月以来新低。据不完全统计，10 月非公开股权融资类项目金额仅为 4265 万元。10 月非公开股权融资领域比较惨淡，众筹金额达到或超过 1000 万元的领域仅有 5 个。广东、贵州、浙江、北京是全国范围内平台数量前四位的四个省市。《众筹之家 11 月股权众筹行业简报》显示，据不完全统计，网站能打开的股权类/收益权类众筹平台约在 210 家（网站能打开不代表平台仍在运营状态）。

监管的变化也给行业的发展带来新的不确定性。2015 年 8 月，证监会解散监管股权众筹的创新部，但几乎同一时间由国务院办公厅发布的《"十三五"国家创新规划》中提出健全支持科技创新创业的金融体系，提高直接融资的比例，对股权众筹的发展又给予了一定的肯定。2016 年 10 月，证监会等 15 部门联合公布《股权众筹风险专项整治工作实施方案》，明确监管条例，重点对房地产众筹等进行了规划。随着监管趋严，平台定位、转型和发展都面临更多的挑战。

从行业的参与主体来看，科技公司布局互联网金融暨股权众筹的步伐加快。2016 年 9 月，小米旗下的米筹金服互联网股权投资平台正式上线。但科技巨头布局股权众筹的初衷与业内其他入门者有一定的区别，主要重在金融领域的布局，并且实际业务量较小。

新型的服务于股权众筹发展的机构逐步建立。2016 年 6 月，天津滨海京元众筹交易中心在天津技术开发区创办成立。该公司由京东金融和天津滨海柜台交易市场合作发起，旨在为小微企业融资、转让及相关活动提供设施与服务，是我国首个互联网私募股权融资交易场所，为股权众筹增加了退出方式，并完善了行业内的退出机制。

在经济整体下行压力和结构转型步伐加快的双重压力下，建立多层次资本市场助力企业发展有着重要的战略和历史意义。股权众筹作为直接融资方式之一，也是金融服务实体经济的重要环节，具有较大的发展空间。直接融资方式之间的合作也在产生，如股权众筹和新三板市场的结合开始显现。

第二节　行业存在的问题

一、行业内良莠并存

股权众筹作为一个新兴事物，既有创新带来的市场拓宽深化等效应，也有作为新兴事物的共有缺陷，如法律法规不健全、从业者资质不合格、主营业务界定不清晰等。另外，业务的发展过程中容易受到市场、政策等不确定因素的影响，作为行业初期的初创企业，没有积累起应对风险的知识，部分平台也不具备应对风险的能力。数据显示，2016年1月，行业内有25家平台处于没有项目和停运状态，由此可见，行业内的发展存在较快的优胜劣汰迭代过程。

二、行业中存在不良市场经营主体

平台自融、虚假项目的现象以及非法发行股票和非法从事证券活动的平台依然存在。从监管重点透露出来的信息可以看出，房地产众筹也为金融稳定带来了一定的隐患。

三、行业整体发展空间受限

从行业本身的特点来讲，股权众筹具有项目风险高、信息披露少的双重特点。相对于其他金融产品，股权众筹的项目从天使轮开始，处于企业发展初期，风险相对最大，但合格投资者和起投金额却较其他的金融产品低，因而从风险控制的角度来看，其起点过低，风险太大。股权众筹作为新型直接融资渠道，解决了部分企业的融资难问题，但其优点更多是在现阶段中国传统金融融资渠道较少的情况下得以体现，某种程度上承担的任务多，平台所担当的角色会更多。股权众筹平台多半通过主动型财务投资基金作为未来收入来源，这也为平台本身带来了一定的风险。

第三节　政策解读

2016年8月，国务院办公厅发布《"十三五"国家创新规划》（以下简称《规划》），提出健全支持科技创新创业的金融体系，提高直接融资的比例，而股权众筹作为直接融资的一个典型代表，"双创"作为国家现阶段坚定执行的一大政策，《规划》的发布为股权众筹的发展提供了政策上的认可与支持。《规划》中提到"鼓励成立公益性天使投资人联盟等各类平台组织，培育和壮大天使投资人群体，促进天使投资人与创业企业及创业投资企业的信息交流与合作，营造良好的天使投资氛围，推动天使投资事业发展。规范发展互联网股权融资平台，为各类个人直接投资创业企业提供信息和技术服务"，体现了国家政策对个人直接投资创业的支持。

由于股权众筹的金融属性和新兴属性，在监管和法律法规的制定上，一方面为监管部门的监管带来了挑战，另一方面为行业的发展带来了政策性风险。

2015年10月13日，证监会等15部门联合公布《股权众筹风险专项整治工作实施方案》，明确监管条例，重点整治互联网股权融资平台（以下简称平台）以"股权众筹"等名义从事股权融资业务，以"股权众筹"名义募集私募股权投资基金，平台上的融资者擅自公开或者变相公开发行股票，平台通过虚构或夸大平台实力、融资项目信息和回报等方法进行虚假宣传，平台上的融资者欺诈发行股票等金融产品，平台及其工作人员挪用或占用投资者资金，平台和房地产开发企业、房地产中介机构以"股权众筹"名义从事非法集资活动，证券公司、基金公司和期货公司等持牌金融机构与互联网企业合作违法违规开展业务八类问题。在《证券法》修订未完成之前，股权众筹的发展需要紧跟政策的走向来规范业务活动。

第四节　未来展望

从新规上看，国内严格意义上的合法合规股权众筹平台并不存在。2016年上半年股权众筹平台的增加、融资额的上升有较大部分来自房地产众筹融资，而新规出台以及我国对经济发展的整体态度，使拥有房地产众筹业务和以此为业务重点的平台发展受阻。在新规的要求下，行业内根据新的《股权众筹风险专项整治工作实施方案》进行平台整改、项目筛选、投资人审核等存在一定的时间滞后性和转换成本，因此近期内可能发展相对缓慢。长期来讲，股权众筹仍有发展空间，一是在"双创"背景下，融资需求在逐步增加；二是作为直接投资的一种方式，在我国金融市场从间接融资向直接融资的过渡中，股权众筹具有自身的优势。当然，股权众筹的未来发展需要市场主体与监管部门共同努力。

第五章　互联网基金销售：创新不足、增长可期

第一节　发展概况

互联网基金销售是指在第三方电子商务平台通过互联网开展的基金销售，并为基金投资人和基金销售机构之间的基金交易活动提供辅助服务。

根据互联网基金销售的有关规定，开展此项业务需要获取牌照。目前，市场上拥有互联网基金销售牌照的公司以大型互联网企业与原有此业务的门户网站为主，如东方财富和新浪。

目前，互联网平台已经成为基金代销的主流渠道之一，如蚂蚁聚宝、苏宁理财、京东金融、天天基金网、盈米且慢、众禄基金、蛋卷基金、金融界等，其中，天天基金网以其代销基金数量及成交金额成为行业龙头。2015年底和2016年初股市的大幅波动给基金行业的整体发展带来了不利影响，但整体来看，互联网基金销售喜忧参半：一方面，销售额开始走低，以好买财富为例，2016年上半年公募基金销量约89亿元，降幅约24.57%，私募及FOF销量约29亿元，降幅约51.67%；另一方面，互联网基金销售主体增加，互联网基金销售牌照也成为市场上企业努力争夺的对象。从行业参与主体来看，传统基金公司和互联网科技运营公司仍是市场主要的参与者，行业数据显示基金销售业绩集中在东方财富等几家早期成立并获得较大市场份额的公司。

互联网基金的发展主要体现在基金代销平台的建设上。2016 年行业的发展出现了以下几个特点：平台的服务更加多元，增加了"智能定投"、"基金互转"、"一键组合投资"等特色功能，提供差异化、优质化的用户体验。另外，随着金融产品销售品类的扩充，基金代销平台开始向综合性理财平台转型，智能投顾和基金研究的重要性凸显，同时基金成为标准化的底层配置资产之一，基金组合成为众多平台推出的产品，例如，天天基金网、盈米且慢等均推出了这种基金组合产品，其以多只公募基金为基金池，客户掌握组合的调仓权，可做到多只基金集合展示，统一跟踪，一键下单，并将累积收益、年化收益、夏普比率、净值曲线以及组合的相关性、调仓历史展示出来，从而让投资者对自己的投资心中有数。

第二节　行业存在的问题

　　目前，行业存在的问题主要有以下两点：

　　一是互联网基金销售牌照紧缺。2016 年，由于互联网金融行业整体处于监管部门的排查期，加之市场本身的发展受限，监管政策趋严，互联网基金销售牌照资源出现供不应求的现象，一方面导致业务开展不顺利，另一方面使得市场上出现牌照价格持续上升的现象，从而影响行业健康发展。

　　二是业务模式创新存在不足。在大多数互联网基金销售平台采取的"一键组合投资"产品中，相当一部分组合缺乏清晰的投资目标、策略和基准，无论是投资组合本身还是提供单只基金参考的价值都大打折扣；大部分基金组合体现出集中投资、频繁调仓、追逐最优收益的积极择时倾向，这样的特征并不能降低风险，反而可能增加费率成本。由此可见，基金组合缺乏规范。另外，销售平台也体现出在提供增值、投资顾问服务方面形式单一，立足于投资者的充分信息分析、风险收益匹配、非必要风险的规避等个性化服务仍然较少。

第三节　政策解读

2016 年 8 月，证监会发言人公开表示："根据《证券投资基金法》、《证券投资基金销售管理办法》相关规定，公募证券投资基金管理人和注册取得公募证券投资基金销售业务资格的机构，可以从事公募证券投资基金销售活动；未经中国证监会注册，擅自从事公募证券投资基金销售业务的，中国证监会将依法对相关机构和人员进行处罚。发现互联网平台未经注册、以智能投顾等名义擅自开展公募证券投资基金销售活动的，将依法予以查处。"总体上看，监管层加强了对互联网基金销售平台的监督，严格了市场准入，同时收紧了独立基金牌照的发放。

另外，我国《证券投资基金销售管理办法》中明确指出销售适用性原则，即投资人的风险承受能力与基金产品风险收益相匹配，目前来看，智能投顾等基金销售方面的创新在技术和产品设定上还存在一定的不确定性，从平台的现阶段定性和发展上看，应聚焦于基金的销售和服务优化。

第四节　未来展望

未来互联网基金销售将呈现出如下特征：互联网基金销售基于互联网平台进行客户端的销售与售后服务，并通过先进技术改善产品开发等功能，将客户需求和产品有机结合起来，使得产业链条上的电子转换率、销售业绩、客服数据等形成有效可得的量化指标，互联网基金销售平台通过相关数据指标可以整合信息、创新产品、多维营销和改善服务。在后期服务上，对投资者教育等方面的服务会逐渐提升。

另外，未来互联网和智能投顾的融合在行业中会逐步显现。运用大数据对投资者风险偏好、理财目标等进行把握，通过计算能力来为客户推荐匹配的基金产品,将是行业的发展趋势。目前,我国人口结构开始转变,逐渐步入老龄化社会,这为养老金的资金运用提供了一定的机遇,公募基金与养老金可以相互促进,并且细分人群、垂直领域的市场开发具有一定的发展空间。与此相适应,互联网作为基金销售平台会取得长足发展。市场主体应立足于给予投资者充分的信息分析、风险收益匹配、非必要风险的规避以及个性化的服务。根据中金公司2016年8月发布的研究报告《互联网零售财富管理:除了"BAT"还有"RED"》,预计2020年关于互联网基金代销的第三方佣金收入将达到101亿元,2015～2020年复合增速为24%。

第六章　互联网保险：创投"新宠儿"

2015 年十部委联合发布的《关于促进互联网金融健康发展的指导意见》对互联网保险进行了定义，互联网保险业务是指保险机构依托互联网和移动通信等技术，通过自营网络平台、第三方网络平台等订立保险合同、提供保险服务的业务。2015 年互联网保险销售收入突破千亿元规模，被业界称为互联网保险元年。经过一年的发展，2016 年互联网保险行业几乎成为互联网金融领域最受关注的业态之一。

第一节　发展概况

一、增长情况

从保费收入规模看，互联网保险是互联网金融各业态中快速发展的业态之一。2011 年以来，互联网保险保费收入规模保持着倍数级别的高速增长（见图 6-1）。根据中国保险行业协会的数据，2014 年，中国互联网保险保费收入为 858.9 亿元，同比增长 195%；2015 年，中国互联网保险保费收入为 2234 亿元，同比增长 160.1%，比 2011 年增长近 69 倍；2016 年，中国互联网保险保费收入依然保持了这样的增长势头。2016 年上半年，互联网保险市场累计实现保费收入 1431.1 亿元，是 2015 年同期的 1.75 倍。

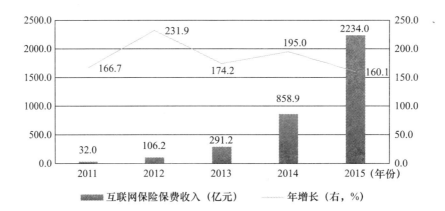

图 6 - 1　2011～2015 年互联网保险保费收入及年增长

资料来源：中国保险行业协会，本书课题组整理。

2015 年，互联网保险保费收入占总保费收入的比例为 9.2%。根据中商产业研究院发布的《中国互联网保险行业发展报告 2016》，未来几年的互联网保险保费收入仍将保持增长的势头，但增速将有所放缓。

二、参与主体及险种分布

从参与主体上看，大型保险公司与科技公司合作是趋势之一，但也有实力雄厚的实业公司入股保险企业。从自身需求出发的网络互助保险成为另一崛起领域。市场上也出现了提供保险产品信息服务的专属平台，其主要业务是对不同保险产品进行分析，主要服务于代理人。互联网保险规模虽然逐步扩大，参与主体逐渐增加，但由于细分领域、客户群体、公司战略、行业发展阶段等不同，使得市场上的竞争并不明显，优秀的互联网保险公司并没有真正出现。

在实务中，互联网保险的销售主要分为两个渠道：一是保险企业的官网，二是第三方销售平台。根据中商产业研究院发布的《中国互联网保险行业发展报告 2016》，对于不同的险种，不同的互联网销售渠道分别占主导地位。以两大保险种类人身险和财险 2015 年互联网销售收入为例，人身险的第三方销售平台利用流量等优势，成为互联网保险的主导力量：第三方平台占比97.2%，企业官网占比仅为2.8%；财险的互联网销售则是企业官网占主导：第三方平台占比8.26%，企业官网占比91.74%。

保险企业的互联网销售有两种：一种是传统的保险企业在自己的官网开设互联网销售功能；另一种是2013年以来出现了专营互联网保险的保险公司，如2013年成立的众安保险，成为首家获互联网保险牌照的保险公司。截至2016年底，共四家公司获互联网保险牌照，除众安保险外，还有泰康在线、安心保险和易安保险。

除保险公司之外，互联网销售的另一个重要力量是第三方平台。2015年7月印发的《互联网保险业务监管暂行办法》规定，2015年10月起只要第三方网络平台获得保险业务经营资质，即可销售保险产品，并不再另发网销牌照，实质上是为第三方网络平台销售保险松绑，为第三方平台开展互联网保险销售提供了政策支持。目前，第三方平台主要有以下几种：一是第三方电子商务平台，如淘宝有多家保险公司进驻，京东商城也开设了保险频道；二是银行以及一些生活服务类网站，如旅行网等兼营互联网保险销售；三是专业的保险经纪和保险代理公司建立自己的互联网销售平台，如中民保险网、优保网、慧择网、大童网。

从险种分布来看，万能险、投连险及分红险成为网销的主力军。从细分市场来看，网络互助成为"黑马"。根据险种的不同，多样化的商业模式得以发展，行业创新形式增加。有基于不同保险产品的"超市"性质的网络平台，也有基于单一群体的B2B保险产品代理平台。随着消费场景的多样化和消费者保障意识的逐步提高，2016年碎片化保险产品的开发增速，市场反应可观。碎片化保险是保险公司根据不同场景、不同客户群体开发的个性化的、小额的、购买理赔方便的保险产品，如消费信用保险、延误险、出行人身险与资金安全险等。

三、投资及地域覆盖情况

行业的快速发展吸引了资本的青睐，从整体规模上看，互联网保险成为创投圈和投资资金竞相追逐的互联网金融业态。在其他行业逐渐趋冷、创投圈整体遭遇"资本寒冬"的情况下，互联网保险一枝独秀，估值逐渐上升，有泡沫渐成的趋势。据互联网保观统计，截至 2016 年 8 月初，有 16 家互联网保险公司获得融资，其中，人民币亿级融资五起。百度、阿里、腾讯、京东（BATJ）等互联网巨头纷纷抢滩互联网保险市场，其中包括蚂蚁金服旗下的众安在线财产保险股份有限公司（众安保险）和腾讯旗下的"水滴互助"。

互联网保险的地理区域也开始逐步扩大，从城市向农村转移，具体表现在农业互助保险上的创新。2016 年，中央加大对"三农"政策法规的扶持力度，"互联网＋农业"保险开始成为巨头抢占的下一个保险市场。从技术运用上看，从试点到正式运营，大数据、区块链等新型科技在行业中的运用开始出现。保险公司运用大数据、卫星定位等一系列科技获取信息，为客户提供个性化的服务。

第二节　行业存在的问题

一、创投热情不减，有泡沫形成的苗头

2016 年创投圈整体经历着"资本寒冬"，但是互联网保险却例外地受到资本的追捧，战略投资和财务投资并重，上市公司和大型企业争相申请保险牌照。科技企业以及金融企业布局互联网保险多出于自身业务需要和长期发展的考虑来做出战略选择。大量的资本追逐和保险的特殊功能吸引了市场上很多非金融类非科技类企业的参与。然而，跟风进入造成了不少隐患，资本追逐热潮下难免引来搭建劣质平台借以套现的投机者。

二、互联网保险平台模式存在有待改进的地方

部分互联网保险企业模仿海外"先进"模式，全然不顾中国市场实际情况，很多保险平台呈现出模式单一、突围无力、流量有限的特征。市场

中互联网保险平台更多作为销售渠道存在，网销额受市场波动影响显著。若将互联网保险平台作为流量入口以获得有效数据，则又面临周期长度不够、数据不准确的问题。

三、市场恶性竞争存在

价格战成为一些互联网保险公司的营销策略和获客手段。消费者容易被这样的噱头吸引，而保险重要的理赔服务功能无法展现，消费者也缺乏主动了解的意愿与动机，造成"劣币驱逐良币"的现象。价格战还会迫使平台降低价格以维持市场份额，使得利润下降甚至为负。市场信息不对称情况相较于金融行业的其他领域更为突出。

第三节　政策解读

2016 年 4 月，中国保监会联合十四个部门印发了《互联网保险风险专项整治工作实施方案》（以下简称《方案》）。《方案》对互联网保险风险专项整治工作进行了全面部署，风险专项整治将围绕规范经营模式、优化市场环境、完善监管规则、实现创新与防范风险并重、促进互联网保险健康可持续发展的目标，坚持突出重点、积极稳妥，分类施策、标本兼治，明确责任、加强协作的原则。互联网保险风险专项整治重点包括以下三个方面：

一是互联网高现金价值业务。重点查处和纠正保险公司通过互联网销售保险产品时，进行不实描述、片面或夸大宣传过往业绩、违规承诺收益或者承担损失等误导性描述。

二是保险机构依托互联网跨界开展业务。重点查处和纠正保险公司与不具备经营资质的第三方网络平台合作开展互联网保险业务的行为；保险公司与存在提供增信服务、设立资金池、非法集资等行为的互联网信贷平台合作，引发风险向保险领域传递；保险公司在经营互联网信贷平台融资性保证保险业务的过程中，存在风控手段不完善、内控管理不到位等情况。

三是非法经营互联网保险业务。重点查处非持牌机构违规开展互联网保险业务，互联网企业未取得业务资质依托互联网以互助等名义变相开展保险业务等问题；不法机构和不法人员通过互联网利用保险公司名义或假借保险公司信用进行非法集资等。

监管条例在信息披露、保费管理方面做出了较为明确的规定。以经营方式和经营机构两方面作为主要抓手，以偿付能力、市场行为监督、公司治理为重点进行监管，这三个方面成为保监会在审批牌照申请时的重要指标。2016年底，保监会相继出台政策，奠定了网络互助的监管基调，对于预先收取保费、承诺偿付等现象进行了严格的规定，这为保险商业模式上的创新和发展带来了限制，但仍然以负面清单形式进行监管，并未从法律上制定纠纷等产生后的应对条例。

第四节　未来展望

互联网作为技术方法运用于保险将会成为保险销售的重要渠道，其他技术创新也会为保险理赔、产品设计带来正面影响。通过互联网渠道，短期的、碎片化、场景化的保险险种销售增长有巨大潜力。目前来看，区块链技术针对保险的应用概念胜于实践，但仍有发展的空间。大数据、卫星定位等技术的使用将会使互联网保险在未来具有更加重要的地位，但其中的挑战也是必然存在的。除改变产品销售方式、开展产品创新等外，还应结合技术深度挖掘相应市场，这样互联网保险的发展才会有真正的增长与转变。

第七章 互联网信托：仍处"试水"阶段

第一节 发展概况

互联网信托是指通过网络平台、根据合同规定或者网站守则进行的信用委托。从行业整体状况来看，证券投资信托业务规模迅速下滑，固定收益信托供不应求，家庭信托以及回归信托本质的资管业务开始逐渐成为市场主流。互联网信托平台将业务板块细分，能更精准地完成销售服务。

从互联网信托的产品形态来看，主要体现为在互联网平台上进行产品销售：

一是信托公司自建平台，将其掌握的资产端融资企业或项目放到平台直接融资，或者允许持有本公司信托产品的投资人将信托受益权质押给平台或者某些第三方机构后，到平台上进行融资，实现信托产品的流转。这种模式中信托公司占有主导地位，客户、资产、交易过程及风控基本均在信托公司控制之下。一方面，通过平台可以提升服务的质量，如净值管理和付息日提醒；另一方面，在平台上可以根据不同客户偏好有针对性地使用服务渠道，实现精准的营销信息推送，有效地推广信托公司整体品牌等。

二是互联网公司提供平台与信托公司合作推出相关产品。例如，百度金融曾于2014年9月与中信信托及其他参与方合作，推出了一款名为"百发有戏"的消费权益互联网信托产品。该产品基于电影《黄金时代》的消费权益，由信托公司对消费信托权益进行集中管理。基于互联网公司的大数据和网络渠道，可以做到营销的精准推送。

三是第三方互联网信托产品销售平台。目前，有第三方机构通过互联网渠道转让自己持有的信托受益权份额，这在合规方面是存在争议的，有变相违反信托 100 万元及 300 万元门槛的嫌疑。

除上述几种互联网信托外，业界也开始尝试跨界经营，实现产品升级。2015 年，业内出现了信托产品与众筹产品结合进行产品创新的先例。这种合作也是基于场景、人群细分进行的产品开发。通过互联网平台，信托产品开发和销售机构希望能从信托的角度进一步优化资产管理的业务。诸多信托机构成立了财产权信托，不断拓展存量客户，保证平台投资人的权益。

另外，互联网信托运用科技改善信托产品的质量与服务，如利用电子签名和远程开户技术进行新客户开拓，并且完全实现线上的大额支付，使得用户更加安全便利地进行交易。

第二节　行业存在的问题

目前，行业存在的问题如下：

一是相关法律仍存在滞后性。虽然互联网信托基本处于试水和小范围发展阶段，但《信托法》的内容满足不了行业的潜在发展需求，交易双方权责利还存在不甚明晰的状态。在行业整体面临"打破刚性兑付"的压力下，互联网信托一方面存在产品方面的改善压力，另一方面存在销售渠道的拓宽压力。当前，信息披露缺失、混乱的局面并没有得到明显的改观。

二是信托行业天然与互联网特征产生错位。现阶段，信托的定位在于非公开、投行性质，这与互联网所具有的信息公开、长尾特征相悖。这导致信托行业进行互联网化时除了销售渠道和客户服务方面的优化，在产品创新和商业模式转换方面收效甚微。

第三节　政策解读

相对于网络贷款、互联网消费信贷等快速发展的业态，互联网信托是比较"慢热"的领域，基本处于试水和小范围发展阶段，业内关于监管的讨论不多，但也存在监管相对滞后的问题。如前所述，目前《信托法》的内容满足不了行业的潜在发展需求，交易双方权责利还存在不甚明晰的状态。2016年10月国务院办公厅公布的《互联网金融风险专项整治工作实施方案》中，关于"实质穿透"、"全面覆盖"等监管原则会涉及互联网信托平台上产品的本质属性、资金流转等问题。监管的趋势会向督促建立统一的渠道及标准，使投资者清晰了解相关业务和产品的特性及风险的方向发展。

第四节　行业展望

资产管理的行业崛起与"资产荒"并存的现状，有利于互联网信托基于网络平台、新型科技、同业合作开展业务。互联网信托产品拥有主动管理项目的功能，能实现信托股权化转型，符合信托行业整体发展潮流。互联网信托产品在创新上将会有较大的发展空间，在兑现市场风险化溢价与投资者教育上会起到显著的作用。回归信托管理资产的本源和制度优势，投资类和事务管理型信托将成为主导。另外，家族信托与慈善信托会成为互联网信托的重要发展方向。

互联网信托与场景的结合有助于行业未来的发展。一方面，信托公司拥有合法合规的经营牌照，成为其他部分互联网金融公司开展业务所需的依托；另一方面，信托公司也可以将场景作为切入点开展互联网信托服务。如通过市场的开拓，互联网信托的服务范围扩展至农村地区，不仅可以针对土地流转、农产品销售等开发农产品消费信托，也可以将数字技术运用到农村市场开发，通过物联网等技术服务长尾市场，还可以开展数据信托业务，将数据财产更加合法地固化，部分解决信托与互联网的错位关系。

第八章　互联网消费金融：
从"蓝海"到"红海"

第一节　发展概况

互联网消费金融是指与消费相关的金融服务，包括消费支付和消费借贷等业务。互联网消费金融按运营平台可分为四种类型：第一种是基于电子商务平台交易的模式，如京东的"京东白条"；第二种是基于银行的模式，如北银消费金融公司的互联网消费金融业务；第三种是基于P2P网络借贷平台的模式，如"惠人贷"；第四种是基于消费金融公司的模式，如马上消费金融股份有限公司的"马上消费"。

互联网消费金融单笔贷款金额不高，大部分不高于5万元，贷款期限短，所以审批快，且对贷款者的要求不高，大部分消费金融产品没有要求贷款者提供抵押和担保。互联网消费金融公司一般会将主要目标客户群体定位为那些没有被纳入中国人民银行征信系统的人群。[1] 据统计，国内仍有72%的个人信用信息没有被纳入中国人民银行的系统。[2] 按照传统金融机构的信用评分标准，这类人群一般信用水平得分不高，获取他们的信用数据

---

① 钛媒体."互联网+消费金融"行业如何分羹，这里有一份深度研究报告［EB/OL］. http：//www. tmtpost. com/2434926. html.

② 易观智库. 2016 年中国个人征信市场专题研究报告［EB/OL］. http：//www. 199it. com/archives/502398. html，2016 - 08 - 02.

也比较困难，因此他们很难从这些传统机构得到贷款或者得到足够的贷款。互联网消费金融满足了这些长期被传统金融机构忽视的金融需求，体现了其金融普惠的作用。同时，互联网消费金融也为互联网消费金融公司提供了商机，这种"双赢"的局面促进了互联网消费金融的快速发展。2014 年，我国互联网消费金融市场交易规模仅为 248 亿元，而到了 2015 年，这一数据达到 1375 亿元，同比增长 454%。预计到 2017 年，我国互联网消费金融市场交易规模有望达到 9000 亿元。[①] 可见互联网消费金融发展前景十分广阔。

第二节　行业存在的问题

我国征信体系不健全，导致互联网消费金融风控成本高。中国人民银行征信中心的数据显示，截至 2015 年 4 月底，征信系统收录自然人约 8.6 亿，收录企业及其他组织近 2068 万户，中国人民银行征信系统还处在初级发展阶段，第三方征信机构（个人征信机构和征信服务商）的数据尚未共享，数据孤岛现象明显。早期的征信服务主要聚焦线下尽职调查和反欺诈，2014 年以费埃哲（FICO）和益博睿（Experian）为代表的美国征信服务商加入，提供了风控模型服务。同时国内商业征信服务商也以合作制或会员制的方式与网络借贷平台开展合作进行数据共享，如北京安融惠众和上海资信有限公司。除此之外，前海征信、芝麻信用、蚂蚁征信、腾讯征信、鹏元征信、中诚信征信、中智诚征信、华道征信和拉卡拉征信八家企业有望获得第一批个人征信业务牌照。征信体系不健全，商业征信水平可信赖度低，未经过大范围、全方面的检验，导致互联网消费金融风控难度加大，运营成本提升，各种违约、欺诈、逾期问题层出不穷，频频成为舆论焦点。

① 易观智库. 中国校园消费金融市场专题研究报告 2016［EB/OL］. http：//www. analysys. cn/view/report/detail. html? columnId = 8&articleId = 16204.

第三节　政策解读

我国在亚洲金融危机之中正式提出发展消费金融，中国人民银行在1998年和1999年相继放开了个人住房贷款和汽车消费贷款，以促进以商业银行为主导的金融机构开展消费金融业务。发展消费金融对于扩大内需、促进消费、实现经济发展结构合理化具有重要意义。在2016年"两会"期间，政府工作报告提出"要在全国开展消费金融公司试点，鼓励金融机构创新消费信贷产品"，消费金融成为热点词汇。2016年3月，中国人民银行、银监会联合印发《关于加大对新消费领域金融支持的指导意见》，政策利好成为推动行业发展的重要力量。2016年4月，国家发改委《关于促进消费带动转型升级的行动方案》正式发布，主要围绕包括住房、汽车、旅游等在内的十大方向共38个小项，以促进居民消费的扩大和升级。

第四节　未来展望

一、互联网消费金融产品模式趋同

互联网消费金融产品主要分为现金模式和代付模式。现金模式又称为消费者支付模式，是指消费金融服务的提供商直接给消费者发放贷款，消费者在消费时自己支付给零售商。商业银行信用卡和消费金融公司都是通过这种模式提供消费金融服务。代付模式又称为受托支付模式，是指消费金融服务提供商在消费者进行消费时直接向零售商支付，这种模式在电商平台分期付款服务中被广泛使用，如京东白条、天猫分期等。但随着互联网技术的发展，传统商业银行以及消费金融公司也逐渐开始与电商合作，通过搭建消费场景为用户提供精准的金融产品，互联网消费金融产品的运行模式在不断趋同。

二、互联网消费金融征信依赖大数据

随着大数据技术的发展，无论是互联网金融机构还是传统金融机构，都逐渐依赖大数据技术进行信用评级和风险管理。风险控制是传统金融机构与互联网企业开展消费金融业务的核心。而风控的核心在于征信，征信主要包括身份认证和信用判断两个环节。在大数据技术出现之前，传统商业银行以及消费金融公司主要依靠线下方式来进行身份核实，在信用判断方面，传统商业银行主要依靠中国人民银行征信系统，而消费金融公司则依托自己建立的信用信息数据库，但基于线下征信的方式获取的材料种类有限、主动性差而且信息不够全面。与传统金融机构相比，互联网企业对用户的信用判断主要依靠各类网络行为的数据，如用户的消费、信贷、投资、网络社交、网络搜索等线上行为，同时借助大数据技术将其转化为身份特质、履约能力、信用历史、人脉关系、行为偏好等能够反映客户信用水平的信用评分标准，从而更为客观和全面地对用户的信用进行评估。在大数据技术逐渐成熟之后，银行以及消费金融公司也在逐渐丰富自身的征信模式，通过与电商平台合作、建立信用评级系统、完善大数据分析技术等方式，增强信用评级的可靠性。因此，消费金融的参与者都越来越依赖大数据进行信用评级。

由于官方的征信体系不能全面覆盖消费金融中的信用主体，而消费金融以几何级数快速增长，因而行业对大数据征信寄予了厚望，但在实务中，目前对于大数据的共享在数据采集、查询、信息安全等方面仍处于探索阶段，从行业反馈的信息看，大数据的共享及应用尚不能提供信用评分，而是主要用于客户筛选，如防止多头信贷及反欺诈。

三、互联网消费金融服务对象集中

互联网消费金融是实现普惠金融的主要形式之一，旨在使更多的中低收入人群享受到金融服务。传统商业银行以前的服务对象往往是信用等级良好、收入水平较高、违约风险小的优质客户。但中低收入客户限于自身的流动性约束，对消费金融服务的渴望更加迫切，一些电商、P2P 网络借贷平台和消费金融公司准确地捕捉到了这部分被遗漏的潜在消费者，为其提供教育、旅游、电子产品、家用电器等多方面的金融服务。在互联网金融企业逐渐进入消费金融市场的同时，银行也开始将消费金融的目标群体由高收入客户转移到中低收入客户，通过搭建线上消费平台为更多的中低收入客户提供金融服务。

四、互联网消费金融产品定价市场化

以商业银行为代表的传统消费金融机构基本遵循"以'贷款风险'作为定价核心、以'贷款成本'作为价格下限、以'风险差异'作为价格浮动依据"的定价原则，兼顾盈利性与安全性，由总行的资产负债管理部门负责制定总行一级的基准价格和定价策略，分行一级在总行利率指导下负责管理所在辖区内的定价策略。按照中国人民银行 2015 年 7 月 15 日下调后的一年期贷款基准利率 5.6% 和规定的利率最大浮动比例 0.9 ~ 2 倍来计算，一年期贷款利率最大差距为 6.16%。该利率差距更多体现在资金的不同用途方面，而不是同一资金用途的不同申请人方面。对于主要以信用卡为主的传统消费金融产品，不同借款人定价的差异更多地体现在借款人可获得贷款的额度上，因此在分期利率上的差异可以说微乎其微。而以一种更"亲民"的方式提供的互联网消费金融服务，由于应用场景细分垂直、客户定位精准，可以实现对不同消费场景、不同信用水平人群的差异定价，加之技术作为互联网消费金融的发展驱动力，能够降低金融机构的资金成本、运营成本和客户违约成本。综上所述，互联网消费金融的发展能够倒逼消费金融行业整体定价水平，使之更加市场化。

下篇　A股实业上市公司与互联网金融篇

本篇以Wind互联网金融指数2016年8月1日的成份股作为研究标的，重点分析企业如何从原有业务切入互联网金融领域，业务之间的内在逻辑关系，如何形成协同效应、实现资源整合，以及未来在互联网金融领域的构想。

Wind互联网金融指数成份股截至2016年8月1日共收录53家企业，分布在证监会二级行业分类的22个类别中，经梳理后剔除8家未具体开展互联网金融业务的企业，例如，凯瑞德只在2015年5月4日公告称拟增资控股北京东方财蕴金融信息服务有限公司51%的股权，但是截至2016年8月1日，该事项并无公告披露进展；华塑控股在2016年5月23日发布公告称拟控股和创未来，但又于2016年6月24日公告称终止收购。本篇重点研究45家具体开展互联网金融业务的公司。同时，根据这45家公司的行业类别，将其分为七组：①金融软件和信息服务；②软件和信息服务业；③互联网和相关服务；④房地产开发及其相关；⑤电子和电气设备制造；⑥大众消费；⑦其他类别。其中，第一类和第二类的公司在证监会的行业分类下都属于软件和信息技术服务业，但这一类别企业数量较多，且企业转型业务复杂，所以根据其业务与金融的关系，将这一行业分为"金融软件和信息服务"与"软件和信息服务业"两个类别。

　　企业转型路径及转型后所开展的业务往往与原有业务有一定的关联，所以为了更方便地理解与把握上市公司如何开展互联网金融业务，上述划分是必要的。

第九章 金融软件和信息服务

本章共七家公司，其主营业务是提供金融数据或者金融软件，其中东方财富的行业分类虽然是互联网和相关服务，但是通过对其业务进行具体分析发现，其主营业务是网络财经信息平台综合服务，因此在分类时将其归为此类。

银行、券商、基金、保险等都在进行众多的业务创新、渠道创新及管理创新，由此也给金融 IT 企业带来前所未有的业务机遇。随着大数据、云计算、区块链和人工智能等技术逐渐在金融行业中落地应用，金融 IT 企业面临着商业模式的重大变革，从而激发金融 IT 企业巨大的成长潜能。

本章七家企业虽各自所处细分领域不一，但在当前金融创新不断深化的背景下，它们始终站在互联网金融高速发展的第一线。在牢牢把握技术创新的同时，这些企业也逐渐从幕后走到台前，从单纯卖软件产品到平台做大后实现流量和数据的变现，以及基于平台多样化的增值服务，并借助技术创新进入全新的互联网金融领域，如互联网基金销售、互联网保险、众筹、P2P 网络借贷、智能投顾、征信等，战略性地从传统金融 IT 领域向互联网金融 IT 领域布局。

第一节 同花顺（300033）

一、主营业务

浙江核新同花顺网络信息股份有限公司（同花顺）是国内产品类别最

全面的互联网金融信息提供商、最大的网上证券交易供应商、互联网安全密码通信产品供应商以及互联网电子商务软件供应商。产品涵盖证券、期货、外汇、港股和黄金等金融产品的网上交易、互联网密码安全、互联网通信、信息服务等技术领域，形成了拥有自主知识产权的核心技术体系，提供证券公司网上交易和互联网安全电子商务及移动证券的全面解决方案，为证券投资者提供从网站、软件、交易、理财、社区到手机炒股的一站式金融理财服务。

1. 个人金融资讯及数据服务

公司对交易所提供的证券交易行情信息、盘中资金流向数据和盘后交易统计信息数据进行深度开发和挖掘，为客户提供直观、权威、及时的证券数据，以及相应的分析模型、关键指标和其他分析工具，同时利用公司分析人员的专业知识，通过对基本面、技术面、资金面相结合的专业分析，总结出数据模型和选股模型，为投资者提供参考。

2. 网上行情交易系统

为证券公司设计、开发和安装基于互联网和无线网络的行情、交易、资讯、安全等系统，以及提供相应的升级和维护服务，收取相应的维护费。同花顺网上交易系统已广泛应用于全国107家证券公司中的97家2600多个营业部，覆盖率达90%以上，无论是在市场覆盖率（合作证券公司的数量）还是在收入方面均处于领先的地位。

3. 移动金融信息服务

利用公司专业的证券研究分析能力对实时资金流向、盘面热点、个股资料以及行业信息进行分析，同时公司还利用上证信息公司提供的深度证券交易行情数据，通过移动终端（手机或者平板电脑）为投资者提供基于Level-2①的金融数据分析服务或进行在线交易。另外，公司针对不同层次客户的需求，设计了多种手机金融信息服务产品，对客户进行差别化服务。

---

① Level-2是由上海证券交易所推出的实时行情信息收费服务，主要提供在上海证券交易所上市交易的证券产品的实时交易数据。包括十档行情、买卖队列、逐笔成交、委托总量和加权价格等多种新式数据。使用Level-2软件的股民，在开盘时间内，可以随时看到庄家、散户买卖股票的情况。

4. 机构金融终端

同花顺金融终端（iFinD）为证券公司、基金公司、银行、期货公司、投资公司、媒体、高校金融研究机构、政府部门及监管机构等提供高度集成的股票、债券、期货、基金、宏观行业、新闻研报、产权交易、行情、分析工具等综合性金融服务平台。

二、转型路径

1. 第三方基金销售

2012 年 4 月 10 日，浙江核新同花顺网络信息股份有限公司全资子公司浙江同花顺经济信息咨询有限公司收到中国证券监督管理委员会证监许可〔2012〕446 号《关于核准浙江同花顺经济信息咨询有限公司证券投资基金销售业务资格的批复》。根据批复，浙江同花顺经济信息咨询公司获得证券投资基金销售业务资格。

公司的免费行情系统和网站积累了大量有投资需求的用户，这些用户同时也是基金投资的潜在客户。因此，公司依托用户优势开展第三方基金销售业务具有良好的基础。公司在目前基金频道的基础上建立了"爱基金"网站，作为基金的资讯、评价和销售平台，自主开发系统并且和各个基金公司对接（见图 9-1）。爱基金作为第三方基金销售平台，给公司带来了新的盈利增长点，同时与公司的金融信息服务形成良好的互补，个人客户可以在同花顺完成从信息获取到执行购买的一站式投资流程。

| 开基净值 | 盘中估值 | 基金排行 | 封基折价 | 货币基金 | 理财基金 |

类型：**全部**　股票型　债券型　混合型　ETF　LOF　QDII　　　　交易日 16:00-23:00 更新当日净值

目前已有2981只基金更新净值，涨：2533 平：308 跌：140　　　　点击查看全部基金排行

序号	基金代码	基金名称	相关链接	2016-01-29		2016-01-28		增长值	增长率	申购状态	赎回状态	操作
				单位净值	累计净值	单位净值	累计净值					
1	150176	银华恒生国企指数分	档案公告	0.4948	0.4948	0.4580	0.4580	0.0368	8.03%	—	—	购买
2	001547	兴业聚惠灵活配置混	档案公告	1.0990	1.0990	1.0320	1.0320	0.0670	6.49%	开放	开放	购买
3	150170	汇添富恒生指数分级B	档案公告	0.6930	0.6930	0.6550	0.6550	0.0380	5.80%	—	—	购买

图 9-1　爱基金网站

资料来源：爱基金官网。

截至 2016 年 3 月，公司已上线 87 家基金公司，共计 2767 只基金产品，并在爱基金 APP 上开辟了高端理财频道。通过做全产品线，拓宽用户覆盖面，将有助于公司的基金销售业务抢占传统基金销售渠道。

从图 9 - 2 与图 9 - 3 可以看出，从 2014 年下半年开始，公司营业收入和净利润有明显增长，主要原因为基金销售业务大幅增长。2014 年下半年开始，公司开始发展基金代销业务，来自电子商务的收入大幅增长。公司年报披露，2014 年"基金代销及其他"项收入为 0.27 亿元，2015 年该项收入增长到 5.29 亿元，增速迅猛。

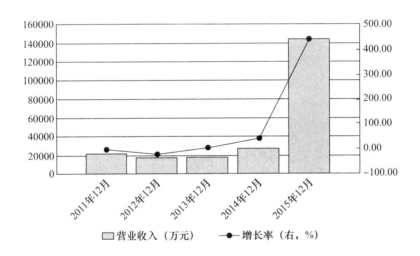

图 9 - 2　2011～2015 年同花顺营业收入及增长率

资料来源：Wind 数据库。

2. 携手东吴证券

同花顺 2014 年 7 月 10 日发布公告称，与东吴证券签署《战略合作协议书》，双方拟在互联网金融领域开展深入合作，合作期限三年。双方合作内容包括：①在线开户、线上金融产品的销售；②互联网金融服务的平台建设、内容推广及功能推送等数据信息服务；③在 P2P 网络借贷、众筹、互联网教育等领域进行合作。

公司通过与东吴证券在网络经纪、在线理财等券商业务上进行合作，

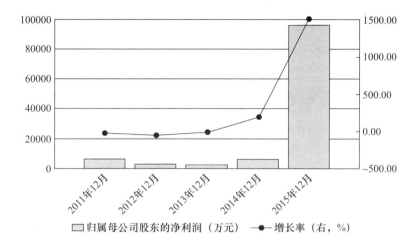

图 9 – 3 2011 ~ 2015 年同花顺净利润及增长率

资料来源：Wind 数据库。

获得了东吴证券提供的产品资源，为客户提供增值服务，将公司的客户资源转化为收入。同时，双方还将开展 P2P 网络借贷、众筹等互联网金融业务的合作，进一步结合双方客户、产品、项目的优势，提供更多的流量变现渠道，打开公司的盈利空间。

3. 同花顺金融大脑资产管理有限公司

公司 2015 年 3 月 21 日发布公告称，为了探索和发展人工智能在金融投资与资产管理领域的创新应用，进一步强化公司在互联网金融领域内的优势地位，公司拟使用自有资金 1000 万元，新设全资子公司浙江同花顺金融大脑资产管理有限公司。

互联网金融产业快速发展激发了金融投资理财的庞大市场，传统的投资理财和资产管理业务无法全面满足普通投资者对财富增值的强烈渴求。公司将在金融领域应用人工智能、大数据和云计算等新兴技术，研发具有自然语言语义识别、深度学习功能，能进行投资逻辑分析、可自动进化演变的"金融大脑"——投资机器人。投资机器人将发挥"金融大脑"的智能、快速、理性等优势，实现交易和风控的自动化，有效提高资产管理的收益率。公司将发挥自身的优势，利用互联网和人工智能技术，颠覆传统的资产管理模式，丰富和完善公司在互联网金融领域的产业布局，进一步提升公司的综合竞争力，促进公司持续快速发展。

三、转型业务

智能投顾是公司开展互联网金融的一个重要切入点。公司在行业内率先研发、布局人工智能在金融投资领域的应用，早在 2009 年便启动相关研究，其龙头地位及先发优势显著，且相关核心产品逐步落地：

（1）与泰达宏利、大成基金合作推出基于人工智能及大数据的基金产品。

（2）公司打造的 iFinD 平台，真正实现金融终端智能化，标志着人工智能在金融领域应用的突破。

（3）基于人工智能技术的财经垂直搜索引擎"i 问财"是公司人工智能核心产品，能够提供基于自然语言的垂直查询服务，比较准确地理解自然语言的表述，并以强大的金融数据库为支撑，为投资者提供高效率、高质量的财经类信息。人工智能搜索技术可以降低使用者的专业门槛，利用多条件匹配搜索，为投资者决策提供帮助。

公司在 iFinD 软件中 i 策略平台推出智能投顾，即基于对金融数据库、舆情监控系统、i 问财知识库等资源构建动态、复杂的资本市场知识图谱，进而在具体情境中提供投资判断，并随着情景、事件的变化不断更新、修改决策，体现系统强大的适应性和自我完善能力。

智能投顾的推出真正实现了金融终端的智能化，标志着人工智能在金融投资领域的应用更进一步。未来，随着数据、情景的不断积累，所构建的资本市场知识图谱将越来越完整，iFinD 智能投顾对资本市场的理解也将愈加深刻与完善。公司将进一步优化"i 问财"，设计推出新产品和服务，并在未来致力于颠覆传统的资产管理模式。

第二节　东方财富（300059）

一、主营业务

东方财富信息股份有限公司（东方财富）以东方财富网为依托平台，目前采取"网站广告＋金融终端＋金融服务"的业务模式，旗下代表网站有东方财富网、天天基金网和股吧等，是我国领先的网络财经信息平台综合服务商。成立以来，用户人数以及行业地位急速攀升，并于2010年3月在创业板上市。公司以网站、专业频道及互动社区等平台向广大互联网用户提供证券金融行情、财经资讯、金融信息和数据分析服务，并积累网站用户访问量、增加用户黏性、创造网络效应并最终形成强大的信息渠道。

目前，公司旗下主要有四大类型产品与服务：

1. 财经信息

公司以"东方财富网"为核心开展财经类服务，是所有产品与服务的基础。网站于2005年正式上线，按网站内容设有财经、股票、基金、理财、期货、债券、银行、保险等多个专业频道，覆盖财经领域的财经资讯和金融信息，组织热点专栏和信息整合，并为网站用户提供便利的资讯信息查询和检索功能。

2. 财经类互动社区

公司建立"股吧"、"东方博客"等互联网互动社区平台，通过财经信息引入用户流量之后，互动社区平台提供专题阅读与讨论的场所，有利于增加网站的用户黏性，并进一步巩固和增强公司的核心竞争力。

3. 金融数据服务

公司已完整布局PC端、移动端投资理财类数据终端产品，如基于量化投资的金融数据服务终端产品"投资大师"，基于Level-2行情数据、具有深市千档委托数据等特色功能的金融数据服务终端产品"东方财富通

Level－2 极速版"，面向机构的金融数据服务终端产品"Choice 资讯"等。公司将进一步培养用户群，成为财经终端优质流量入口，并通过提供增值服务逐步将其转化为公司价值。

4. 基金代销

公司旗下"天天基金网"于 2007 年上线，并于 2012 年拿到首批互联网基金代销牌照。随后推出"天天现金宝"业务，即后来的"活期宝"。凭借公司在财经门户网站中的行业龙头地位以及庞大的用户数量，基金代销业务销量的攀升为东方财富进一步打开了市值空间。

2011~2015 年，东方财富营业收入及增长率、净利润及增长率分别如图 9－4、图 9－5 所示。

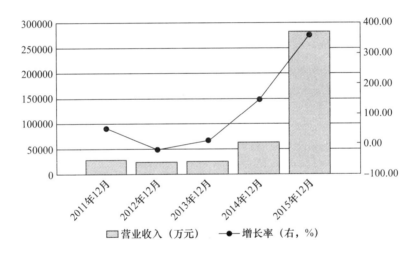

图 9－4　2011~2015 年东方财富营业收入及增长率

资料来源：Wind 数据库。

公司原主要依靠广告服务和金融数据服务获得收入，两者收入占比差距不大。2012 年，金融数据服务收入占比 50%，广告收入占比 46%。2013 年以来，公司基金销售业务迅速发展，收入占比迅速提升至 27%。公司 2015 年年报披露（见图 9－6），基金销售收入达 24.42 亿元，占比 90%，成为公司最主要的收入来源。

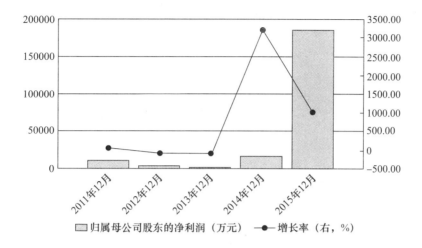

图 9 - 5　2011～2015 年东方财富净利润及增长率

资料来源：Wind 数据库。

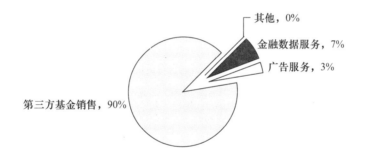

图 9 - 6　2015 年主营收入占比

资料来源：Wind 数据库。

二、转型路径

1. 网上基金销售牌照获批

公司 2012 年 2 月 22 日发布公告称，东方财富信息股份有限公司全资子公司上海东方财富投资顾问有限公司收到中国证券监督管理委员会证监许可〔2012〕206 号《关于核准上海东方财富投资顾问有限公司证券投资基金销售业务资格的批复》。根据批复，东方财富投资顾问有限公司证券投资基金销售业务资格获得核准并将向工商主管部门申请办理名称变更，拟变更为"上海天天基金销售有限公司"。

获取牌照后，公司完成"流量变收入"，形成"财经资讯—金融终端—理财产品"的上下游一体化产业链，强大的一体化平台优势有望帮助公司在基金销售业务中抢占先机。作为财经门户的龙头企业，公司旗下的东方财富网、天天基金网（见图9-7）以及股吧具有强大的用户基础和高度的使用黏性，处于同行业领先地位。同时基金销售业务的推广将推动广告投放和终端产品的销售，从而形成多业务的协动效应。

序号	基金代码	简称	相关链接	2016-01-29 单位净值	累计净值	2016-01-28 单位净值	累计净值	日增长值	日增长率	申购状态	手续费	操作
1	160419	华安中证全指证券公司指数分级	估算图 基金吧 档案	0.9864	0.6003	0.9342	0.5685	0.0522	5.59%	开放申购	0.60%	购买
2	502053	长盛中证证券公司分级	估算图 基金吧 档案	0.9290	0.9290	0.8800	0.8800	0.0490	5.57%	开放申购	0.60%	购买
3	161720	招商中证全指证券公司指数分级	估算图 基金吧 档案	0.7040	0.7200	0.6670	0.6830	0.0370	5.55%	开放申购	0.60%	购买
4	161027	富国中证全指证券公司指数分级	估算图 基金吧 档案	0.9420	0.5420	0.8930	0.5140	0.0490	5.49%	开放申购	0.60%	购买
5	502010	易方达证券公司分级	估算图 基金吧 档案	1.0308	0.6529	0.9778	0.5999	0.0530	5.42%	开放申购	0.60%	购买
6	163113	申万菱信中证申万证券行业指数分级	估算图 基金吧 档案	1.0021	1.6904	0.9506	1.6389	0.0515	5.42%	开放申购	0.60%	购买
7	160633	鹏华证券分级	估算图 基金吧 档案	0.8620	0.5410	0.8180	0.5140	0.0440	5.38%	开放申购	0.60%	购买
8	001629	天弘中证计算机指数A	估算图 基金吧 档案	0.7000	0.7000	0.6650	0.6650	0.0350	5.26%	开放申购	0.10%	购买

图9-7 天天基金网

资料来源：天天基金官网。

2. 启动建设大宗商品平台

2014年2月12日东方财富发布公告称，公司拟使用自有资金5000万元投资设立全资子公司上海长盛电子商务有限公司，负责建设大宗商品业务平台，为投资者提供相关行情、资讯、软件技术服务，大宗商品现货交易及相关电子商务服务等。

根据公司财经服务大平台的整体发展战略，公司将继续深化和巩固在行业的市场领先地位，拓宽市场覆盖面，延伸和拓展服务领域及服务范围。

3. 收购宝华世纪证券

公司 2014 年 12 月 18 日发布公告称，全资子公司东方财富（香港）有限公司拟使用自有资金收购宝华世纪证券有限公司 100% 的股权，以进一步为广大的海内外投资者提供更好、更广泛的专业化、国际化证券投资服务，进一步提升公司的综合服务能力和整体市场竞争力，推动公司实现可持续健康快速发展。

宝华世纪证券（见图 9-8）主要业务为网上及电话证券交易，基于沪港通，公司将能够为国内长尾用户实现港股、A 股和美股三类资产配置。来自券商业务的经纪业务佣金、融资融券手续费将成为公司新增利润点。

图 9-8　宝华世纪证券

资料来源：宝华世纪证券官网。

4. 收购西藏同信证券

公司 2015 年 4 月 16 日发布公告称，拟向宇通集团、西藏自治区投资公司以 28.53 元股价发行 1.4 亿~1.58 亿股合计 40 亿~45 亿元，收购其持有的同信证券 100% 的股份。

东方财富收购同信证券后，间接获得经纪业务资管，将正式向互联网券商业务发力，进一步拓宽公司一体化互联网金融平台的服务范围。借助公司巨大的流量基础和股吧较强的客户黏性，经纪业务市场份额有望快速提升。基于流量和用户的核心优势，将打造多位一体的综合财富管理平台，进一步强化金融资讯数据服务、基金销售、证券经纪、财富管理的协同效应。

5. 设立公募基金公司

公司 2015 年 7 月 10 日发布公告称，使用超募资金设立基金管理公司——东方财富基金管理有限公司，注册资金 2 亿元，并向证监会申请公募基金牌照。根据公开信息，截至 2016 年底，该基金公司尚未成立。

设立基金管理公司将拓宽公司互联网金融服务大平台的服务范围，由互联网财经金融信息、数据服务和互联网基金第三方销售服务等延伸至基金募集、基金销售和资产管理等服务，进一步延伸和完善服务链条。

手握公募牌照和基金第三方销售牌照的"自产自销"模式，一方面通过发行不同于传统公募的特色基金产品提高用户黏性，另一方面借助现成的天天基金网强大的线上销售渠道，基金管理公司实现的申赎费用和尾佣将全部转化为收入，省去了银行和第三方销售渠道的高比例收入分成。

6. 入股第三方支付

公司 2015 年 7 月 10 日发布公告称，公司使用自有资金 2.5 亿元，增资入股易真网络科技股份有限公司，增资后公司持有的股份占易真股份增资后总股本的 27%。

易真股份全资控股的第三方支付企业宝付公司主营业务为互联网第三方支付平台的运营。通过收购易真股份，公司获得互联网第三方支付牌照，为后续公司开展互联网金融的其他业务提供支付保障和牌照卡位优势。

公司的互联网基金销量已过千亿并在高速增长，现有的基金销售大多是通过网银或者第三方支付实现的，随着基金销量大幅上升，其第三方的支付费用也大大增加，通过投资易真股份 27% 的股份获得宝付支付的第三方支付牌照，今后公司在互联网基金销售的交易环节中将拥有自身的支付能力和渠道。同时公司正在积极申请公募基金牌照，获得第三方支付牌照后也可以为公司未来推出多元化的平台类互联网金融理财服务产品提供协助，类似支付宝与天弘基金。

7. 投资设立保险代理公司

2016 年 4 月 13 日，东方财富信息股份有限公司第三届董事会第三十一次会议审议通过了《关于使用自有资金投资设立保险代理公司的议案》。公司拟使用自有资金 5000 万元投资设立全资子公司上海东方财富保险代理有限公司（具体以工商登记注册名称为准）。

东方财富拥有庞大的用户基础，用户协同效应明显，叠加东方财富的流量优势、品牌优势和运营经验，保险代理业务具备快速爆发的潜质。

此次对外投资设立保险代理公司，开展保险专业代理服务业务，符合行业发展趋势，同时也符合公司一站式互联网金融服务整体战略规划的要求，将进一步丰富和完善公司互联网金融服务大平台的服务内容，延伸和完善服务链条，拓展和深化公司专业化服务能力与水平，满足广大投资者多样化、个性化的服务需求，提升用户体验和黏性，从而巩固和提升公司核心竞争力。

三、转型业务

凭借较高的用户活跃度及渠道优势，互联网基金销售成为公司的互联网金融主打业务，用户活跃度保持较高水平，渠道优势受益明显。在插上"互联网＋金融"的翅膀之前，公司主营业务收入主要依靠广告服务和金融数据服务，两者收入占比相近。2012 年，金融数据服务收入占比 50%，广告收入占比 46%。2013 年以来，公司基金销售业务迅速发展，收入占比提升至 27%。2015 年年报显示，截至 2015 年 12 月 31 日，公司共上线 97 家公募基金管理人管理的 2889 只基金产品。报告期内，公司互联网金融电子商务平台共计实现基金认申购及定期定额申购交易 47395707 笔，基金销售额为 7432.55 亿元，金融电子商务服务业务收入同比增长 556.52%，基金销售收入成为公司最主要的收入来源。

此外，通过收购获取券商牌照，公司有望在经纪业务领域进行拓展并带来较大的业绩增量。设立基金公司进一步拓展了互联网融资平台业务，同时进入彩票销售领域，有望继续增补流量到大平台，从而提供更多的一站式服务，创造新的盈利来源。

公司在 2 亿元增资天天基金和 4000 万元增资东方财富研究所的同时，也在积极推进设立基金管理公司。由此可以看到，公司已逐渐由销售渠道向综合金融服务平台转型升级，逐步搭建互联网金融服务生态圈。作为互联网金融入口级公司，未来将本着以用户体验为宗旨的产品设计理念，以及伴随多元化金融服务业务的开展（包括互联网券商、P2B、基金管理等），巩固和增强庞大的用户优势与黏性，不断形成互联网金融服务生态圈，最终实现"做一站式互联网金融大平台，为超过1亿的互联网金融投资者服务"的发展战略。

同时，公司积极开拓布局互联网金融服务大平台，收购香港宝华世纪证券、参股证通股份，参与中证信用增进股份有限公司的发起设立，收购西藏同信证券，增资入股易真网络科技，获得了第三方支付牌照。在巩固主营业务经营的同时，在外延式发展上也取得了较大的进展。

第三节　银之杰（300085）

一、主营业务

深圳市银之杰科技股份有限公司（银之杰）是一家服务于中国金融信息化领域、专注于银行影像应用软件开发的国家级高新技术企业，在银行影像应用软件领域处于行业领先地位。主要产品有电脑验印系统、批量验印系统、票据影像交换业务处理系统、银企对账管理系统、集中业务影像作业平台和远程授权管理系统等。公司是中国人民银行发布的有关票据影像的金融行业标准的参与制定单位，掌握着具有国内领先水平的模式识别、图像处理和计算机软件、大型数据库应用等先进技术。

从图9－9和图9－10可以看出，银之杰2015年之前业绩增长一直缓慢，净利润方面甚至出现下降，但2015年业绩突然暴增，这主要来自子公司亿美软通（100%控股）和科安数字（持股51%）收购完成后的合并报表。其中，亿美软通的短彩信移动通信服务、移动互联网应用业务及大数据服务业务前三季度实现营业收入2.4亿元，实现净利润5077万元。可见银之杰在原有主营业务方面发展已经遭遇瓶颈，开始通过并购进入新兴领域拓展业务。

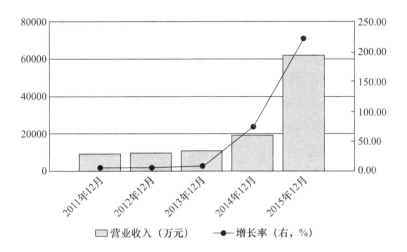

图 9－9　2011～2015 年银之杰营业收入及增长率

资料来源：Wind 数据库。

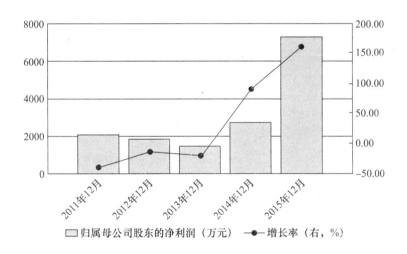

图 9－10　2011～2015 年银之杰净利润及增长率

资料来源：Wind 数据库。

二、转型路径

1. 组建征信公司，首批征信牌照

公司 2013 年 11 月 21 日发布公告称，拟与易宝支付有限公司、北京创恒鼎盛科技有限公司共同投资 5000 万元设立合资公司北京华道征信有限公司，开展征信服务业务及其相关业务。

银之杰出资 2000 万元，占合资公司 40% 的股权；易宝支付有限公司、北京创恒鼎盛科技有限公司拟分别以货币资金 1500 万元出资，各占合资公司 30% 的股权。如图 9 – 11 所示。

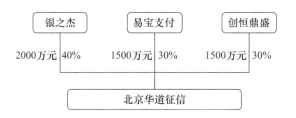

图 9 – 11　华道征信股份结构

2015 年 1 月 5 日，中国人民银行网站发布了"中国人民银行印发《关于做好个人征信业务准备工作的通知》"的消息，要求华道征信及其他七家机构做好个人征信业务的准备工作，准备时间为 6 个月。

华道征信未来收集的数据主要有五个方面：信贷数据、公安数据、运营商数据、公共事业数据、网络痕迹数据。

（1）信贷数据主要来源于广大的小微贷机构。华道征信推出华道小贷联盟作为同业征信平台，提供一个独立的第三方平台。

（2）公安数据方面，目前华道征信已经与公安部建立了联系，数据可以实时验证。

（3）运营商数据即通过亿美软通的渠道整合的数据。

（4）公共事业数据目前主要是燃气数据。

（5）网络痕迹数据方面，华道征信将与百度、阿里巴巴、腾讯等握有大量网络数据的互联网巨头合作采集。①

征信业务不仅对金融行业未来业务下沉有着重要意义，而且是我国互联网金融以及社会其他经济行为发展的重要保障。我国征信业务起步于信贷征信，逐步发展到经济领域征信，金融机构是征信机构的主要信息来源和产品使用者。

银之杰拥有广泛的银行客户资源，为发展征信服务市场提供了渠道与资源。易宝支付获得首批中国人民银行颁发的支付牌照，目前易宝签约商家数十万，每季度覆盖用户过亿，积累了丰富的交易数据，为公司从事征信业务提供了一定的数据基础。

2. 收购亿美软通

公司 2014 年 5 月 23 日发布公告称，拟发行股份数量 2108.219 万股，收购亿美软通 100% 的股权，亿美软通评估值为 3.47 亿元，交易价格为 3 亿元。

亿美软通是国内最大的移动信息服务商，提供移动个性客服、移动数据采集、移动高效管理等方面的服务，如短信群发、系统运营维护、微信营销和 APP 设计等，典型客户如图 9 - 12 所示。

典型客户/CUSTOMERS

图 9 - 12　典型客户

资料来源：亿美软通官网。

通过收购亿美软通，银之杰获得庞大的移动互联网大数据。2009～2013年，亿美软通曾被全球最大的征信机构益博睿收购，益博睿同时控股了中

---

① 温泉. 大数据征信系列报道（1）：华道征信如何运作？［EB/OL］. 网易科技报道，2015 - 06 - 01.

国第一家专门从事企业征信的公司——北京新华信国际信息咨询有限公司，准备进军中国征信市场。因此，亿美软通管理层对征信业务的开展有着深刻的了解和丰富的经验，有助于银之杰征信业务的发展。

3. 征信公司股东变更

公司2014年7月16日发布公告称，参股子公司北京华道征信有限公司股东会议审议同意，易宝支付分别与清控三联创业投资有限公司、新奥资本管理有限公司签署《股权转让协议》，易宝支付分别将持有的华道征信15%的股权转让给清控三联，将持有的华道征信15%的股权转让给新奥资本。

清控三联依托清华五道口金融学院设立，清华控股集团持有其100%的股权，主要专注于第三方支付平台、P2P网络借贷、众筹融资平台、大数据挖掘公司、金融搜索服务平台、民营银行等新兴金融领域的投资，以及互联网金融领域的管理咨询业务。清华大学五道口金融学院对互联网金融业务、大数据挖掘、金融搜索等方面有着深入的研究，而征信业务的开展正是基于大数据的挖掘和分析。清华大学五道口金融学院的参与，有助于加强银之杰在征信业务方面的业务探索、模型建立和技术提升。

4. 参与设立财产保险公司

公司2014年8月12日发布公告称，在不影响主营业务发展的前提下，计划使用自有资金1.5亿元参与发起设立财产保险公司，出资后公司拟占财产保险公司注册资本的15%。

公司2015年6月24日发布公告称，公司收到保监会《关于筹建易安财产保险股份有限公司的批复》，同意银之杰等七家公司共同发起设立易安保险。易安保险筹备组应当自收到批准筹建通知之日起一年内完成筹建工作。

公司发起成立的易安保险是国内第二家互联网保险牌照，互联网正在从场景、渠道和技术三方面重塑传统的保险业务。银之杰利用自身大数据及信息技术方面的优势，未来或将主要从事互联网财险业务，如车险等。同时通过大数据资源和技术，有望实现保险精准营销和风险定价，或将有效降低费用率和赔付率，增加利润空间。公司在互联网金融生态圈的其他

布局也可以与互联网保险在产品设计、推广、销售及后台管理等方面全面
协同发展。

5. 投资明略软件

银之杰、弘道天瑞与明略软件及其控股股东吴明辉于 2015 年 7 月 10 日
签署了《投资框架协议》，达成了公司与弘道天瑞出资共计 9900 万元（其
中，公司出资 5000 万元，弘道天瑞出资 4900 万元），以收购股权和增资
扩股的形式获得明略软件 24.75% 的股权的初步意向。若投资完成后，公
司将持有明略软件 12.5% 的股权，弘道天瑞将持有明略软件 12.25% 的
股权。

明略软件是国内领先的大数据整体方案解决提供商，银之杰投资明略
软件将补强公司的大数据分析与挖掘能力。由于明略软件与秒针是同一实
际控制人，秒针有望借助明略软件与银之杰形成业务协同。秒针所掌握的
个人网上行为数据（大多为匿名数据）与亿美软通的消费特征和痕迹数据
（实名数据）形成的交叉网络可以覆盖绝大部分 C 端用户，而且人物画像更
加丰满和精准。①

6. 发起设立东亚前海证券

公司 2016 年 4 月 22 日发布公告称，公司拟与东亚银行有限公司及其他
出资人共同在深圳前海申请设立中外合资经营的外资参股证券公司。东亚
前海证券公司的设立，以及公司作为出资人参与发起设立东亚前海证券等
事项尚需经中国证券监督管理委员会的审查批准。

（1）公司名称：东亚前海证券有限责任公司。

（2）公司类型：外资参股证券公司。

（3）注册资本：15 亿元。

（4）注册地：深圳前海。

（5）经营范围：证券经纪；证券承销与保荐；证券资产管理；融资融
券（以中国证监会的审查批复为准）。

（6）股权结构：东亚前海证券由东亚银行、银之杰及其他出资人共同

---

① 银之杰. 投资明略软件补强大数据实力，互联网金融支撑更加牢固［EB/OL］. 国海证券，
2015 - 07 - 14.

发起申请设立。公司计划使用自有资金出资3.915亿元，占东亚前海证券注册资本的26.10%。具体出资股东及股权构成将在股东申报材料经中国证监会审查批准后确定。截至2016年底，该事项尚未获批。

7. 发起设立上海保险交易所股份有限公司

公司2016年6月13日发布公告称，银之杰与上海保险交易所股份有限公司各发起人共同签署《上海保险交易所股份有限公司发起人协议书》，公司使用自有资金3000万元，认购上海保险交易所股份有限公司的股份，作为发起人参与上海保险交易所股份有限公司的设立。

上海保险交易所于2015年11月经国务院批准同意设立，目的是进一步完善我国保险业基础设施，提升保险业竞争能力，促进现代保险服务业创新和发展。

上海保险交易所按照"公司化、市场化、专业化"的原则组建，首期注册资本22.35亿元。按照相关规划，上海保险交易所将着重探索和发挥助力盘活保险存量、支持用好保险增量两方面的作用，按照夯实基础、逐步完善、形成服务体系三个阶段，重点搭建国际再保险、国际航运保险、大宗保险项目招投标、特种风险分散的"3＋1"业务平台，持续探索更为丰富的交易内容，实现产品更加透明、信息披露更加充分、服务更加便捷、功能更加完备，并切实做到资源优化、风险可控，努力建成"立足上海、面向全国、辐射全球"的保险综合服务平台。

银之杰一直致力于为金融行业提供信息化服务，并大力发展持牌互联网金融综合服务业务。目前，公司已经布局的互联网金融服务业务领域包括个人征信、互联网保险、证券、创新支付和金融行业大数据服务等。本次对外投资计划的实施，将进一步扩大公司金融服务业务的范围，加深公司与上海保险交易所的业务合作，提升公司综合金融服务的竞争实力。公司将利用征信、大数据及互联网保险领域整体布局的协同优势，积极参与上海保险交易所的系统建设、运营支持以及保险基础设施服务子平台的建设，拓展公司长远的业务发展空间。

三、转型业务

1. 互联网保险业务

公司参与发起的易安保险于 2016 年 2 月获批开业。易安保险运用互联网、云计算和大数据技术，实现保险业务和互联网、电商的融合。目前，官网上线的仅有"易安居"家庭财产保障险和"理财保"个人账户资金安全险两款产品，后续还会推出气象险和手机碎屏险。

2. 其他互联网金融业务——金融信息服务

通过定增加码金融信息化，实现大数据与传统主业融合发展。公司近期非公开发行股票预案，拟募资 7.6 亿元用于银行数据分析应用系统建设项目并补充流动资金。项目以提升银行的运营效率及降低运营成本为目标，以大数据及云计算技术为基础，以面向银行业的数据分析应用软件（系统）为前端应用产品，并通过定制化开发系统及提供技术服务、运维服务和数据存储服务等方式，向银行提供相应的数据挖掘分析、风险管理、精准营销和决策支持等服务。若项目实施成功，公司有望实现大数据和云计算等技术与传统主业的融合，进而促进与征信等业务的融合发展，推动整体产品和服务转型升级。

3. 其他互联网金融业务——征信业务

征信服务已推出个人租房信用分产品（猪猪分）、声纹反欺诈产品和小额消费贷款模型等多种创新产品。

第四节　赢时胜（300377）

一、主营业务

深圳市赢时胜信息技术股份有限公司（赢时胜）致力于提供整体信息

化建设解决方案的应用软件及增值服务，是我国最早研发并推广资产管理及托管业务信息系统解决方案的软件企业之一。同时公司也是较早提供 QDII 资产管理软件的提供商，在行业内引入金融统一数据平台进行系统业务集成。公司先后参与了社保基金会计核算办法、证监会信息披露报告新规定、保监会信息收集系统标准规范、企业年金会计核算制度、新版金融行业会计核算办法等相关制度法规的讨论；拥有多项计算机软件著作权及软件登记证书，其中，自主知识产权的软件产品 47 项，软件著作权 47 项。

从图 9 - 13 和图 9 - 14 可以看出，公司营业收入及净利润基本处于增长状态。随着互联网金融迅猛发展，传统金融企业不断加大 IT 领域投入，刺激下游 IT 需求加速释放，互联网金融的快速发展也给国内金融 IT 行业带来更大的增长空间。同时国内资管行业迅速壮大，各类金融机构如雨后春笋，公司作为资管、托管行业信息服务商将充分受益，且公司正处于新产品更新换代阶段。①

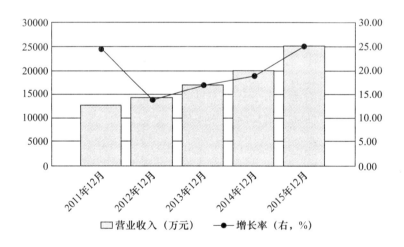

图 9 - 13 2011～2015 年赢时胜营业收入及增长率

资料来源：Wind 数据库。

---

① 长江证券．赢时胜：Fintech 标杆，业绩爆发来临［EB/OL］．2016 - 04 - 27.

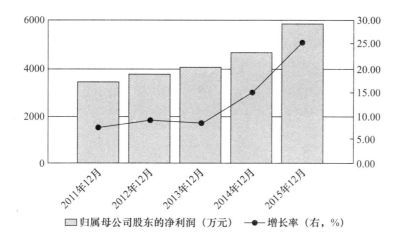

图 9 - 14 2011 ~ 2015 年赢时胜净利润及增长率

资料来源：Wind 数据库。

二、转型路径

1. 投资设立互联网金融公司

公司 2015 年 3 月 4 日发布公告称，与蒲苑投资、于昱、刘卫星签署《投资合作协议书》，在上海市共同出资成立上海赢量金融信息服务有限公司，注册资本为 3000 万元，其中公司出资占注册资本的 60%。

公告指出，当前我国互联网金融快速发展，并不断向票据业务领域渗透，而随着利率市场化的推进，以及互联网信息对称、公开竞争，互联网票据能够客观地反映市场供求双方的价格偏好，有利于寻找票据市场的均衡利率，维护市场的稳定。

公司通过控股参与互联网金融平台的建设，将使其业务范围按照公司战略发展指引从领先的金融 IT 服务逐步延伸到互联网金融服务领域。融金云平台项目投入有限，风险可控，其巨大的市场潜力和资深专业团队的运作，将成为公司新的盈利增长点。

2. 设立金融科技服务有限公司

2015 年 6 月 6 日，公司与东吴创新资本管理有限责任公司、水德（上海）投资管理中心（有限合伙）签署《出资人协议书》，拟共同出资设立东吴在线（苏州）互联网金融科技服务有限公司，东吴在线注册资本为 2 亿元，其中公司出资占注册资本的 10%。

通过参股东吴在线（苏州）互联网金融科技服务有限公司，将使公司业务范围按照公司战略发展指引从领先的金融 IT 服务逐步延伸到互联网金融服务领域。

东吴在线定位为有价值的金融科技综合服务商，借助东吴证券全牌照综合金融业务优势，初期从垂直细分领域切入，以信息技术驱动，布局在线理财、机构业务和资产管理三大板块业务。个人/机构投资者可通过东吴在线 PC 端和移动端 APP/H5 进行交易和使用相关服务。目前，东吴在线正在智能金融领域布局，未来将提供机器人投顾、智能投资，为投资者提供更好的定制金融服务，实现资产保值增值。

3. 定增剑指互联网金融

2015 年 7 月 15 日，赢时胜公布定增预案，公司拟向实控人唐球等定增不超过 4500 万股，募资不超过 30 亿元投向互联网金融项目。本次公开发行后，唐球、鄢建红夫妇的直接持股比例仍保持在 30% 以上。

在本次募集资金中，公司拟将 14.7 亿元投向互联网金融大数据中心项目、8 亿元投入互联网金融产品服务平台项目、5.8 亿元投入互联网金融机构运营服务中心项目，另外 1.5 亿元将补充公司流动资金。上述三个项目建设周期均为两年。

公司表示，本次募集资金投资项目建成运营后，公司将由原有的金融信息化业务扩展到互联网金融服务业务，向客户提供更加丰富的互联网金融服务。

4. 入股阳光金服

2015 年 8 月 11 日，公司与阳光恒美金融信息技术服务（上海）股份有限公司签署《股份认购合同》，公司计划以现金方式认购阳光金服非公开发行的股票 34.1634 万股，增发后，阳光金服总股本 854.0838 万股，公司占阳光金服总股本的 4%。

阳光金服主要从事互联网金融营销服务，致力于精准化、社交化、交互化地为银行、证券公司、保险公司等金融企业提供基于互联网与移动互联网的媒介代理、创意设计、社会化媒体营销等综合互联网金融营销解决方案。

公司作为国内领先的金融 IT 服务公司，充分利用其上市公司背景、丰富的金融行业资源、深厚的 IT 技术能力，通过参股阳光金服，快速引入互联网营销的专业要素，结合各项业务平台的投入建设，将为公司的战略发展从领先的金融 IT 服务逐步延伸到互联网金融服务领域提供强有力的专业支持。有关项目市场潜力巨大，风险可控，将成为公司未来盈利增长的重要基础。

5. 非公开发行股票募集资金投向互联网金融

2015 年 12 月 21 日，关于调整公司非公开发行股票募集资金金额的公告称，本次非公开发行股票募集资金总额不超过 29.2 亿元，不超过募集资金投资项目所需金额，不足部分由公司以自筹资金解决，扣除发行费用后将投资于以下项目，如表 9 - 1 所示。

表 9 - 1 投资项目

序号	项目名称	募集资金投资额（亿元）
1	互联网金融大数据中心项目	14.7
2	互联网金融产品服务平台项目	8
3	互联网金融机构运营服务中心项目	5.8
4	补充流动资金	0.7
	合计	29.2

"互联网＋金融"发展势头迅猛，大数据、云计算等新技术应用快速发展，面对互联网金融行业历史性的发展机遇，赢时胜积极布局互联网金融服务业务，力争将自身打造成为一流的互联网金融信息服务提供商，为互联网用户提供一站式金融服务大平台和最优质的交易、信息、数据以及互动服务，为金融机构提供集中托管清算、后台运营、研究支持、杠杆融资、证券拆借、资金募集等综合专业服务，全面提升互联网用户体验，增强和提升公司整体盈利能力与核心竞争力，推动公司互联网金融领域的战略转型。

三、转型业务

除通过东吴在线布局智能投顾外，公司还致力于建设国内首家面向货币市场的互联网金融服务平台融金云，平台基于先进的互联网技术和公司长期积累的深厚的金融行业资源，依靠具有数十年票据经验的资深票据专业团队和 PE 团队运作，整合丰富的线下票据市场资源，为实体经济和金融机构的短期资金融通打造一个高效、透明、安全的互联网金融平台，加速资金在实体及金融机构间高速流转，并运用大数据对企业、金融机构、中介静态及动态的信用进行评估，推进商业信用环境的建设，从而促进中国货币市场的发展。

第五节　金证股份（600446）

一、主营业务

深圳市金证科技股份有限公司（金证股份）是国内最大的金融证券软件开发商和系统集成商，在证券、基金、银行、信托、泛金融、系统集成、基础软件产品等领域为客户提供全面的信息技术解决方案。公司立足优质 IT 全面开辟金融产品线，服务客户涵盖证券、基金、银行、保险、交易中心等综合金融机构，具体包括：

（1）证券 IT。包括交易、账户、资金、登记托管系统，产品覆盖了经纪、信用、场外、期权及互联网企业等多个市场。

（2）基金 IT。2015 年公司共获取 14 家新筹基金客户，公募基金客户累计突破 60 家；获取 40 余家第三方基金代销机构项目，目前已经累计超过 110 家。

（3）互联网金融 IT。加速互联网金融相关产品的开发与上线，加强

iWeLan 云平台在行业中的影响力，公司与大智慧、雪球、京东等多家互联网企业以及国海、湘财、中山等多家券商签订了合作协议，共同探索互联网金融的发展路径。

（4）综合金融 IT。积极拓展第三代服务收费模式，从 2015 年年报披露的新增客户可以看出其业务方向为产权或股权交易所、金融资产交易所、互联网金融企业（承建互联网金融服务平台）、商品现货交易等。同时，根据 2015 年年报，"合作共建、流量分成；系统租赁，按需付费"的综合金融第二代盈利模式成功落地。

2011～2015 年金证股份营业收入增长率、净利润及增长率分别如图 9－15、图 9－16 所示。

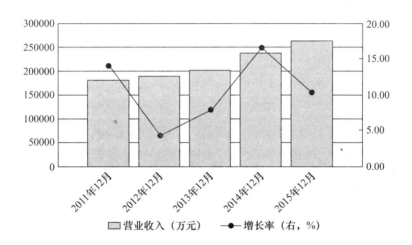

图 9－15 2011～2015 年金证股份营业收入及增长率

资料来源：Wind 数据库。

从图 9－17 可以看出，定制软件收入占据公司营业收入的 50% 以上，并且该项业务的毛利率近 90%，所以不难理解金证股份向互联网金融转型的决心，同时公司 2015 年净利润增速明显高于营业收入增速，说明公司业务不断向高毛利润业务拓展。

目前，互联网金融异军突起，倒逼传统金融企业纷纷转型，并大幅增加 IT 投入，金证股份作为全套金融 IT 解决方案的领先供应商，理应抓住互

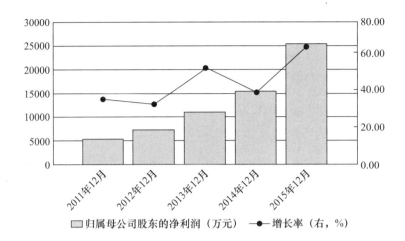

图 9 - 16 2011～2015 年金证股份净利润及增长率

资料来源：Wind 数据库。

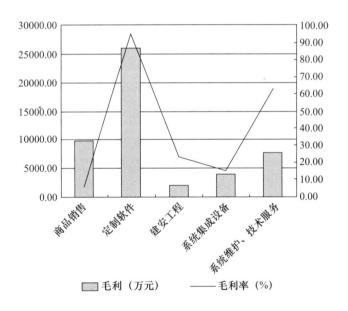

图 9 - 17 2015 年金证股份各项业务收入及其毛利率

资料来源：Wind 数据库。

联网金融时代的机遇，在相关领域突破创新，寻找新的利润增长点。

二、转型路径

1. 搭建互联网金融平台

2014 年 5 月 13 日，金证股份发布公告称，公司与中山证券签署了战略合作协议，双方拟共同打造互联网金融服务平台。双方表示在发展理念和价值观方面高度契合，相互之间的优势互补特性鲜明。因此，公司与中山证券确立战略合作关系，将有助于双方在业务、人员、信息、技术交流及盈利模式等各个方面寻求新的合作方式，在互联网金融的发展中充分发挥各自所长，携手共赢。

2. 联手腾讯，共享金融 IT 服务蛋糕

金证股份 2014 年 6 月 25 日发布公告称，已于 24 日与腾讯签署合作协议，共同在互联网金融领域推出定制版营销 QQ 产品，分享金融 IT 服务的市场蛋糕。

根据协议，腾讯提供营销 QQ 版本及稳定的消息通道服务，金证股份则按最终用户的需求，进行定制版营销 QQ 的研发及相关市场开发、渠道拓展、销售、系统实施、售后服务等工作。

和腾讯分成模式的合作，一方面可以降低业务创新的 IT 投入成本，另一方面借助腾讯 QQ 8 亿量级的终端用户流量，将使得券商原有的客户群体实现量级的突破，也有助于券商未来形成差异化竞争优势。

对金证股份而言，分成模式颠覆了公司原有的商业模式，使得金证股份能够充分分享互联网金融行业发展红利，有利于公司形成规模效应，扩大公司互联网金融服务领域。随着互联网金融的持续深入，公司的盈利可持续性及市场空间都将大幅提升。

3. 成立合资公司，覆盖量化交易

公司 2014 年 9 月 18 日发布公告称，拟与无锡市鹏扬信息科技有限公司、深圳市金鹏天益投资咨询合伙企业、深圳市辉金创盈科技开发中心、廖江共同投资设立深圳市丽海弘金科技有限公司。

丽海弘金业务范围拟定为计算机软硬件开发与销售，计算机系统集成，信息技术领域的技术开发和服务，电子产品、电脑及配件产品的销售，数

据处理、存储、销售服务。股份结构为：金证股份占30%，出资600万元；鹏扬信息占20%，出资400万元；金鹏天益占25%，出资500万元；辉金创盈占15%，出资300万元；廖江占10%，出资200万元。如图9-18所示。

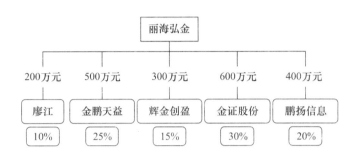

图9-18　丽海弘金股份结构

量化交易属于金融IT服务领域中最为尖端的服务，此次投资有助于完善公司对金融IT服务的覆盖。量化对冲是证券投资基金的主要模式之一，随着国内资本市场逐渐成熟，监管日趋严格、开放，量化对冲基金在戴维斯双杀作用下规模会有显著增长。

4. 合资设立信息外包公司

金证股份2014年12月1日发布公告称，将与深圳市前海金融控股有限公司共同投资设立金融信息服务外包公司深圳市金证前海金融科技有限公司，标的公司注册资本2000万元，金证股份出资1400万元，占总股份的70%。深圳市金证前海金融科技有限公司将主要从事金融后台外包服务、数据服务等。

此次对外投资有助于加快公司从软件开发销售及系统集成向IT服务的转型，完善公司对金融IT服务的覆盖。

5. 携手国海证券开展战略合作

金证股份2015年2月16日发布公告称，与国海证券签署了战略合作协议，双方将在互联网金融领域展开全面战略合作。双方将共同打造证券交易、金融服务、营销一体化的综合金融平台，基于互联网技术与移动网络设备，为投资者提供领先的投融资解决方案，推动证券公司技术体系与服务模式的创新发展。

根据协议，双方将共同搭建互联网金融服务平台，具体体现为：

（1）共同组建开发团队。

（2）充分利用金证股份的互联网通信平台。

（3）共同开发移动 APP、网页等金融服务平台。

（4）共同探索并实施云计算以及大数据处理，将其运用到证券金融服务中。

通过与券商的直接合作，成功搭建了互联网金融平台，并且未来在大数据处理、云计算中将为平台的流量导入提供最重要的支持。金证股份不仅获得了在技术开发方面的收入增量，更重要的是可以进一步整合已有优势，积累用户资源，以流量沉淀、数据挖掘等方式，争取向平台型业务延伸。

6. 布局股权众筹

公司 2015 年 7 月 1 日发布公告称，将与深圳市国富金源投资管理有限公司共同投资设立股权众筹服务公司，新设公司暂定名称为深圳市金众前海众筹服务有限公司，注册资本首期出资 1 亿元。金证股份和国富金源各出资 50%，各占股份的 50%。

布局股权众筹是公司从 IT 系统公司向金融 IT 服务商、金融平台服务提供商转型升级的战略性布局。

7. 参股金服公司

金证股份 2015 年 9 月 24 日发布公告称，与兴业财富资产管理有限公司等四家公司共同发起设立兴业数字金融信息服务（上海）股份有限公司，主要从事互联网金融资产交易服务等业务。

标的公司总股本 5 亿元，公司作为发起人股东认购 5000 万股，投资金额为 5000 万元，占其总股本的 10%；兴业财富占比 51%，出资 2.55 亿元；上海倍远投资管理中心（有限合伙）占比 19%，出资 9500 万元；高伟达软件股份有限公司占比 10%，出资 5000 万元；福建新大陆云商股权投资企业（有限合伙）占比 10%，出资 5000 万元。如图 9 - 19 所示。

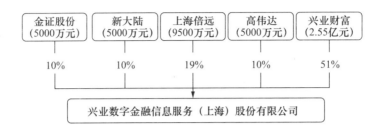

图 9 - 19 兴业数字股份结构

公司表示，参与发起设立兴业数字金融信息服务（上海）股份有限公司有利于整合股东各方优势资源，使公司在业务创新不断涌现的情况下更好地把握市场机会。

8. 收购联龙博通，切入手机银行端客户资源

2015 年 10 月 15 日公告称，金证股份拟以现金方式向刘琦、师敏龙等15 名交易对方购买其合计持有的联龙博通 100% 的股权，交易价格为 5.3 亿元，其中基本对价 3.6 亿元，浮动对价 1.7 亿元。

公开资料显示，联龙博通成立于 2002 年，是国内最早为商业银行等金融机构提供手机银行及其他移动金融软件开发与服务的企业之一。本次交易完成后，联龙博通将成为金证股份全资子公司。

金证股份表示，本次交易后，公司将形成完整的产业生态链，逐步实现对金融行业的全面覆盖，互联网金融生态或将更加丰富。

9. 参股信用保证保险公司

2015 年 12 月 15 日公告称，金证股份拟与浙江创亿光电设备有限公司、中国东方民生投资有限公司、铜陵精达特种电磁线股份有限公司、大连中申建筑安装工程有限公司、成都天之府实业有限公司、华安财产保险股份有限公司共同投资设立精融互联信用保证保险股份有限公司。精融互联信用保证保险股份有限公司总股本为 10 亿元，金证股份作为发起人股东，拟认购 1.45 亿股，投资金额为 1.45 亿元，占其总股本的 14.5%（见表 9 - 2）。此次参与发起设立精融互联信用保证保险股份有限公司，有利于整合股东各方优势资源，抓住信用保证保险领域的发展机遇。

表 9 - 2　精融互联股份结构

股东名称	出资资金（亿元）	占股比例（%）
华安财产保险股份有限公司	0.2	2
铜陵精达特种电磁线股份有限公司	1.8	18
中国东方民生投资有限公司	1.9	19
浙江创亿光电设备有限公司	2	20
深圳市金证科技股份有限公司	1.45	14.5
大连中申建筑安装工程有限公司	1.45	14.5
成都天之府实业有限公司	1.2	12

10. 折价三成转让股权，金证股份"引援"平安系

2016 年 1 月 8 日，深圳前海联礼阳投资有限责任公司和赵剑等签署《股份转让协议》，赵剑、杜宣、李结义和徐岷波将其合计持有的金证股份 4983.04 万股（占公司总股本的 6%）转让给联礼阳。根据协议，本次股权转让价格为 33 元/股，较公司停牌前股价 49.19 元大幅折让约 33%，转让总价款为 16.44 亿元。

目前，金证股份无实际控制人，赵剑等四人均是上市公司的创始人。本次权益变动后，赵剑、杜宣、李结义和徐岷波的持股比例分别降至 10.72%、10.75%、10.28% 和 9.63%，四名股东合计持股 41.38%，杜宣仍为公司第一大股东。如图 9 - 20 所示。

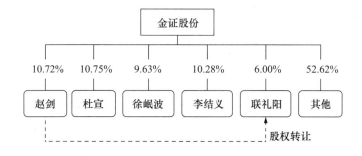

图 9 - 20　股份转让示意图

联礼阳隶属"平安系"，是平安金融科技旗下全资子公司，而中国平安集团持有平安金融科技 92% 的股权，其注册资本在 2016 年 4 月扩大至 33 亿元。

就在股权转让协议签署后不久，金证股份便与中国平安签订了战略合作协议，金证股份与平安及双方关联公司将在互联网金融云服务 2.0、互联网金融云平台 3.0 等领域展开战略合作，还将在 IT 技术服务、金融科技系统、互联网金融创新业务与征信大数据、接口开放与源码共享等方面开展一系列合作。

11. 定增 27.4 亿元布局互联网金融

2016 年 1 月 23 日，金证股份披露的增发预案显示，公司拟以 42.13 元/股的价格向联礼阳、公司员工持股计划等七名特定对象定向发行 6503.68 万股。

在募资投向上，金证股份此次所募集的 27.4 亿元资金在扣除发行费用后将全部投入金融业新架构业务、互联网金融数据中心、证券业务"互联网＋"云平台和资产管理业务"互联网＋"云平台四大项目。

金证股份定增的四大项目均是围绕互联网金融领域展开，可见公司意在将互联网金融业务打造为公司新的利润增长点。以证券业务"互联网＋"云平台项目为例，该项目主要为客户提供八项创新服务，包括互联网金融云券商接入服务、互联网金融创新服务等。项目建设期为两年，总投资 91366.21 万元，项目经营期年均收入为 64278 万元。

上述募投项目的实施在巩固现有业务的同时，可以向客户提供更加丰富的互联网金融服务，从而成为公司布局互联网金融的重要举措。

三、转型业务

金证股份作为国内最大的金融证券软件开发商和系统集成商，虽然意欲向互联网金融内容服务提供商转型，但目前仍以金融软件、系统开发为主要业务，互联网金融领域尚无独立业务开展，合作业务如下：

业务一：与腾讯合作为各个券商开发搭建集证券开户、资讯、交易、营销、客服、理财产品销售、股权质押等多种功能于一体的互联网金融服务平台。

金证股份的盈利模式有两类：

（1）向各个券商等用户收取系统集成、定制软件开发、运营服务等费用。

（2）券商根据预先约定的比例按照开户数、咨询数量等向金证股份支付分成收入，之后金证股份再按照双方约定的标准向腾讯支付其应得的营销QQ的分成收益。

业务二：金微蓝是金证股份打造的助力金融机构互联网转型发展的云平台。公司联合大智慧推出券商联合开户服务平台，可以为投资者实现一次性开通多家加盟券商账户的功能，通过开户产生的流量引入分成。

业务三：与上证通合作打造金融云平台，用来连接金融机构与互联网企业，现已与腾讯自选股合作。

业务四：金证股份收购联龙博通，旗下产品和服务包括万易通商城和掌聚宝商城。万易通商城是一个网上购物平台，专注于各大银行网上商城及手机银行商城的商品在线销售。掌聚宝商城是一款移动端的理财产品软件，提供理财产品资讯和知识、分类查询以及理财产品的购买等服务。金证股份将整合双方在互联网券商以及手机银行端的客户资源，打造直接面向客户的一站式服务金融平台。

金证股份在为金融机构、互联网企业、传统行业企业提供金融IT服务的基础上，为行业提供互联网金融解决方案，并加快互联网金融相关业务的B2B、B2C型产品线的移动化、应用化、前端化布局。

公司以平台服务为切入点，先以流量共享方式分享行业成长，通过收购、参股等方式参与理财平台、在线交易、供应链金融、第三方征信等业务，逐渐向互联网金融内容服务商延伸。

目前金证股份已经完成第一阶段（软件+服务）、第二阶段（云服务+流量变现）发展，在前两阶段的基础上，公司可进一步整合已有优势，积累用户资源，以流量沉淀、数据挖掘等方式，争取向平台型业务延伸，实现"金融产品+云平台+流量升级"。

另外，金证股份以平台为基础，以运营能力为核心，以大数据为手段，以产业链延伸为方式，参与理财平台、在线交易、众筹、供应链金融、三方征信等互联网金融内容服务。

第六节　恒生电子（600570）

一、主营业务

恒生电子股份有限公司（恒生电子）作为国内著名的金融软件开发商，在电信、政务、安全、软件外包等领域也是重要的软件开发和系统集成商。公司专注深耕金融 IT 业务多年，是国内唯——家能够提供银行、证券、基金、保险和信托全面解决方案的"全牌照"IT 服务公司，并为个人投资者提供财富管理工具，在金融 IT 市场的占有率领先。

恒生电子最为人熟知的产品就是 HOMS 金融投资云平台，这是一款以投资交易为核心并兼具资产管理、风险控制等相关功能的投资管理平台，是针对私募等中小型机构定制的轻量级资产管理实现方案。HOMS 系统有两个独特的功能：第一个功能是可以将私募基金管理的资产分开，交由不同的交易员管理；第二个功能是灵活的分仓。这两个功能成功地解决了私募基金交易员不足和分仓的问题，也使场外配资和伞形信托活动更为便利。

从图 9－21 和图 9－22 可以看出，恒生电子 2014 年前的营业收入和净利润增速缓慢，甚至出现过下降。在 2014 年马云（蚂蚁金服）控股之后，公司业务开始逐渐多元化，并由金融 IT 服务商向互联网金融运营商转变，公司最为主要的业务为软件销售，对比 2013 年、2014 年、2015 年营业收入，这块业务贡献了公司超过 90% 的营业收入和几乎所有的毛利。

二、转型路径

1. 实际控制人变更

公司 2014 年 4 月 3 日发布公告称，公司控股股东杭州恒生电子集团有

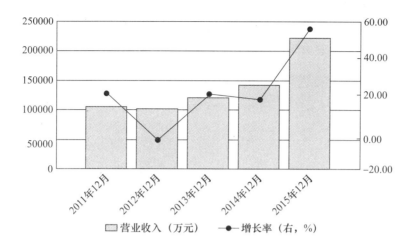

图 9 – 21 2011 ~ 2015 年恒生电子营业收入及增长率

资料来源：Wind 数据库。

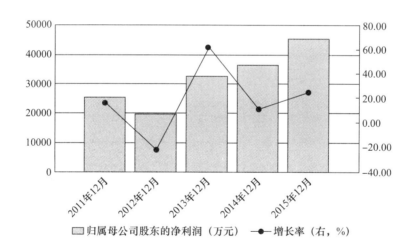

图 9 – 22 2011 ~ 2015 年恒生电子净利润及增长率

资料来源：Wind 数据库。

限公司的 17 名自然人股东与浙江融信网络技术有限公司于 2014 年 4 月 1 日签署了《股权购买协议》，浙江融信拟以现金方式受让恒生集团 100% 的股份，合计交易金额约为 32.99 亿元。本次交易完成后，浙江融信将通过恒生集团持有恒生电子 20.62% 的股份。同时，恒生电子创始人及现任高管团队仍合计持有恒生电子约10%的股份。

浙江融信的关联方阿里巴巴具有庞大的2C端用户基础，阿里巴巴C端客户优势将为恒生聚源、数米基金提供流量，云平台行业领先优势可帮助HOMS等云业务快速发展。

2. 成立三潭金融

公司2014年11月11日发布公告称，恒生电子股份有限公司拟与中国投融资担保有限公司、浙江蚂蚁小微金融服务集团有限公司、宁波云汉投资管理合伙企业（有限合伙）、北京盈丰时代投资管理中心（有限合伙）签署《发起人协议书》，共同发起设立浙江三潭金融信息服务股份公司。三潭金融的初始注册资本为5000万元，各方实际认购股份及出资额分别为：中投保认购1550万股，占总股本的31%，出资1550万元；蚂蚁金服认购1250万股，占总股本的25%，出资1250万元；恒生电子认购1087.5万股，占总股本的21.75%，出资1087.5万元；云汉投资认购725万股，占总股本的14.5%，出资725万元；盈丰时代认购387.5万股，占总股本的7.75%，出资387.5万元。如图9-23所示。

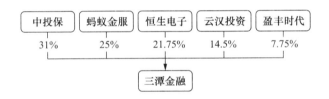

图9-23　三潭金融股份结构

三潭金融有望开展的机构间投融资和金融资产交易业务中，中投保将有望发挥其融资增信作用，为平台上的金融资产提供政策性担保。

3. 增资恒生聚源

公司2014年11月21日发布公告称，恒生电子与上海第一财经传媒有限公司、浙江蚂蚁小微金融服务集团有限公司、宁波云汉投资管理合伙企业（有限合伙）签署《合作意向书》，拟共同增资上海恒生聚源数据服务有限公司，增资规模约3.9亿元，本次增资完成后，恒生电子、第一财经、蚂蚁金服、云汉投资将分别持有恒生聚源约41%、29.9%、19.1%、10%的股权（见图9-24）。各方将发挥各自优势，在数据业务领域寻求资本及业务层面的合作机会，共同将恒生聚源打造成一家领先的数据服务公司。

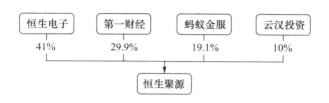

图9-24　恒生聚源股份结构

恒生聚源服务范围涉及信息采集加工、互联网信息服务以及信息产品技术开发，拥有金融数据库、数据应用产品两大类多个子产品，是中国领先的金融资讯服务供应商之一。

恒生电子收购聚源进入金融数据与资讯领域后，通过向金融媒体领域拓展完成了前后台交易与流程、金融数据与资讯、金融媒体全产业链的整合。

蚁金服作为国内最大的互联网金融机构，可以为聚源带来阿里电商及蚁金服旗下金融业务的海量独家数据，在相对同质化的投研资讯服务中大大增强聚源的差异化竞争实力。

引入第一财经后，恒生聚源可以通过将第一财经的独家报道、滚动新闻等财经资讯融入其数据产品中，以全新方式为投资者提供金融信息服务，进而增加客户黏性。

4. 参股证通股份

恒生电子2015年3月5日发布公告称，公司收到由证通股份有限公司发来的《证通股份有限公司参股出资认购意向书》，经公司董事会讨论决定，公司拟参与本次证通股份的增资扩股计划，拟以现金增资的方式向证通股份投资2500万元。

根据公告，证通股份本次增资扩股前的注册资本为12.25亿元，恒生电子出资2500万元，约占证通股份本次增资扩股后总股本的1.25%。

证通股份的成立初衷旨在恢复证券公司支付等基础金融功能，实现客户资金在证券行业内部自由流动，满足其投资理财、资产配置及日常消费支付等多样化需求。参股证通股份，为公司未来深度参与金融机构市场的互联互通打下了良好的基础。

5. 蚂蚁金服增资数米

公司 2015 年 4 月 24 日发布公告称，与蚂蚁金服等签署了《投资协议》，同意数米公司进行增资扩股。蚂蚁金服出资 1.99 亿元，其中 9462 万元作为增资额计入数米公司注册资本，其余 1.04 亿元增资溢价进入数米公司资本公积。增资完成后（见图 9 - 25），数米公司注册资本增加至 1.56 亿元，蚂蚁金服成为控股股东，占比 60.8%，恒生电子占比 24.1%，原有股东持股均有所下降。

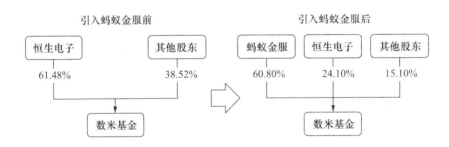

图 9 - 25　数米基金股份变动

6. 蚂蚁金服揽入恒生电子

恒生电子 2015 年 6 月 8 日发布公告称，恒生集团母公司浙江融信及其现有股东马云和谢世煌与蚂蚁金服签署相关协议，蚂蚁金服将通过认购浙江融信新增股本并收购现有股东剩余股权的方式获得浙江融信 100% 的股权。交易完成后（见图 9 - 26），蚂蚁金服将间接持有恒生电子 20.62% 的股份，恒生电子最终归于蚂蚁金服旗下，而随着股权关系理顺，恒生电子作为阿里系唯一的金融上市平台将在蚂蚁金服生态中扮演更为重要的角色。

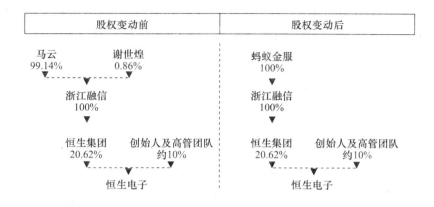

图 9 - 26 恒生电子股份变动

7. 入股中证信用

公司 2015 年 6 月 17 日发布公告称，公司使用自有资金 1 亿元认购中证信用增进股份有限公司定向发行的股份 1 亿股，约占中证信用增资扩股后总股本的 2.32%。

中证信用增进股份有限公司是经中国证监会批复，由多家证券公司、保险公司、互联网公司、政府投资平台共同发起设立的一家全国性资本市场基础设施和功能性公司，其功能是以信用业务为核心，立足资本市场，依托证券行业，为市场和行业提供专业化的信用管理综合服务。

恒生电子参股中证信用，一方面作为中证信用的股东，可与各券商客户更深度地捆绑，共同分享中证信用快速成长带来的收益；另一方面，信用增进业务可进一步拓宽公司一站式互联网金融服务范围，为未来三潭金融、数米基金、恒生聚源发力私募市场等创新金融业务开展、产品发布和推广等方面提供征信、增信双重保障，同时有望与三潭金融未来的资产证券业务产生协同效应。[1]

8. 互联网金融资产交易中心获批

公司 2015 年 6 月 17 日发布公告称，与中投保、蚂蚁金服共同申请设立的浙江互联网金融资产交易中心，获得浙江省人民政府的批复，注册资本

---

[1] 长江证券．入股中证信用，金融服务再添力［EB/OL］．2015 - 06 - 23.

5000 万元。其中，中投保占比 31%，蚂蚁金服占比 25%，恒生电子占比 21.75%，云汉投资占比 14.5%，盈丰时代占比 7.75%，股权架构与三潭金融一致，拟以三潭金融作为申报项目的承接主体进行工商变更，将三潭金融工商注册变更登记为浙江互联网金融资产交易中心股份有限公司。

9. 投资设立粤财信用保证保险公司

公司 2015 年 6 月 17 日发布公告称，拟以自有资金不超过 1 亿元参与发起设立粤财信用保证保险股份有限公司（具体名称以工商部门核准为准），持股比例为 20%。截至 2016 年底，尚未有该项目进展的公告。

粤财保险定位为以经营商业信用保证保险为特色的专业财产保险公司，致力于运用"互联网＋"的技术理念，创新保险服务体系和产品设计，推动信用保证保险业务支持中小微企业和"三农"企业发展。广东省拥有众多中小微企业，潜在的融资需求和征信需求较大。

三、转型业务

1. 互联网基金销售

数米基金网（见图 9 - 27）是国内面向个人投资者的第一批基金垂直网站之一，为投资者提供专业、安全的一站式金融理财顾问服务，首创基金行业网站中"我的基金"、"净值估算"、"每日净值"等栏目，覆盖 PC、手机、iPad 等终端。

图 9 - 27　数米基金网

资料来源：数米基金官网。

数米基金可以通过引入支付宝庞大的 C 端流量，获得巨额流量导入渠道，而支付宝钱包作为综合理财平台入口的地位已确立，数米基金是对其产品内容的极大补充。蚂蚁金服与数米基金之间的客户群体一致，协同效应明显，在支付宝三亿用户的流量导入下，数米基金用户规模将有望迎来较大突破。数米基金合作伙伴如图 9 - 28 所示。

数米基金网 WWW.FUND123.CN　富国基金 Fullgoal Fund　广发基金　建信基金　兴业全球基金

景顺长城　GU·TAI 国泰基金　天弘基金　南方基金　长城基金 Great Wall Fund

国海富兰克林基金　海富通基金　万家基金 WANJIA ASSET　银华基金 YINHUA FUND　中海基金 Zhonghai Fund

国金通用基金 GFUND　天治基金 CHINANATURE　NCF新华基金　国投瑞银 UBS SDIC

图 9 - 28　数米基金合作伙伴

资料来源：数米基金官网。

目前，只有东方财富旗下的天天基金在 2015 年第一季度盈利，数米公司当下仍处于市场投入期，引入战略投资者蚂蚁金服能够导入大量的流量资源，极大地提高其竞争力。

2. 其他互联网金融业务——互联网金融资产交易中心

浙江互联网金融资产交易中心是第一家可承接各类金融资产和互联网金融产品交易等服务的互联网平台，超越了区域金融资产交易中心的物理限制，将面向全国开展资产证券化等业务。浙江互联网金融资产交易所的股权与三潭金融相同，将在渠道、优质资产包、牌照资质等方面鼎力支持三潭金融的发展需要。三潭金融的产品销售渠道将不仅包括网金社、招财宝等平台，还包括该互联网金融资产交易所。

此次设立的互联网金融资产交易中心基本属于全国首创，相比于传统的金融资产交易中心（数量众多），该交易中心未来面向对象将以网上个人投资者为主（而非机构投资者与高净值客户），因而本质上不会受到地域限制。

互联网金融资产交易中心产品如图 9 - 29、图 9 - 30 所示。

尊享系列 高收益

定期理财2个月起，预期年化最高18%

尊享—粤鑫37号理财计划11期

预期年化	产品期限	起投金额	
8.2%	**311天**	4万元	已售完

尊享—粤鑫28号理财计划01期

预期年化	产品期限	起投金额	
8.0%	**106天**	4万元	回款中

尊享—粤鑫27号理财计划01期

预期年化	产品期限	起投金额	
8.0%	**188天**	4万元	回款中

图9－29　互联网金融资产交易中心产品尊享系列

资料来源：网金社官网。

 普惠系列 安全保障

定期理财6个月起，预期年化最高8% +浮动收益

普惠—广金直融临淄1期03 可变现 特供

预期年化	产品期限	起投金额	
7.0%	**730天**	10万元	回款中

普惠—粤享2号理财计划01期 可变现 特供

预期年化	产品期限	起投金额	
5.5%	**365天**	10万元	回款中

普惠—渝股转青州债一期 可变现 特供

预期年化	产品期限	起投金额	
7.0%	**730天**	50万元	回款中

图9－30　互联网金融资产交易中心产品普惠系列

资料来源：网金社官网。

从图 9 - 23 可知，三潭金融的资产不仅来自金融机构，还来自政府项目等。获得互联网金融资产交易中心牌照后的三潭金融旗下有 P2P 网络借贷和金融资产交易平台，其业务模式应该是对标陆金所，用户在三潭金融的平台买了产品之后，可以进行转让，同时三潭金融作为资产的批发方还会对接其他平台、其他资金渠道，通过合作把其他平台流量变现，具体业务内容如下：

（1）担保的担保，中投保作为国内第一家担保机构，对担保机构的综合实力、担保机构提供资产的风险具有良好的鉴别能力，必要时可再增加一层信用背书，把安全可靠的资产输送给投资人，平台从中收取相应的担保费。

（2）数字资产抵质押的融资，如金融资产、虚拟币、积分等，重点是对数字资产的风险定价，用数字资产来进行风控。三潭金融在评估资产的同时还有可能加上纯信用部分的授信，然后给出一个综合的授信，也就是说，授信的额度比数字资产中金融资产的估值要高。

（3）为投资人或者金融机构提供完整识别风险和控制风险的工具。利用蚂蚁金服基于电商生态的中小企业和个人数据，整合中投保拥有的中国人民银行征信、税务等数据，开放给所有的金融机构和个人投资者。

3. 恒生电子的业务生态布局

随着金融行业的持续发展和业务模式的深刻变革，对 IT 系统的可靠与灵活性要求日益加深。通过引入蚂蚁金服作为控股股东和在相关领域的一系列布局，恒生电子已经有了较完整的业务生态布局（见图 9 - 31）。

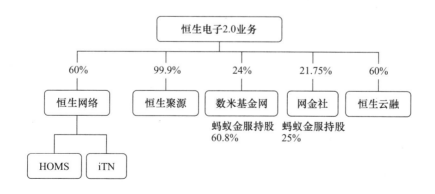

图 9 - 31　恒生电子业务

在集团层面打通了包括行情、销售、云平台等在内的互联网模式商业布局，并且随着蚂蚁金服入股，企业的管理与基因出现重大变革，在阿里系的牵引下，二者在数米基金、恒生聚源、三潭金融等创新金融业务的合作中，已经表现出良好的正向协同效应。如今正在利用蚂蚁金服在 C 端流量和资源整合方面的优势，以及恒生电子在 B 端客户基础和技术服务方面的优势，强强联手，共同加速打造阿里系的互联网金融生态帝国。

金融业呈现混合经营的格局变得愈加确定，对业务的快速响应和部署、大交易量下的可靠性和个性化服务都给金融 IT 业务创新带来了巨大的想象空间。

第七节　大智慧（601519）

一、主营业务

上海大智慧股份有限公司（大智慧）是以软件终端为载体，以互联网为平台，向投资者提供及时、专业的金融数据和数据分析的高科技公司。公司已占有全国证券营业部 85% 的份额，而公司 Internet 个人版目前已是全国使用率最高的证券软件。公司也是首批获得上证所 Level－2 行情授权的开发商。公司是国内最大的专业证券投资咨询公司之一，是首批获得中国证监会投资咨询资格认证的企业，是中国证券业协会理事单位。

从图 9－32 和图 9－33 可以看出，公司营业收入近三年一直处于下滑状态，净利润波动巨大，公司 2015 年度业绩预告显示 2015 年度经营业绩将出现亏损，实现归属于上市公司股东的净利润为 －5 亿～ －4.5 亿元。同类型企业东方财富凭借基金销售在 2015 年实现营业收入和净利润大幅增加，所以大智慧在互联网金融业务方面的拓展、转型迫在眉睫。

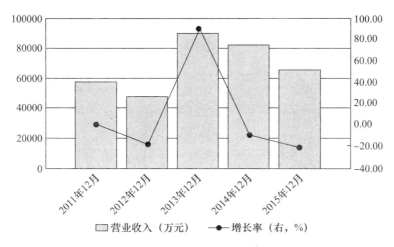

图 9 - 32 2011 ~ 2015 年大智慧营业收入及增长率

资料来源：Wind 数据库。

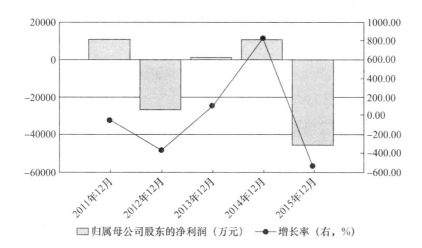

图 9 - 33 2011 ~ 2015 年大智慧净利润及增长率

资料来源：Wind 数据库。

二、转型路径

1. 拓展金融信息服务

（1）收购上海财汇信息技术有限公司。2011 年 2 月 1 日，大智慧拟以总价款约合 1650 万美元为对价，收购 Loh Boon Fah、Asset Advant Limited、Gay Soon Watt、冯卫强、何滟目前持有的上海财汇信息技术有限公司合计 100% 的股权。

本次交易将实现双方资源优势互补，尤其是在金融信息服务领域中的技术、产品、客户、市场等方面达到优势互补，提升双方的整体价值，特别是充实大智慧金融终端的服务水平，提升大智慧对机构的服务能力。

（2）收购日本财经信息服务集团。2012 年 10 月 27 日公告称，公司全资子公司阿斯达克网络信息有限公司以 3.3 亿日元（约合人民币 2570.7 万元）收购日本公司 T&C Financial Research，Inc. 100% 的股权。

本次交易将实现双方在金融信息服务领域中技术、产品、客户、市场的优势互补，特别是充实阿斯达克公司的服务水平，提升服务能力。

（3）收购北京慧远保银信息技术有限公司。2013 年 5 月 1 日发布公告称，大智慧使用超募资金收购北京慧远保银信息技术有限公司，本次股权收购完成后，公司将直接持有慧远保银 100% 的股权，慧远保银将纳入公司的合并报表范围，有利于公司更好地发展金融信息服务，发挥产业协同效应，增加中长期收益，提高上市公司的盈利能力。

慧远保银的主营业务与公司类似，主要为投资者提供各类及时、准确和高附加值的金融数据和信息及相关的金融信息服务。其商标"启明星"和"财俱"以及八项计算机软件作权经评估具有很高的商业价值。

（4）收购新加坡新思维公司。2013 年 5 月 14 日发布公告称，大智慧以 660 万新加坡元（约合人民币 3332 万元）收购新加坡新思维 100% 的股权。通过本次收购，有助于完善大智慧在东南亚市场的布局，增强大智慧国际化的综合竞争力。通过资源整合，可以有效降低研发费用、销售网络建设费用和服务费用，增强大智慧的持续发展能力和核心竞争力。

新加坡新思维公司成立于 1999 年 7 月，主要从事财务软件和信息领域的商业管理及顾问，包括为零售、机构投资者以及其他金融机构提供深入的财务数据和分析工具以进行投资与分析。

（5）收购艾雅斯资讯科技。2013 年 10 月 1 日，大智慧全资子公司阿斯达克网络信息有限公司出资 1.3 亿港元（约合人民币 10154.3 万元）收购艾雅斯资讯科技有限公司 100% 的股权。通过本次收购，完善了公司在香港的产品线，扩大了市场范围，为沟通内地市场和海外市场创造了条件，同时增加了公司营业收入和利润。

2. 拓展贵金属交易业务

（1）收购民泰（天津）贵金属。2013 年 10 月 1 日，大智慧发布公告称，全资子公司上海大智慧信息科技有限公司收购民泰（天津）贵金属经营有限公司 70% 的股权。在发展多层次资本市场和互联网金融的大背景下，此次收购有助于发挥公司的优势，扩大服务范围，增加服务渠道，给用户提供更多的选择和机会，为社会和股东创造价值。

（2）收购无锡君泰贵金属。2014 年 2 月 20 日公告称，大智慧收购无锡君泰贵金属合约交易中心有限公司 60% 的股权。

2014 年 12 月 17 日，大智慧拟转让其持有的无锡君泰贵金属合约交易中心有限公司 25% 的股权所涉及的股东全部权益价值项目资产。本次股权转让完成后，公司仍将持有无锡君泰 35% 的股权，但无锡君泰将不纳入公司财务合并报表范围内。本次转让股份带来的现金流有助于增强公司的转型能力，并消化转型过程中增加的成本。

（3）收购上海狮王黄金。2014 年 3 月 19 日，大智慧出资 4370 万元收购上海狮王黄金有限责任公司 100% 的股权。上海狮王公司是上海黄金交易所综合类会员，同时是上海黄金交易所授权的黄金交易员培训机构。本次收购将进一步扩展对用户的服务领域，提升服务水平，扩展服务范围，为公司带来新的利润增长点。

3. 获得基金销售业务资格

2014 年 3 月 5 日，大智慧全资子公司上海大智慧财富管理有限公司收到中国证券监督管理委员会上海监管局下发的沪证监许可〔2014〕45 号文《关于核准上海大智慧财富管理有限公司证券投资基金销售业务资格的批复》。

上海大智慧财富管理有限公司证券投资基金销售业务资格的获得，进一步拓宽了公司经营范围，增加了公司的销售品种和销售渠道，能够促进公司业务全面发展，完善盈利模式，同时发挥协同效应，进一步提升公司的整体竞争力。

4. 进军互联网券商遇阻

2014 年 8 月 13 日，公司及财汇科技拟与湘财证券现有全体股东签署《重组意向书》，拟通过向湘财证券全体股东以非公开发行大智慧股份及支付现金的方式购买湘财证券 100% 的股份。

2016 年 2 月 15 日大智慧发布公告称，本次重大资产重组尚处于中止审查状态，能否获得中国证监会核准仍存在较大的不确定性，如果中国证监会最终决定不予核准，则本次重大资产重组将终止。

2016 年 3 月 9 日大智慧发布公告称，鉴于重大资产重组相关的股东大会决议因逾期已经失效，且本次重大资产重组面临的障碍基本无法消除，公司需要根据市场变化及时调整或制定新的经营策略，董事会决定向中国证券监督管理委员会申请撤回本次重大资产重组相关申请文件并终止本次重大资产重组，同时取消召开公司 2016 年第一次临时股东大会。

5. 签署战略合作协议

2015 年 10 月 31 日，大智慧与上海海银金融控股集团有限公司签署了《战略合作协议》，双方拟在共同进行市场拓展方面开展合作。

本次战略合作协议的签署，有助于提升双方公司品牌与产品品牌的知名度，同时充分挖掘双方业务领域的资源，实现双方优势互补，促进双方客户资源增长，提升客户黏性，以有效应对互联网行业未来"服务竞争"愈加激烈的趋势。

6. 与湘财证券股份有限公司拟签署《业务合作协议》

此次拟签订《业务合作协议》，系大智慧与湘财证券股份有限公司本着向客户提供优质、创新、便捷服务的宗旨，以实现优势互补、互利共赢为目标，按照诚实守信的原则，在平等、友好、互利的基础上，开展长期、全面、深入的互联网业务合作，并致力于成为互联网金融深度合作的典范。

合作范围如下：

（1）湘财证券在大智慧网站或大智慧其他平台投放广告，湘财证券委托大智慧提供广告设计和策划。

（2）大智慧根据湘财证券的需要向湘财证券客户提供软件服务。

（3）大智慧根据湘财证券的需要向湘财证券提供软件开发及系统维护服务。

（4）大智慧在其网站或大智慧其他平台嵌入湘财证券的网上开户程序链接或开户二维码，便于客户开立湘财证券股票、基金、理财等证券类账户。

公司称双方将逐步探讨并优化导流的方式，在合法合规的前提下为客户提供最好的体验。

三、转型业务

1. 互联网基金销售

公司虽然在 2014 年就取得基金销售资格，但在 2014 年、2015 年年报中营业收入并未包括基金销售收入，可见该业务应该还未开展。

2. 其他互联网金融业务——贵金属交易服务系统

公司通过收购相关贵金属交易公司，提供贵金属交易信息平台及贵金属代理买卖业务。贵金属交易业务的盈利主要来源于交易手续费、报价点差、延期费（即隔夜仓息）等几个方面。

公司 2015 年年报披露，贵金属业务营业收入为 452.8 万元，同比 2014 年的 16898.1 万元下降 97.32%，公告中并未披露出现断崖式下跌的原因。

大智慧在互联网金融业务方面将进一步完善布局，在基金销售、OTC 市场、彩票、商品、理财产品等方面不断深化、整合。未来，公司还将在 P2P 网络借贷、股权众筹、大数据等方向继续拓展。

第十章　软件和信息服务业

本章共七家公司，原有业务主要是软件和信息服务，个别公司的业务中涉及金融服务，但其总体业务与金融的相关度较低。

当前国内软件产业增长保持缓中趋稳的态势，传统软件企业加快互联网服务转型，信息安全、工业软件、开源软件等细分领域呈现良好发展势头，企业在云计算等新兴领域的发展走向竞合。

作为传统的软件和信息服务业，其往互联网金融转型的技术优势不言而喻，可以看到几家企业首先都是通过并购互联网金融 IT 企业从技术领域切入互联网金融，然后各自开展相关业务。

第一节　二三四五（002195）

一、主营业务

上海二三四五网络控股集团股份有限公司（二三四五）是一家互联网企业，一直专注于从事对日软件出口业务（软件外包），是我国目前对日软件外包的主要企业之一。2014 年重大资产重组后，公司从软件行业进一步进入互联网行业，实现多元化经营战略，由单一的软件外包服务企业转变为基于互联网平台集信息服务和软件外包服务于一体的综合服务商。二三四五网络科技公司作为网址导航领域的第三大品牌，旗下兼有好压、2345 看图王等明星软件,拥有丰富的用户流量和技术团队。公司名称也由"上海海隆软件股份有限公司"变更为"上海二三四五网络控股集团股份有限公司"。

从图 10 – 1 和图 10 – 2 可以看出,公司 2011 ~ 2013 年业绩增长缓慢,利润甚至出现了较为严重的下滑。公司于 2014 年 9 月顺利完成对互联网信息服

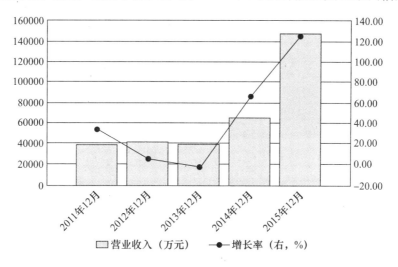

图 10 – 1 2011 ~ 2015 年二三四五营业收入及增长率

资料来源:Wind 数据库。

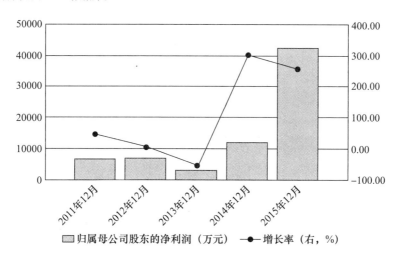

图 10 – 2 2011 ~ 2015 年二三四五净利润及增长率

资料来源:Wind 数据库。

务行业龙头企业上海二三四五网络科技有限公司的收购，通过合并财务报表，公司 2015 年营业收入和净利润大幅增加，由单一的软件外包服务企业转变为基于互联网平台集信息服务和软件外包服务于一体的综合服务商。

二、转型路径

1. 合作开展小贷业务

2014 年 10 月 7 日，海隆软件[①]发布公告称，公司与中国银行旗下中银消费金融有限公司签订了《互联网金融业务开拓战略合作协议书》，双方在互联网消费信贷、电商信用支付、互联网征信等方面进行深度合作。

目前，已与中银消费金融有限公司合作推出了网络信贷平台——网上随心贷（见图 10-3），是国内首创的由金融机构向个人提供网络消费贷款的创新型借贷平台。

图 10-3　网上随心贷

资料来源：网上随心贷官网。

---

① 2015 年 3 月 13 日，公司名称由"上海海隆软件股份有限公司"变更为"上海二三四五网络控股集团股份有限公司"。

2. 重大资产重组，揽入二三四五

2014 年 9 月 30 日公司公告称，完成了发行股份购买资产并募集配套资金暨关联交易之重大资产重组工作，本次重组的标的公司——上海二三四五网络科技有限公司正式成为公司从事互联网信息服务业务的全资子公司。本次重组的完成，标志着公司已由单一的软件外包服务企业转变为基于互联网平台集信息服务和软件外包服务于一体的综合服务商。

3. 更名为二三四五

2015 年 2 月 13 日公告称，公司拟将名称由"上海海隆软件股份有限公司"变更为"上海二三四五网络控股集团股份有限公司"。

4. 成立金服公司

2015 年 2 月 13 日公告称，为积极推进公司互联网金融业务发展，抓住互联网金融产业蓬勃发展的机遇，加速实现公司全面进军互联网金融领域的战略布局，上海海隆软件股份有限公司拟以自有资金投资设立互联网金融全资子公司——上海二三四五海隆金融信息服务有限公司。该全资子公司将专注于从事互联网金融业务，拟定注册资本为 1 亿元。

5. 携手三七互娱

2015 年 8 月 21 日公司发布公告称，二三四五及三七互娱签署战略合作协议，一致同意双方将在互联网金融服务领域进行深度合作，并表示双方基于长远战略合作将建立定期会晤机制、日常工作机制，并建立客户合作、资源共享机制，以及在用户数据、产品和运营层面建立分享机制。

二三四五正致力于打造互联网金融服务平台和互联网金融超市，三七互娱拥有广大的高质量互联网付费用户群，双方将共同对现有互联网用户群在互联网金融产品需求方面进行深度分析、挖掘，并将定制开发适合公司和用户需求的互联网金融产品。

6. 联合竞拍金通证券

2015 年 8 月 28 日，二三四五拟与浙江红蜻蜓鞋业股份有限公司以联合体形式参与竞拍金通证券有限责任公司 100% 的股权。其中，本公司拟投资标的股权的比例为 50%，红蜻蜓拟投资标的股权的比例为 50%。

本次与红蜻蜓完成联合收购金通证券股权事宜，将极大地加快公司在互联网金融领域的布局和业务发展进程，券商业务与互联网金融平台、互联网金融超市等项目有望形成良好的协同效应，大大提升公司在互联网金融领域的知名度及竞争力，未来将进一步提升公司经营业绩及全体股东价值。

7. 定增加码互联网金融

2015 年 9 月 2 日，二三四五公布了非公开发行股票预案：募集资金由不超过 43 亿元变更为不超过 16.7 亿元，用于消费贷服务、互联网金融大数据中心和互联网金融超市三项互联网金融平台项目。公司以二三四五网络为基础，巨量定增 48 亿元布局互联网金融，利用其互联网入口和积累的4000 万用户资源，有效开展网络借贷等互联网金融业务。

2016 年 2 月 2 日，非公开发行股票发行情况报告书中披露公司将非公开发行新增股份 83500000 股，发行价格为 20 元/股，将于 2016 年 2 月 3 日在深圳证券交易所上市。本次发行中，投资者认购的股票限售期为 12 个月，可上市流通时间为 2017 年 2 月 3 日（如遇非交易日顺延）。

本次非公开发行拟募集资金总额（含发行费用）不超过 16.7 亿元，募集资金在扣除发行费用后将全部投向以下项目（见表 10 - 1）：

表 10 - 1　投资项目

序号	项目	项目总投资（万元）	拟投入募集资金（万元）
1	互联网金融平台	161248.31	155000.00
	（1）消费贷服务	81669.59	77000.00
	（2）互联网金融大数据中心	79578.72	78000.00
2	互联网金融超市	15956.83	12000.00
	合计	177205.14	167000.00

2016 年 2 月 24 日公告称，根据公司 2015 年 3 月 6 日召开的 2014 年度股东大会审议通过的《关于公司〈非公开发行股票方案〉的议案》，本次募投项目中互联网金融平台项目、互联网金融超市两个项目拟通过增资全资子公司上海二三四五海隆金融信息服务有限公司的方式来实施。

根据前述非公开发行股票的实际结果和股东大会的授权，公司董事会同意以本次非公开发行的募集资金净额约 16.4695 亿元向金融子公司进行增资，其中 16.4 亿元计入金融子公司的注册资本，695 万元计入金融子公司的资本公积。本次增资金融子公司实施完成后，金融子公司的注册资本由 1 亿元增至 17.4 亿元。

8. 设立融资租赁公司

2016 年 1 月 26 日公告称，为实现将二三四五打造成为"基于互联网平台的一流综合服务商"这一战略目标，根据公司"互联网＋金融创新"的战略规划，公司的全资子公司上海二三四五网络科技有限公司与其全资子公司二三四五（香港）有限公司以各自的自有资金投资设立上海二三四五融资租赁有限公司。

融资租赁公司的注册资本为 2 亿元，其中网络科技公司投资额为 1.5 亿元，持股比例为 75％；香港公司投资额为 5000 万元，持股比例为 25％。

三、转型业务

网络借贷是目前公司转型互联网金融的主要业务。全资子公司上海二三四五海隆金融信息服务有限公司与中银消费金融有限公司合作推出的"2345 贷款王"（原名"随心贷"，系国内首创的由权威金融机构向个人提供网络消费贷款的创新型正规借贷平台，先期推出了面向个人用户的 500～5000 元小额贷款，如图 10－4 所示）网络借贷平台业务高速增长。截至 2016 年 6 月 30 日，"2345 贷款王"平台累计发放贷款笔数超过 77 万笔，较 2015 年底增长 461％；单月发放贷款金额已超过 2.9 亿元，较 2015 年底增长 241％，2016 年 7 月单月发放贷款金额已超过 3.9 亿元；累计发放贷款金额超过 13.7 亿元，较 2015 年底增长 382％；贷款余额超过 3.1 亿元，较 2015 年底增长 262％。[①]

后续依托海量历史及新增用户数据和自身优质的互联网基因，公司不遗余力地将业务发展重点转向互联网金融创新，在寻求新增长点的过程中不断开拓未来成长空间。

---

① 上海二三四五网络控股集团股份有限公司 2016 年半年度报告。

图 10 - 4　2345 贷款王

资料来源：2345 贷款王官网。

第二节　键桥通讯（002316）

一、主营业务

深圳键桥通讯技术股份有限公司（键桥通讯）是一家专业从事能源交通领域通信技术解决方案业务的服务商，国内专网 RPR 市场最大的设备、服务提供商之一。自主研发了具有独立知识产权的多业务智能交叉复接（PCM）技术、RPR 工业级数据传输技术和数据透传时隙复用技术等多项国内能源交通专用通信领域领先的核心技术。公司提供大型工业系统使用的调度通信解决方案、RPR 工业数据解决方案和工业多媒体监控解决方案，提供满足能源交通行业自动化、远动、继电保护、工业调度等调度控制信号所需的专业通信信息服务平台，推动专网通信技术市场从通信设备供应型向综合服务型转变。

从图 10 - 5 和图 10 - 6 可以看出，键桥通讯近年来营业收入和净利润增长不甚乐观。目前，公司在聚焦电力、轨道交通、高速公路、智能交通四大主业的基础上，积极引进多位拥有丰富互联网、金融等领域经验的人员入驻董事会，为公司开拓新业务增长点提供积累与铺垫。

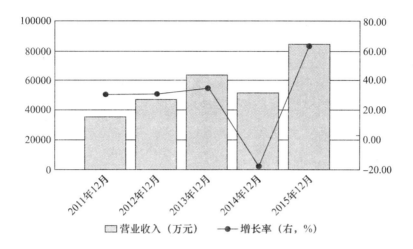

图 10 - 5　2011～2015 年键桥通讯营业收入及增长率

资料来源：Wind 数据库。

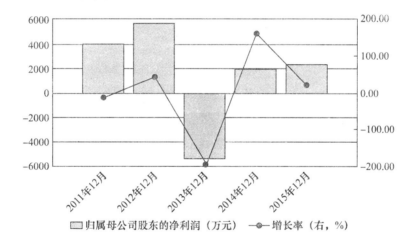

图 10 - 6　2011～2015 年键桥通讯净利润及增长率

资料来源：Wind 数据库。

二、转型路径

1. 拟受让融资租赁公司 30% 的股权

2013 年 7 月 8 日，键桥通讯公告称拟受让中国木材（集团）有限公司持有的盈华融资租赁有限公司30%的股权。2013年7月7日，中国木材（集团）有限公司与键桥通讯签署了《股权转让意向书》，就本次股权转让事宜达成初步意向。

2. 投资设立小额贷款公司

2015年3月6日公告称，公司拟与深圳市方太厨具有限公司、深圳市亦禾供应链管理有限公司签署《投资协议》，共同出资设立深圳盈华小额贷款有限公司，注册资本拟定为3亿元，其中公司以自有资金投资1.5亿元，占注册资本的50%。7月23日公司公告称深圳盈华小额贷款有限公司完成了工商注册，并取得深圳市市场监督管理局颁发的《营业执照》。

键桥通讯和方太厨具拥有丰富的上下游优质企业资源，亦禾则专注供应链管理，本次小额贷款公司设立后，三方可利用各自优势，协同发展，为产业链上下游的优质企业提供融资服务，逐步往供应链金融方向发展。

3. 发起设立相互保险组织

2015年8月15日公告称，为优化经营结构，拓宽业务领域，推进公司在互联网金融、相互制保险公司领域的战略布局，参与创新发展普惠金融，提升综合竞争力，在不影响主营业务发展的前提下，公司以全资子公司大连先锋投资管理有限公司出借自有资金不超过3000万元，参与发起设立相互保险组织，暂定名称为众惠财产相互保险总社。

公司本次通过先锋投资参与发起设立众惠保险，符合公司制定的产融结合的发展战略，有利于公司尝试拓展互联网金融业务。

4. 定增募资，同时第一大股东取得控制权

2015年10月15日，键桥通讯公布非公开发行股票预案：公司向乾德精一等定增3.97亿股，精一关联方先锋金融集团实际上取得公司控制权，先锋金融集团在金融领域实力强劲，在融资租赁、小额贷款、金融支付、投资、担保、保险、众筹等领域皆有布局（见图10-7）。

本次非公开发行股份和募集资金在扣除本次全部发行费用后拟用于以下项目：基于物联网技术的综合研发平台及"物联网+"行业解决方案项目、金融科技云服务平台项目、收购盈华租赁74.64%的股权并对盈华租赁增资、补充流动资金。

金融·互联网·生活方式

CREATIVE·FOCUSED·ONE-GROUP

租赁　　　　外币　　　　理财　　　　信贷　　　　航空　　　　租车

图 10 - 7　先锋金融

资料来源：先锋金融官网。

随着本次募集资金投资项目的实施，公司将利用"物联网＋"思维和金融科技云服务平台模式，在充分发挥公司现有的通信系统技术和完善的营销网络优势的基础上，进一步丰富产品系列，提高公司的整体竞争力。

5. 投资设立数据交换服务公司

2015 年 10 月 19 日公司发布公告称，为优化经营结构，拓宽业务领域，提升综合竞争力，公司以自有资金 200 万元参与投资设立徐州淮海数据交换服务有限公司。淮海数据的注册资本拟定为 1000 万元，其中公司出资占注册资本的 20%，目前公司已成立。

此次交易将有助于发挥公司的技术优势，拓展业务领域，进入大数据交易领域，并且能够发挥公司股东在大数据和互联网金融领域的资源优势，提升上市公司产业竞争力。

6. 全资收购证券公司股权

公司 2015 年 11 月 13 日发布公告称，为优化经营结构，拓宽业务领域，提升综合竞争力，公司全资子公司键桥投资（香港）有限公司拟以 2400 万港元受让 Brilliant Finance Group Holdings Company Limited 持有的亿声证券有限公司 100% 的股权。

本次股权收购事宜将有利于键桥投资把握市场发展的趋势，并利用亿声证券在香港已积累的各项资源与地域优势拓宽业务范围，增强其可持续发展能力，同时也有利于提升公司的盈利能力和综合竞争力。

7. 拟现金收购上海即富信息技术服务有限公司 45% 的股权

公司 2016 年 11 月发布公告称，拟以现金 9.45 亿元收购上海即富 45%

的股权，成为上海即富第一大股东。该收购完成后，公司曲线进入第三方支付业务。上海即富专注于小微商家数据服务，业务范围覆盖全国。旗下子公司点佰趣拥有全国银行卡收单牌照，通过 MPOS 硬件终端为小微商户的各项支付需求提供收单支付。上海即富旗下支付 APP 即付宝日活用户在 63 款移动支付 APP 中名列前茅。

三、转型业务

除前述深圳盈华小额贷款有限公司成立并营业外，互助保险也是公司互联网金融转型落地的业务之一。公司 2016 年 6 月 22 日发布公告称，公司全资子公司大连先锋投资管理有限公司作为发起人之一的众惠财产相互保险社获得保监会筹建批复。根据公告，众惠相互保险社"以会员互助共济为核心，以供应链或封闭组织内的中小微企业群体为切入点，以价值链和大数据为基础，以互联网为手段，为中小微企业及个体商户提供全生命周期的风险管理服务，降低其融资成本，支持大众创业、万众创新"。

第三节　中科金财（002657）

一、主营业务

北京中科金财科技股份有限公司（中科金财）是国内政府、银行用户领域领先的 IT 综合服务提供商。主营业务为应用软件开发、技术服务及相关的计算机信息系统集成服务。经营范围包括：建筑智能化工程设计与施工；计算机软件技术开发；计算机系统集成及服务；销售计算机及外部设备、电子产品；货物进出口；技术进出口；代理进出口；专业承包；计算机技术培训；技术咨询；劳务派遣。公司拥有信息安全服务资质（安全工程类一级）证书、票据二维码防伪系统防伪技术评审证书、计算机信息系统集成企业一级资质、建筑智能化工程设计与施工二级资质等多个资质。

从图 10-8 和图 10-9 可以看出，近年来公司的主营收入稳中有升，同时在净利润方面，2015 年增长率高达 100%，公司效益显著，增长势头强劲。公司努力布局"资金 + 数据 + 资产 + 交易"，构建完整的互联网金融生态。

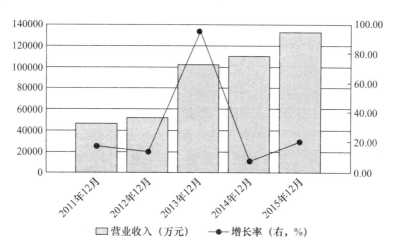

图 10-8 2011～2015 年中科金财营业收入及增长率

资料来源：Wind 数据库。

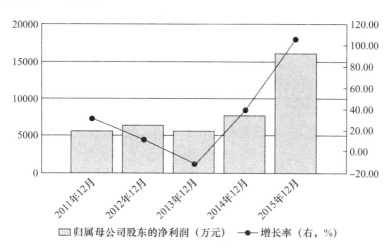

图 10-9 2011～2015 年中科金财净利润及增长率

资料来源：Wind 数据库。

二、转型路径

1. 变更募集资金投资项目，切入智能银行

2013年9月11日公告称，经审慎分析，公司计划将营销与服务网络项目剩余资金用于投资"智能银行渠道整合平台V1.0项目"。

渠道是银行市场营销的载体，银行通过渠道将产品与服务传递给目标客户。渠道既要传递营销信息，还要完成销售交易。通过渠道整合，可以帮助银行把各种设备、渠道、产品和功能整合在一个平台上，为客户提供一种无缝式的跨渠道体验，使银行随时可以全面了解客户在每个渠道上的行为；客户在进行某一项交易时，也可以顺畅地从一个渠道转向另一个渠道。渠道整合可以有效降低银行营运成本，提高客户满意度，从而赢得更多客户的信赖。

2. 收购天津滨河创新科技

2014年8月6日中科金财发布公告称，拟通过发行股份和支付现金相结合的方式收购天津滨河创新科技有限公司100%的股权并向特定对象募集配套资金。滨河创新100%股权交易价格为7.98亿元，其中以现金支付3.192亿元，另外4.788亿元以发行股份的方式支付。

滨河创新以保障银行信息数据、系统运行安全为重点业务，以自助平台建设及运营管理为支撑，以系统平台带动硬件布放、软件开发、技术服务，承接银行信息化建设服务外包业务，为银行提供全面、专业的产品及服务。

滨河创新定位于面向城市商业银行和农村金融合作机构提供服务、软件、硬件三位一体的整体解决方案，在银行领域经验积累深厚，且其渠道资源丰富，在各省市设立了30多个分支机构，二者业务互补性较强，可与其他业务条线协同发展，有利于中科金财进一步完善互联网金融IT产业布局，提供智能银行整体解决方案。

3. 出资设立互联网金融信息服务公司

2014年12月，由海淀区国资委控股的北京中关村互联网金融信息服务中心有限公司成立。该公司由海淀区国有资产投资经营有限公司携手中科

金财、中投国泰等企业共同出资组建并控股（见图 10 – 10），设立的宗旨是以海淀区及中关村优质的中小企业为依托，促进互联网金融改革创新，推动互联网金融产业发展，整合区属互联网金融服务资源，搭建互联网金融服务平台，完善海淀区互联网金融服务体系。该公司的成立有助于中科金财发展征信业务和互联网综合金融服务业务，同时也为政府对互联网金融企业的支持与监管摸索一条新的路径。

中科金财在中关村互联网金融服务中心占 15% 的股份，主要负责软件开发、技术支持以及帮助中小企业融资等。在服务平台中，中科金财将助力中关村互联网金融服务中心征信服务及征信业务的开展，通过对接互联网银行云平台和金融产品交易所的资金，解决中关村科技型企业相关融资问题，同时为中关村的互联网金融企业、科技型中小企业提供全面的互联网金融和 IT 服务支持。

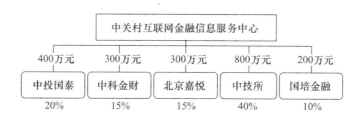

图 10 – 10　中关村互联网金融信息服务中心股份结构

2015 年 4 月，公司参股的中关村互联网金融信息服务中心正式推出监督管理、综合服务、创新孵化三大服务平台，包含互联网金融行业风向标——海淀指数以及合格互联网金融机构评审体系、登记备案系统、证据链备案系统、征信数据库、科技金融增信系统、互联网金融资产撮合、创客空间等多项重磅服务内容。

该中心于 2015 年 8 月开展的互联网金融资产撮合服务，截至 2015 年底已完成交易量近 60 亿元，实现营业收入 6406 万元，并且已与互联网金融行业的 60 家实力平台成为互联网金融资产撮合服务战略合作伙伴。该中心致力于成为全国顶尖的互联网金融服务机构，有望为公司的互联网金融业务提供业务和数据领域的支持，完善公司的互联网金融生态闭环。

4. 增资大连金融资产交易所

2015 年 3 月 23 日公司发布公告称，拟投资不超过 3000 万元参与大金所增资扩股事项，经总经理办公会审议通过后，公司已于 2015 年 3 月 11 日向大连产权交易所提交了投资意向登记书。

2015 年 5 月 18 日公司公告称，根据辽宁东方阳光资产评估有限公司出具的评估报告，公司正式以 2502.36 万元认购大金所 20% 的股权。

本次增资完成后，公司将积极推动大金所各项业务的建设与发展，完善大连金融市场功能，提升金融资产流动性，助力大连市建设多层次金融体系。同时，增资大金所有助于公司快速推进互联网金融综合服务，有利于进一步完善公司在互联网金融领域的业务布局，符合公司长远发展的战略定位。

5. 定增加码互联网金融

中科金财 2015 年 3 月 22 日发布公告称，拟以 75.78 元/股的价格向包括公司实际控制人之一的朱烨东在内的 10 名特定对象非公开发行 1282.66 万股，募集资金 9.72 亿元，用于互联网金融云中心项目、增资安粮期货、智能银行研发中心项目以及补充流动资金。

中科金财表示，互联网金融业务是公司未来发展的核心战略方向，将积极开展资产管理、金融资产交易、产业链融资、资产证券化、云银行、供应链融资、征信等互联网综合金融服务。

根据定增预案，中科金财将投入 3.89 亿元用于建设互联网金融云中心，提供金融大数据分析服务、互联网金融云平台和接入服务、金融云计算资源等综合服务、金融灾备服务，帮助中小商业银行等金融机构及其客户应对利率市场化、互联网金融跨界竞争、民营银行牌照放开等带来的挑战，满足其业务转型需求。

此外，中科金财拟用 2.54 亿元认购安粮期货增发的 2 亿元注册资本，增资完成后，将持有安粮期货 40% 的股权。

安粮期货具有或正在申请的资产管理、金融资产交易所、风险管理、新三板、基金销售、期权等创新业务资格，与中科金财的互联网金融战略高度协同，上述创新业务资格将助力中科金财开展资产管理、金融资产交易、供应链融资、产业链融资、资产证券化等互联网金融综合服务。

中科金财还计划投入8080.05万元用于建设智能银行研发中心,该项目由研究中心与体验中心两部分组成。其中,研究中心提供系统的开发、测试、组装等软硬件环境;体验中心是一个智能化银行网点展示场所,向参观者展示智能银行整体解决方案,并收集反馈意见。①

上述项目有利于提高公司为银行提供业务转型服务的能力,抢占互联网金融制高点,提升行业地位,巩固和提高公司在智能银行、互联网金融领域的市场占有率和竞争优势。

6. 入股的大连金融资产交易所挂牌

2015年9月20日,由中科金财入股的大连金融资产交易所正式挂牌上线,成为获国务院备案的九家金融资产交易所之一。

大金所注册资本1亿元,由大连产权交易所、中科金财、三寰集团、大连市国投集团、浙江金融资产交易中心共同发起成立。大金所定位于各类金融资产交易平台,包括为金融机构提供资产证券化和不良资产处置服务,为政府基础设施和民生项目建设提供融资服务,为个人投资者提供理财渠道等。

大连金融资产交易所的顺利上线,将有利于中科金财在互联网金融领域迅速开展相关业务,中科金财可发挥自身技术优势,为交易所在资金端、资产端以及互联网金融创新等方面提供多元化的支持。

7. 投资参股电商公司

2015年11月6日中科金财发布公告称,决定与中国航空技术国际控股有限公司、中航新兴产业投资有限公司、中航文创有限责任公司、北京成城众志投资管理合伙企业(有限合伙)共同出资成立金网络(北京)电子商务有限公司,注册资金为8000万元,由公司出资2000万元,占注册资本的25%。

中科金财表示,此次对外投资有助于公司在互联网银行、资产管理、资产证券化、产业链融资、供应链融资等领域开展业务,有利于进一步完善公司在互联网金融领域的业务布局。

8. 设立互联网服务有限公司

2016年1月26日中科金财发布公告称,为了增强公司业务的广度、深

---

① 岳薇. 中科金财定增募资9.72亿元加码互联网金融〔EB/OL〕. 证券时报网,2015-03-23.

度及盈利能力，拟投资成立北京中科金财互联网服务有限公司，注册资金为 7000 万元，公司出资占注册资本的 100%。

公司表示，此次设立北京中科金财互联网服务有限公司，有助于公司尽快实施在互联网银行、资产管理、资产证券化、产业链融资、供应链融资等领域的业务布局，符合公司长远发展的战略定位。

9. 增资北京国信新网

2016 年 3 月 23 日关于对外投资的公告称，为了增强中科金财北京业务的广度、深度及盈利能力，公司及润泽科技发展有限公司、中安网脉（北京）技术股份有限公司、北京中科兆悦科技发展有限公司、北京国信金泽投资中心（有限合伙）于 2016 年 1 月 18 日与国家信息中心、北京国信新网通讯技术有限公司共同签署了《增资扩股协议》，公司出资 560 万元增资北京国信新网通讯技术有限公司，占其注册资本的 28%，为第一大股东。

本次参股国信新网有助于公司云服务、大数据、征信业务以及互联网金融综合服务业务的开展，加强征信与互联网金融生态圈的业务协同，从而使公司在互联网金融领域的业务布局得到进一步完善。

三、转型业务

2015 年以来，公司确立了以互联网银行、资产证券化、金融资产交易及征信为核心的互联网金融战略，构建了以大资管为核心的互联网金融生态圈。公司的核心业务正在从金融 IT 供应商向金融资产证券化平台转换，通过 IT 的手段全面布局互联网金融领域，打通资产证券化从信息到交易的各个环节。

目前，公司在资金端、资产端、交易体系生态圈的战略布局完整，已初步形成了"互联网＋金融＋服务"的闭环生态圈，基本具备开展互联网金融全业务链的服务能力，公司在互联网金融业务领域的布局已经初见成效。公司依托其客户、市场和技术优势，以互联网金融综合服务及智能银行整体解决方案为核心，加速布局互联网金融，开展金融资产交易、资产管理、资产证券化、供应链金融、互联网银行、征信等互联网金融综合服务。

第四节 汉鼎宇佑（300300）

一、主营业务

汉鼎宇佑互联网股份有限公司（汉鼎宇佑）是从事信息化专业服务和智能化专业服务的综合性信息服务企业。公司致力于智能技术在建筑、公共安全和多媒体集成三大领域的开发及应用，以及业务链信息化和智能化的规划咨询、工程设计、系统设备采购、施工和集成调试、项目管理以及运维增值服务的全过程。公司拥有建筑智能化工程设计与施工一级、计算机信息系统集成一级、机电设备安装专业承包一级和安全防范工程设计与施工一级等资质。

从图 10－11 和图 10－12 可以看出，2011～2014 年公司保持了良好的发展势头，但 2015 年的营业收入和净利润增长则不甚理想。2015 年公司围绕

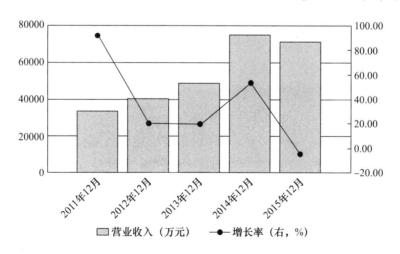

图 10－11 2011～2015 年汉鼎宇佑营业收入及增长率

资料来源：Wind 数据库。

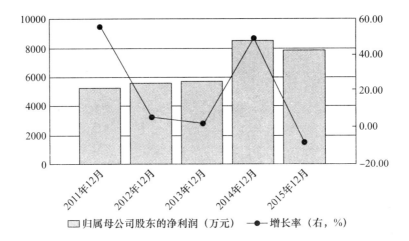

图 10 - 12　2011～2015 年汉鼎宇佑净利润及增长率

资料来源：Wind 数据库。

"产业 + 金融 + 互联网"战略，先后通过新设公司、控股、收购、参股其他公司等方式布局互联网金融，涵盖个人征信、资产管理、融资租赁、股权众筹、大数据等领域。目前投资的利润效应尚未显现，未来如何通过业务转型挖掘新的利润增长点将是公司需要重点考虑的。

二、转型路径

1. 设立互联网金融全资子公司

为积极推进公司互联网金融业务发展，抓住互联网金融产业蓬勃发展的机遇，加速实现公司全面进军互联网金融领域的战略布局，汉鼎信息科技股份有限公司①于 2015 年 4 月 21 日召开了第二届董事会第三十四次会议，同意以自有资金 1 亿元，投资设立互联网金融全资子公司——汉鼎宇佑金融服务有限公司，公司持有其 100% 的股份。该全资子公司将专注于从事互联网金融业务和互联网金融企业投资业务。

---

① 2016 年 6 月 22 日，公司名称由"汉鼎信息科技股份有限公司"变更为"汉鼎宇佑互联网股份有限公司"。

本次投资是公司基于智慧城市主营业务的长期积累，从线下过渡到线上移动互联产业端之后，在互联网金融领域的重要布局。未来公司将通过该互联网金融全资子公司挖掘优秀的互联网金融企业，通过并购或投资的方式，打通互联网金融产业链。

2015 年 5 月 27 日，浙江汉鼎宇佑金融服务有限公司完成工商登记注册手续。2015 年 12 月 28 日，会议审议通过对汉鼎金服增资 5000 万元，增资后浙江汉鼎宇佑金融服务有限公司注册本为 1.5 亿元，公司持有其 100% 的股份。

2016 年 5 月 12 日公告称，公司拟使用募集资金 68326.817005 万元对汉鼎金服进行增资，计入实收资本。款项将全部存放于在相关商业银行开立的募集资金专户中，全部用于"基于智慧城市的互联网金融平台"建设。

2. 参股雄猫软件，互联网金融生态首棋落子

汉鼎信息科技股份有限公司于 2015 年 6 月 24 日召开了第二届董事会第三十八次会议，审议通过了《关于全资子公司收购浙江雄猫软件开发有限公司 20% 股权的议案》，公司的全资子公司浙江汉鼎宇佑金融服务有限公司（汉鼎金服）拟使用自有资金 860 万元收购自然人陈林海持有的浙江雄猫软件开发有限公司 20% 的股权；审议通过了《关于全资子公司增资浙江雄猫软件开发有限公司的议案》，汉鼎金服拟使用自有资金 645 万元对雄猫软件增资，其中 230.7692 万元计入目标公司实收资本，其余 414.2308 万元计入目标公司资本公积，增资完成后，公司持有雄猫软件 35% 的股权。

3. 设立汉鼎融资租赁有限公司

汉鼎信息科技股份有限公司于 2015 年 6 月 29 日召开了第二届董事会第三十九次会议，审议通过了《关于公司投资设立子公司的议案》，同意以自有资金出资 1.94 亿元与自然人何凌共同出资设立汉鼎融资租赁有限公司，主要开展互联网金融板块 P2G 业务，公司持有子公司 97% 的股权。

公司表示，未来将以汉鼎融资租赁有限公司作为金融资产业务平台，依托融资租赁业务模式实现 P2G 中"G"端资产的整合，为 P2G 链条的打通奠定坚实的基础。

4. 增资湘财资本获 35% 的股权

汉鼎信息科技股份有限公司于 2015 年 7 月 13 日经公司第二届董事会第

四十一次会议审议通过《关于公司签订投资合作框架协议书的议案》，同意与深圳市湘财资本管理有限公司签订《投资合作框架协议书》，公司拟使用自有资金，通过股权转让以及增资的方式获得深圳市湘财资本管理有限公司35%的股权，并在此基础上开展深入的业务合作。

目前，公司正大力推进互联网运营业务，抢先开启互联网金融布局，构建以智慧城市为中心，互联网金融和互联网生活为"两翼"的汉鼎生态系统格局。

5. 拟成立汉鼎征信

为迅速发展全资子公司浙江汉鼎宇佑金融服务有限公司在大数据征信行业的业务体系和业务规模，汉鼎信息科技股份有限公司于2015年7月24日召开了第二届董事会第四十二次会议，审议通过了《关于汉鼎金服设立控股子公司的议案》，同意汉鼎金服出资3050万元与北京闪银信息技术有限公司、北京元丰达资产管理有限公司以及自然人支正春、吴一凡、吕超英共同投资设立汉鼎闪银征信科技有限公司，汉鼎金服占汉鼎征信61%的股权。

6. 投资设立宇佑众筹和鼎有财

汉鼎信息科技股份有限公司于2015年8月24日召开了第二届董事会第四十三次会议，审议通过了《关于汉鼎金服投资设立全资子公司宇佑众筹的议案》，同意公司全资子公司浙江汉鼎宇佑金融服务有限公司以自有资金5000万元投资设立全资子公司——杭州宇佑股权众筹科技有限公司；审议通过了《关于汉鼎金服投资设立全资子公司鼎有财的议案》，同意汉鼎金服以自有资金1000万元投资设立全资子公司——杭州鼎有财金融服务有限公司。汉鼎金服持有宇佑众筹100%的股权，持有鼎有财100%的股权。

本次投资有利于公司介入股权众筹，架设投融资通道，进一步拓展汉鼎金融生态圈的外延。

7. 投资长行租赁与微贷金融

2015年9月8日召开了第二届董事会第四十六次会议，公司控股子公司汉鼎租赁拟使用自有资金共计5000万元收购并增资长行汽车租赁有限公司，完成后汉鼎租赁持有长行租赁80%的股权；审议通过了《关于汉鼎金服收购微贷（杭州）金融信息服务有限公司5%的股权的议案》，公司全资子公司汉鼎金服拟使用自有资金 1.5 亿元收购微贷（杭州）金融信息服务有限公司 5% 的股权。

本次对长行租赁和微贷金融的股权收购，实现了公司在 P2P 网络借贷、融资租赁、汽车金融三大领域的战略布局（见图 10 – 13）。

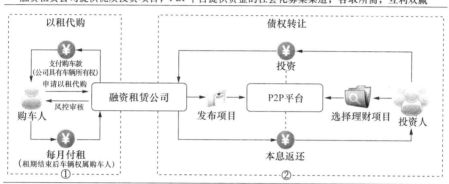

图 10 – 13　业务模式

资料来源：2345 贷款王官网。

为符合一个投资主体只申请一个内资融资租赁行政许可的行政要求，顺利申请相关融资租赁资质，汉鼎租赁解除了与长行租赁的股权合作。

根据公开信息，2015 年 11 月 27 日经公司总经理办公会议审议通过，汉鼎租赁已经友好解除与方昶行、卢长龙、长行租赁签订的《关于长行汽车租赁有限公司之股权转让及增资框架协议》，并完成了相关的工商变更，未影响公司及汉鼎租赁的正常经营，对公司财务未造成消极影响。

同时，汉鼎租赁已经投资设立中外合资公司舟山汉鼎海洋融资租赁有限公司，于 2016 年 1 月获得行政许可并成立，目前已经正常开展业务。

8. 鼎有财正式上线

2015 年 9 月 28 日公司发布公告称，公司全资子公司浙江汉鼎宇佑金融服务有限公司独立自主开发运营的综合理财平台"鼎有财"正式上线。

2015 年 11 月 27 日公司公告称，重磅发布了"鼎有财 2.0 版本"，目前已在苹果 AppStore、各大安卓应用市场、微信公众号等平台全渠道上线。

"鼎有财 2.0 版本"在优质项目筛选、风险控制、安全保障、用户体验等方面做了全面的升级。

鼎有财在提供优质的金融资产、完善的风控保证和稳定的投资收益上不断强化核心竞争力。此次鼎有财 2.0 PC 版与移动版同步升级上线，也是围绕着平台的核心竞争力，对财富管理服务做了全面的升级。

9. 增资小铜人

汉鼎信息科技股份有限公司于 2015 年 11 月 10 日召开了第二届董事会第四十九次会议，审议通过了《关于公司增资深圳市小铜人金融服务有限公司的议案》，公司拟使用自有资金 1000 万元对小铜人进行增资，增资完成后，公司持有小铜人 20% 的股权。

投资小铜人将为公司旗下多个互联网平台提供强大的整合营销能力，也非常有利于公司快速构建互联网端口能力。与此同时，小铜人未来也将建立起泛金融、娱乐、生活消费类的自媒体、新媒体矩阵，打造微时代的立体化整合营销服务机构，成为汉鼎生态系统中的重要一环。

10. 增资北京数想科技

汉鼎信息科技股份有限公司于 2015 年 12 月 22 日召开了第二届董事会第五十次会议，审议通过了《关于公司增资北京数想科技有限公司的议案》，公司拟使用自有资金 2000 万元对北京数想科技有限公司进行增资。增资完成后，公司将持有北京数想科技有限公司 20% 的股权，其中出资款中的 500 万元计入目标公司实收资本，超过实收资本的部分即 1500 万元作为增资溢价计入目标公司资本公积。

数想科技是一家依托大数据分析的科技公司，主要提供不同支付场景下的"先消费，后付款"服务。

11. 子公司对外投资设立中外合资融资租赁

汉鼎信息科技股份有限公司的全资子公司杭州汉鼎租赁有限公司拟与公司全资子公司汉鼎国际发展有限公司共同投资设立合资公司舟山汉鼎海洋融资租赁有限公司。新设公司注册资本 8000 万美元，其中汉鼎租赁拟以等值 6000 万美元的人民币现金方式出资，占股本总额的 75%；汉鼎国际以等值 2000 万美元的人民币现金方式出资，占股本总额的 25%。

本次对外投资是公司在金融服务领域重要的战略落地，有利于公司培育新的利润增长点，给公司带来稳定的盈利空间和良好的经济效益，并增强持续发展能力，给投资者以更好的回报。

12. 定增获批，全面转型互联网金融

2016 年 1 月 20 日公告称，公司非公开发行股票申请获证监会发审委审核通过。公司于 2015 年 5 月发布定增预案，拟募资 24 亿元全面转型互联网金融，其中大股东参与 10 亿元，彰显变革决心。

13. 投资设立浙江汉鼎宇佑资本

2016 年 3 月 10 日召开了第二届董事会第五十三次会议，审议通过了《关于设立全资子公司浙江汉鼎宇佑资本管理有限公司的议案》，公司拟使用自有资金 2000 万元投资设立全资子公司浙江汉鼎宇佑资本管理有限公司。该全资子公司将专注于从事并购基金管理、产业投资基金管理等业务。

公司努力践行"产业＋互联网＋金融"的发展战略，对外投资设立汉鼎资本系为加快公司在智慧城市建设、互联网生活、创新金融领域的发展整合和转型升级。公司未来拟通过汉鼎资本打造专业化金融投资控股平台，通过不断引入专业化金融行业管理团队，迅速提升和优化公司战略投资并购能力与资源整合实力，打造具备全球化视野的资本合作。

14. 筹建公募基金

汉鼎信息科技股份有限公司于 2016 年 3 月 31 日召开了第二届董事会第五十六次会议，审议通过了《关于筹建鼎丰基金管理股份有限公司的议案》，同意以自有资金 2400 万元拟投资筹建鼎丰基金管理股份有限公司，公司持有其 24％ 的股份。

鼎丰基金定位为服务中国家庭资产管理的特色公募基金，将充分依托股东层面在产业基础、资本实力、互联网资源等方面的优势，借助中国资本市场实现快速做大做强。与此同时，鼎丰基金未来也将拓展基金子公司等创新业务，在非标资产整合、资产证券化领域形成特色，以更好地服务智慧城市、文化娱乐等产业。在金控战略下，汉鼎股份也将持续获取各项金融业务牌照，力求实现金控平台全面协同发展。

15. 变更公司名称

为了使公司名称更好地体现公司的业务状况及发展战略，汉鼎信息科技股份有限公司于 2016 年 5 月 4 日召开第二届董事会第五十九次会议，审议并通过了《关于变更公司名称、证券简称和经营范围的议案》和《关于变更证券简称的议案》，拟将公司中文名称由"汉鼎信息科技股份有限公司"变更为"汉鼎宇佑互联网股份有限公司"；拟将英文名称由"Hakim Information Technology Co. Ltd."变更为"Hakim Unique Internet Co. Ltd."；相应增加经营范围：互联网信息技术开发、技术咨询、技术服务，经济信息咨询，财务咨询，娱乐资产经营；拟将公司证券简称由"汉鼎股份"变更为"汉鼎宇佑"。2016 年 6 月 22 日公司公告称已完成工商变更。

16. 子公司汉鼎金服拟向关联方收购微贷 8% 的股权暨关联交易

基于公司在互联网金融领域的发展战略，公司全资子公司浙江汉鼎宇佑金融服务有限公司拟以自有资金 2.4 亿元向杭州汉鼎宇佑股权投资合伙企业（有限合伙）收购微贷（杭州）金融信息服务有限公司 8% 的股权（见图 10 - 14）。

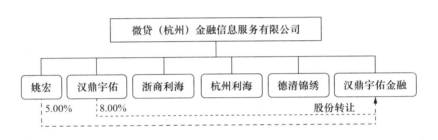

图 10 - 14 股份转让示意图

汉鼎信息科技股份有限公司召开 2016 年第四次临时股东大会，审议通过了《关于汉鼎金服拟向关联方收购微贷（杭州）金融信息服务有限公司 8% 的股权暨关联交易的议案》。

三、转型业务

汉鼎宇佑业务如图 10 - 15 所示。

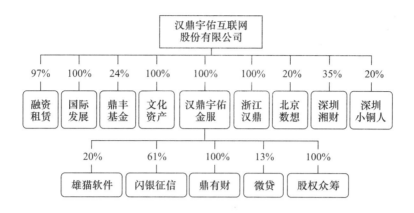

图 10 – 15　汉鼎宇佑业务

1. 网络借贷

（1）微贷网。公司旗下的微贷网主要从事汽车抵押借款领域 P2P 网络借贷业务，全部项目 50 元起投。平台主要针对个人的汽车抵押借款，每个项目的融资额大多为 10 万元以下。公司 2016 年第一季度报告披露，微贷网平台该季度成交量达到 68.27 亿元，截至 2016 年 7 月 14 日累计成交 408 亿元。从网站数据来看，每天融资项目有 1000～2000 个，远超其他 P2P 网络借贷平台。截至 2016 年 5 月，微贷网已在北京、上海、四川、浙江等全国 25 个省、市开设 230 余家营业部，员工人数也由初创时期的 10 余人发展为近 7000 人。

平台产品主要分为：

融租贷：是通过互联网技术手段实现客户汽车消费和商家汽车销售的消费性金融业务，主要对象是新车、二手车商等销售机构以及个人或公司等消费群体，打通线上金融服务与线下汽车消费业务意在为小额汽车消费提供灵活、快速、便捷的金融服务。通过以租代购（租赁）和半价金融（抵押）两种模式及公司强大的风险管理体系，在不断开创新业务的同时确保资金的安全性。

乐享贷：与网上二手车销售平台合作的二手车消费借款产品，让网上消费客户也能便捷地获得资金支持。乐享贷以客户购买的车辆抵押作为担保方式，客户最低只需首付购车价的 10%，即可获得借款解决剩余的购车款项。

车商贷：针对经销商、租赁公司等汽车行业、企业的融资需求，推出车辆抵（质）押贷款产品，也为优秀的企业推出一个月以内的短期信用贷产品。

微易融：专注于精英阶层的个人信用借款业务，通过线下签约、线上融资的方式，为供需双方提供资金融通服务。主要针对公务员、事业单位或大型国有企业的正式编制员工提供信用贷款。

房乐贷：是一款针对一线城市房屋抵押的短期贷款产品，具有当天放款、手续便捷、利率低等优势。

优选计划：是微贷（杭州）金融信息服务有限公司推出的提供稳健收益的智能投标产品。微贷网平台通过标的筛选挑选出优质标的，并通过分散投标降低投资风险。购买优选计划产品之后，资金无闲置立即开始投标，标的投满审核通过后，即进入投资锁定期，投资锁定期一个月后，本金收益一并返还到投资账户中。优选计划如图 10 - 16 所示。

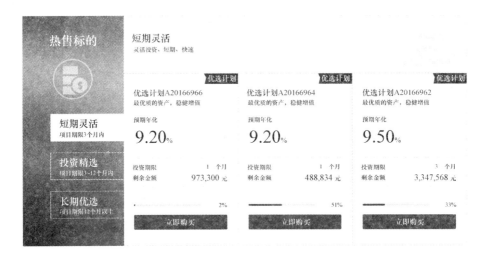

图 10 - 16 优选计划

资料来源：微贷网。

在风险控制方面，微贷网主要是向优质个人发放贷款，而且贷款金额较小，违约风险也相对较小。微贷网线下的营业部能够使平台快速地对融资方的信息进行核查，平台对借款方个人信息和抵（质）押的汽车进行贷前审核并将信息披露在网站上。

另外，平台按时提取0.3%的金额计入微贷风险准备金。当理财用户投资的某期标的出现逾期时，微贷网将利用风险准备金向相应理财用户垫付其本金和收益损失。"风险准备金计划"为理财用户提供了有效的风险保障机制。平安银行将对风险准备金进行存管，每月定期披露，并且出具法律文书。

（2）鼎有财。鼎有财是一家P2P网络借贷公司，依靠汉鼎宇佑强有力的后台支持，优选中国人民银行征信中心备案项目，合作金融机构承诺回购，关联股东提供不可撤销的无限连带责任担保，资金流转在第三方支付公司实现，平台不经手投资人资金，采用同卡进出原则，确保资金回路正确，切实保障投资人资金安全，并采取银行资金存管、双重监管机制、第三方担保机构担保等进行风险控制。

平台产品分为"新手理财"、"鼎盈系列"、"智城系列"三个类型。产品示例如图10-17所示。

消费宝SBT182092					还款方式：到期还本付息
9% 年化收益	182天 理财期限	100887.84元 借款总额	100.00元 起投金额	100% 剩余金额：0元	满标待审

安信宝090027					还款方式：到期还本付息
8% 年化收益	90天 理财期限	250000.00元 借款总额	100.00元 起投金额	100% 剩余金额：0元	还款中

消费宝SBT183091					还款方式：到期还本付息
9% 年化收益	183天 理财期限	151024.32元 借款总额	100.00元 起投金额	100% 剩余金额：0元	还款中

图10-17　鼎有财产品

资料来源：鼎有财官网。

"新手理财"项目主要是为了吸引新用户而设，产品收益由真实项目产生的6%预期年化收益和鼎有财活动补贴的12%年化收益构成，每位新用户限购 1 万元，该产品以年化 18% 的高收益率来吸引投资人，但是该项目的投资期限只有 5 天。

"鼎盈系列"通过合作公司（金融服务公司），将融资款项出借给合作公司提供的优质客户。如"消费宝"的合作方是闪信公司，募集资金用于闪信推荐的转让项目。项目的借款人主要是去哪儿、驴妈妈、美丽说等垂直线上电商享受消费分期服务的个人消费者，每个借款人的资质均经过闪信严格筛选，借款资金用于在平台的消费或购买服务，由借款人按期还款，并且闪信承诺回购。所融资金直接支付给提供产品或服务的电商商户，为借款人提供分期消费款项。通过与金融服务公司合作的方式，直接引入合作公司的客户作为平台的融资方，减轻了平台寻找项目的成本，同时这种合作公司和平台多重严格的风控体系审查，以及合作公司对融资项目的担保措施能够降低项目的风险。

汉鼎宇佑是一家从事信息化专业服务和智能化专业服务的综合性信息服务企业，致力于智能技术在建筑、公共安全和多媒体集成三大领域的开发及应用，其"智城系列"产品为智慧城市建设项目提供融资，此项目的融资直接对接汉鼎宇佑的业务，可视为汉鼎宇佑业务的一种拓展。如智城融宝之智能停车系列是鼎有财根据政府智慧城市建设中相关智慧停车项目打造的一款供应链金融类投资产品，通过停车诱导系统，建立立体停车库以解决城市停车难题。这类项目使投资者在实现收益增值的同时，间接参与了智慧城市建设。

2. 互联网金融技术

公司旗下浙江雄猫软件开发有限公司是一家互联网金融技术运营服务商，致力于为金融机构、上市公司、金控集团量身定制"互联网＋金融"的整体解决方案，提供从软件开发、运营咨询、人才猎聘、项目孵化到媒介传播的全方位专业服务。产品主要有雄猫 P2P 网络借贷系统、商品/股权众筹系统、理财产品销售系统、新金融软件定制开发等，面向的客户对象主要是各类金融及类金融企业，从而也为公司向互联网金融转型提供了大量的优质客户。另外，该业务也为汉鼎宇佑转型提供了技术支持。

3. 其他后续转型业务

公司在"产业＋金融＋互联网"战略的指导下，先后通过新设公司、控股、收购、参股其他公司等方式布局互联网金融，涵盖个人征信、资产管理、融资租赁、股权众筹、大数据等领域。目前，公司正从资产端、资金端、互联网支撑平台端三个角度入手，积极推动"以智慧城市为基础、互联网金融平台为核心、互联网生活服务为延伸"的汉鼎生态系统建设。

汉鼎宇佑正在全面转型为以创新金融、智慧互联为核心助推力的产业集团。公司创新金融定位为以互联网技术为工具的多元金控平台，全面支持智慧城市、文化娱乐产业发展。

汉鼎征信拟申请个人征信牌照。数据征信公司的设立，一方面有利于公司利用在大数据方面的优势，在个人征信的蓝海中占据一席之地；另一方面有利于公司未来在互联网金融领域的布局。2015 年 1 月，中国人民银行批准八家机构筹备个人征信业务，而汉鼎征信不在其中，长期来看，互联网金融的发展对个人征信提出了要求，未来如果汉鼎征信获得个人征信的牌照，必然对公司的互联网金融业务有极大的促进作用。

第五节　邦讯技术（300312）

一、主营业务

邦讯技术股份有限公司（邦讯技术）是国内领先的无线网络优化系统提供商和设备供应商之一，专业从事无线网络优化系统的设计、实施和代维服务以及无线网络优化系统设备的研发、生产和销售。公司研发的 AP（Access Point）数据处理吞吐量和最大支持用户数达到国际领先水平，射频预失真 Doherty 功放代表行业领先水平。

从图 10 - 18 和图 10 - 19 可以看出，公司营业收入增长波动较大，净利润更是出现大幅下滑，2013 年出现亏损，而 2014 年和 2015 年净利润水平较低，客观上公司需要开拓新的利润增长点。

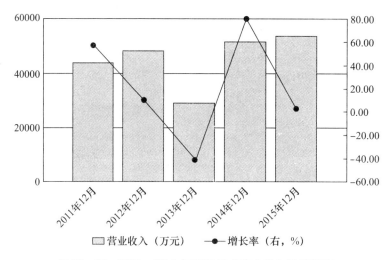

图 10－18　2011～2015 年邦讯技术营业收入及增长率

资料来源：Wind 数据库。

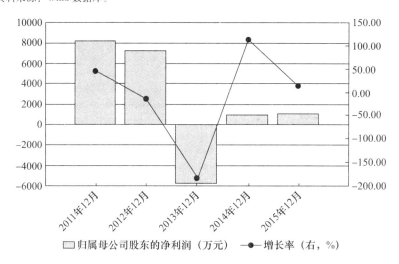

图 10－19　2011～2015 年邦讯技术净利润及增长率

资料来源：Wind 数据库。

二、转型路径

保险第三方服务平台成为公司拓展业务的切入口，2014 年 5 月 7 日邦讯技术发布公告称，拟与自然人金辉、薛峰共同出资 6125 万元设立汇金讯通网络科技有限公司。其中，公司出资 4900 万元，占注册资本的 80%（见图 10 - 20）。公司本次通过设立子公司建设互联网金融保险项目进入新的领域，项目公司计划建设的"宝 720"是一个互联网金融保险独立第三方服务平台，为保险专业代理公司、保险兼业代理公司（包括银行、邮政、车商等）、保险经纪公司、个人代理人等用户提供 B2B 互联网保险交易平台，产品供应商包括保险公司、银行、基金公司等金融机构。平台网站目前已经完成初步搭建。

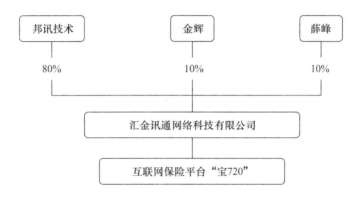

图 10 - 20 汇金讯通股份结构

三、转型业务

公司的互联网保险业务平台"宝 720"云服务平台最大的价值是将 C 端（终端消费者）和 B 端（保险代理人）有机融合，使线上终端消费者在购买复杂保险产品（长期人寿险和健康险等）时，有保险代理人进行专业咨询服务；使终端消费者在有服务需求（理赔、给付、车险维修保养等）时，有保险代理人或平台其他合作商（如汽车维修商）提供标准化服务。现阶段，保险产品内容和定价同质化现象严重，消费者普遍对保险服务不甚满意，而为消费者提供满意的服务正是平台的亮点。业务步骤如下：

（1）以保险互联网交易平台"宝 720"整合用户资源，快速切入市场，即 B2B 模式，为保险中介机构提供服务。

（2）形成规模与品牌后，另建电子商务平台开展 B2C 业务，为终端客户提供保险服务。

（3）进一步丰富产品，为终端客户提供保险、银行理财产品、基金等多元化的金融产品和服务。①

图 10-21 为"宝 720"产品示例。

畅销产品

图 10-21 "宝 720"产品

资料来源：宝 720 官网。

互联网保险正处于高速发展阶段。邦讯技术的"宝 720"交易平台已完成开发，并与上游保险公司完成对接测试，上线后有望分享行业快速增长带来的市场机遇。

第六节 润和软件（300339）

一、主营业务

江苏润和软件股份有限公司（润和软件）是面向国际、国内客户提供高

---

① 邦讯技术股份有限公司《互联网金融保险项目可行性研究报告》。

端软件外包服务的专业化软件公司。公司在供应链管理软件、智能终端嵌入式软件和智能电网信息化软件等领域打造了具有一定市场影响力的高端软件外包服务品牌，外包业务内容以行业解决方案为基础，涵盖咨询、设计、开发、测试、维护等软件全生命周期作业，进入了全球软件外包价值链的高端。公司成功开展了数百个国际国内大中型软件系统开发项目，涉及金融、制造、流通、电信、卫生、能源、通信、IT服务、政府等行业与部门。

公司作为软件外包服务商，2014年之前主要专注于供应链管理系统、智能终端嵌入式系统、电网信息化软件系统三个板块，2014年通过收购北京捷科智诚科技有限公司、北京联创智融信息技术有限公司进入金融IT领域，并实现营业收入和净利润的大幅增长（见图10-22、图10-23）。

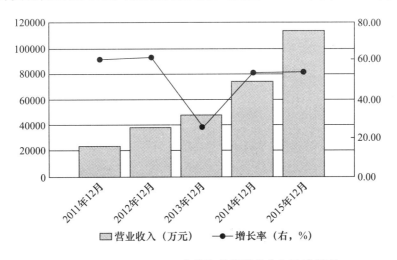

图10-22　2011~2015年润和软件营业收入及增长率

资料来源：Wind数据库。

二、转型路径

1. 进军金融IT领域

（1）2014年4月17日公司公告称，拟以发行股份及支付现金的方式共计7.2亿元购买王杰、王拥军、吴向东、郭小宇、吴天波和许峰持有的北京捷科智诚科技有限公司100%的股权。

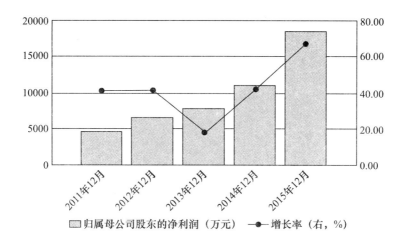

图 10 - 23　2011～2015 年润和软件净利润及增长率

资料来源：Wind 数据库。

捷科智诚在国内金融 IT 测试行业处于市场领先地位，公司专注于以国内商业银行为主的金融领域第三方测试服务，涉及银行核心系统运维测试、银行核心系统再造项目测试。润和软件借助捷科智诚丰富的银行客户资源，获得了进入银行 IT 领域的入场券。

（2）2015 年 4 月 22 日公司发布公告称，拟以 22.49 元/股非公开发行合计 4812.47 万股，并支付现金 11.20 亿元作价 21.98 亿元收购北京联创智融信息技术有限公司 100% 的股权。联创智融作为国内新一代银行系统再造领域的龙头企业之一，是金融行业信息化的整体解决方案提供商。

本次收购联创智融与之前的捷科智诚形成良好的协同效应，是公司向金融信息化行业纵深布局迈出的关键一步。联创智融不仅能够进一步拓展金融客户圈和提升市场覆盖度，而且可以通过打通金融 IT 服务的各个环节全面强化公司的市场竞争力。

2016 年 2 月 1 日公司发布公告称，拟以自有资金 2000 万元对其全资子公司北京联创智融信息技术有限公司进行增资，同时，联创智融以其截至 2015 年 12 月 31 日的账面资本公积金余额 7280.8054 万元全部转增实收资本。

（3）2015 年 11 月 4 日公司发布公告称，拟以自有资金共计 7900 万元收购上海菲耐得信息科技有限公司 100% 的股权。菲耐得专注于中国保险行业信息化应用软件解决方案的研究与实施，先后为保险行业提供了高附加值的行业应用软件、成熟的行业解决方案和专业技术服务。

公司全资收购菲耐得，有利于公司战略性进入金融 IT 的细分市场——保险 IT 市场，进一步提升金融业 IT 市场占有率，加强公司金融 IT 整体解决方案的提供能力，进而提升核心竞争力。

2. 获得开展小额贷款的资质

2015 年 12 月 14 日公司发布公告称，收到南京市金融发展办公室下发的《中标通知书》，确定公司为主发起人的招投标团队在南京市互联网科技小额贷款公司招标活动中正式中标。

本次中标可使公司获得开展互联网科技小额贷款的资质，在有关政策许可范围内开展小额贷款业务，有利于公司互联网金融业务的推进。2016 年 4 月 6 日，公司获得江苏省人民政府金融工作办公室关于同意筹建南京市润和互联网科技小额贷款有限公司的批复。

通过设立互联网科技小贷公司，公司正式切入互联网金融业务。公司之前积累的银行、保险等大量金融机构资源，也将为公司互联网金融业务提供有力的支持。

3. 参股多家云计算公司

（1）2015 年 12 月 10 日公司发布公告称，拟以自有资金共计 4000 万元通过受让及增资的方式获得上海云角信息技术有限公司（云角信息）20% 的股权。交易完成后，云角信息成为公司的参股子公司。

目前，云角信息为多家世界 500 强公司和创业企业提供了云计算相关的专业技术咨询、培训以及软件开发服务。其自主开发的云舶 YUNBOARD 平台，能够提供跨各种公有云和私有云的监控、计费和资源管理的 SaaS 服务。

（2）2016 年 1 月 11 日公司发布公告称，拟以自有资金共计 1650 万元向博纳讯动增资。本次增资完成后，公司将持有博纳讯动 15% 的股权，博纳讯动成为公司的参股子公司。

博纳讯动的企业定位是行业云解决方案提供商，主要面向各行业大中型企业用户提供博云全栈式云计算解决方案，协助企业完成 IT 系统云架构的实施和运维，是国内第一家在国有电力、股份制银行和支付机构等大型金融机构的重要生产系统中提供基于 Docker 的 PaaS 平台的云计算服务企业。

润和软件本身在金融、电力行业具有非常丰富的行业资源，将和博纳讯动直接形成协同，双方可以配合打造"行业 + 云"的具备差异性的行业解决方案，共同建设和完善品牌与销售网络。

4. 与阿里云达成战略合作

2016 年 1 月 20 日公司公告称，润和软件与阿里云计算有限公司正式签订《战略合作框架协议》，建立金融行业战略合作伙伴关系。公司与阿里云将在金融行业领域展开基于阿里云计算平台、云产品及业务的多方面密切合作，通过共享各自领域的优质资源，深度整合双方产品和解决方案，为金融行业客户提供端到端的一站式金融信息化解决方案，达成双方在金融行业共同的战略合作。

本次公司与阿里云的战略合作增加了公司在金融 IT 领域的影响力，同时也将拓展公司金融 IT 运营服务，丰富公司金融 IT 服务的交付模式并加强核心竞争力，进一步推动公司金融信息化服务从传统的线下服务转型升级到线上服务，促进公司业务规模和经营效益的增长。

5. 发起设立互联网财产保险公司

2016 年 2 月 1 日公告称，为了优化公司经营结构，拓宽和丰富业务领域，进一步推进公司在互联网金融领域的战略布局，提升公司的综合竞争力，在不影响主营业务发展的前提下，公司计划使用自有资金出资 1.5 亿元，参与发起设立新一站在线财产保险股份有限公司。新一站在线财险公司注册资本拟定为 10 亿元，出资后公司拟占新一站在线财险公司注册资本的 15%。

公司本次参与发起设立新一站在线财险公司，将充分利用公司在金融信息化业务领域积累的优势，优化公司经营结构，拓宽和丰富业务领域，推进公司在互联网金融领域的战略布局，提升公司的综合竞争力，为股东创造更大的价值。

6. 拟非公开发行股票建设金融云服务平台

2016 年 5 月 13 日，公司发布非公开发行 A 股股票预案公告，拟募集资金总额不超过 19.2 亿元。募集资金扣除发行费用后的净额将全部用于金融云服务平台建设项目、能源信息化平台建设项目和补充流动资金项目。募集资金投资项目如表10－2所示。

表 10－2　投资项目

序号	项目名称	投资总额（万元）	拟投入募投资金（万元）
1	金融云服务平台建设项目	111846.07	111000.00
2	能源信息化平台建设项目	31073.89	31000.00
3	补充流动资金项目	50000.00	50000.00
	合计	192919.96	192000.00

三、转型业务

1. 互联网金融技术

公司原主业聚焦于供应链管理软件、智能终端嵌入式软件和智能电网信息化软件三大专业领域的外包服务。公司首先收购捷科智诚切入银行第三方测试业务试水金融IT，进而收购技术优势领先的联创智融进入高附加值的银行核心系统开发领域，并以此为基石收购菲耐得拓展至保险，大金融IT布局初步完善。通过设立云服务公司、与阿里云合作切入金融云市场，金融云平台将逐步落地。①

2. 其他后续转型业务

2015年11月初，公司正式提出向金融2.0——金融云服务转型，随着公司外延并购的顺利进行，目前已经拥有包括捷科智诚、联创智融、菲耐得在内的银行和保险IT建设实力，同时公司先后参股云技术厂商上海云角信息、PaaS厂商博纳讯动，并与阿里云签订战略合作协议构建金融云平台。公司表示未来三年将重点布局基于云计算和大数据等互联网核心技术的行业应用服务平台，将项目模式升级为SaaS，更好地打开业务创新空间。

① 润和软件．关于投资苏州博纳讯动软件有限公司的可行性研究报告，［EB/OL］．2016－01－11.

第七节　信雅达（600571）

一、主营业务

信雅达系统工程股份有限公司（信雅达）是国家计算机信息系统集成一级资质企业、国家规划布局内重点软件企业，一直致力于自主产权软件的开发和应用服务，在金融 IT、环保科技、ITO/BPO（软件外包/服务外包）、油气 IT 等领域积累了丰富的技术优势和品牌优势。

在金融 IT 领域，公司以金融作业和管理的现代化建设为主营业务发展方向，不断致力于流程银行、电子银行、安全银行、外包银行、信用卡业务、运营风控等产品的开发和服务，并形成了以安全平台为基础的金融安全设备产品线和以支付平台为基础的金融终端设备产品线。

在外包服务领域，公司专注于金融 BPO 和 ITO 的发展，在杭州、合肥、苏州、大连设立了四大数据处理中心，采用 CPS（信息物理系统）和 CMS（内容管理系统）专业外包生产管理系统，集约化处理客户端的规模业务，创造了中国 BPO 领域的独特模式。

在环保科技领域，公司致力于环境与资源的可持续发展，以除尘设施专业化集中运营管理为主导方向，以高频电源、移动极板等高新技术产品为核心，在杭州下沙、浙江诸暨、安徽合肥建有大型的除尘器生产基地。

在油气 IT 领域，公司提供金融支付相关的交易系统、管理系统、嵌入式设备和运维/集成服务，为石油石化行业提供产品和服务。

2011～2015 年信雅达营业收入及增长率、净利润及增长率分别如图 10－24、图 10－25 所示。

公司官网产品介绍一栏详细介绍了公司在金融方面提供的四大业务（见图 10－26）。公司正在规划和建设的产品线有传统金融的信贷工厂、资管、互联网金融的 P2P 网络借贷、供应链金融、互联网理财、众筹、交易等。

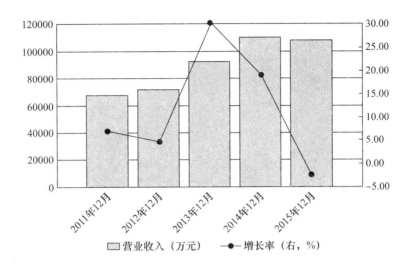

图 10 – 24 2011～2015 年信雅达营业收入及增长率

资料来源：Wind 数据库。

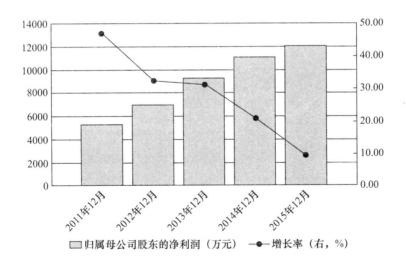

图 10 – 25 2011～2015 年信雅达净利润及增长率

资料来源：Wind 数据库。

金融软件

　　信雅达以金融作业和管理信息化建设作为主营业务发展方向，帮助用户实现基于流程再造业务创新的技术革新。

金融设备

　　信雅达一直致力于金融信息安全产品的研发、生产、销售和服务，向金融行业提供安全解决方案和系统集成服务。

金融服务

　　信雅达专注于BPO/ITO的发展，四大数据处理中心实现联合作业，为用户提供业务流程外包服务，创造中国BPO领域的独特模式。

金融咨询

　　服务金融，服务社会。信雅达为中国金融企业提供流程银行、呼叫中心、内容管理建设咨询和业务外包实施咨询服务。

图 10-26　信雅达产品

资料来源：信雅达官网。

二、转型路径

1. 并购科匠信息

2014 年 12 月 10 日公告称，公司拟以 19.76 元/股的价格通过向刁建敏等四个自然人股东和科漾信息等三个法人股东非公开发行股份并支付现金的方式，收购其持有的科匠信息 75% 的股权，同时拟以不低于 17.79 元/股的价格向实际控制人郭华强非公开发行股份募集配套资金不超过 6034.02 万元，用于支付对价的现金部分以及并购费用。

科匠信息是国内领先的移动应用开发商和配套服务提供商，为电子商务、在线教育、互联网金融、酒店旅游、餐饮娱乐等不同行业客户提供基于移动应用的整体解决方案，帮助客户实现从传统商业模式向移动互联网时代新型商业模式的创新和转型。

公司通过并购科匠信息，可利用其在移动应用开发和服务行业所拥有的优质客户资源与核心技术优势来增强公司在金融 IT 领域的竞争力，提高公司在金融行业客户移动化以及互联网金融快速发展过程中的行业竞争力，符合公司成为金融 IT 领域龙头企业的发展战略。

2. 设立风险管理服务公司

2015 年 7 月 10 日公司公告称，为满足传统金融行业和"互联网＋"金融行业风险管理控制服务业务的经营与管理需要，信雅达拟在杭州独资设立信雅达风险管理服务有限责任公司，该公司注册资本 5000 万元，全部由本公司以现金方式出资，公司持股 100%。该子公司主要为传统金融业和互联网金融业客户提供风险管理服务。

3. 携手商业银行

2015 年 7 月 24 日，信雅达与浙江稠州商业银行股份有限公司签署了《战略合作框架协议》，双方为顺应互联网金融蓬勃发展的趋势和浪潮，深入推进传统业务转型，拓宽盈利渠道，应对利率市场化、金融脱媒等对传统盈利模式的冲击，拟在客户转介、见证服务、互联网业务运营托管等方面展开战略合作，积极探索互联网金融与传统银行业务的融合融通。

4. 发行股份及支付现金购买资产并募集配套资金

（1）发行股份及支付现金购买资产。2016 年 5 月 25 日，上市公司与关键、钟铃、钟钊、肖燕林、李克签署《发行股份及支付现金购买资产协议》。根据协议，上市公司拟向关键、钟铃、钟钊、肖燕林、李克以发行股份及支付现金的方式购买金网安泰 80% 的股权，标的资产作价 9.60 亿元，其中现金对价为 1.44 亿元。

（2）发行股份募集配套资金。为提高本次交易完成后的整合绩效，增强重组完成后上市公司的盈利能力和可持续发展能力，上市公司拟向水杉兴和、天津鼎杰、杭州焱热、杭州普华四个特定投资者发行股份募集配套资金，募集配套资金总额不超过 9.60 亿元，不超过本次拟购买资产交易价格的 100%。

金网安泰致力于为国内商品交易市场和集团企业电子商务平台提供 IT 解决方案。拥有 300 余家电子商务平台客户，业务领域涵盖线上交易、仓储管理、物流配送、供应链服务、风险控制等，拥有丰富的客户资源和实践经验，具备掌握供应链上真实交易关系的能力。

供应链金融服务作为信雅达未来的重要发展方向，依赖于对真实交易关系和数据的掌握。信雅达在银行金融业有 20 余年的业务经验，与全国股份制银行、商业银行均有着长期的合作关系，能够掌握资金端及部分经银行授权可使用的交易数据。此次收购金网安泰能够弥补公司在供应链金融领域的不足，通过金网安泰 300 余家成功案例的积累，打通银行数据与企业交易数据，完善信雅达在供应链金融领域的发展规划。

三、转型业务

公司目前的互联网业务主要为互联网金融技术。平台将整合与升级分散在各个应用系统中的风险计量模块，包括信用风险、操作风险、市场风险的计量以及定价系统的定价模型计量等，将其打造成可以服务于多个应用系统的统一的金融风险管理平台。

公司通过构建系统链接、软件服务、风险管理和生态体系等，旨在打造金融机构、商户、用户三者信息流和数据流交互的消费金融 IT 云服务平台。

第十一章 互联网和相关服务

本章三家企业在证监会的行业分类里主要是互联网和相关服务，其从事的业务是相应行业的互联网商业服务，如上海钢联从事的是钢铁服务。三家企业都是从行业门户网站起家，利用平台流量优势进行业务拓展与延伸。三六五网从做房产垂直类门户网站转型，利用其平台用户资源开展业务推出"安家贷"，进入互联网供应链金融领域，其产品模式也与世联行错位发展，专注于二手房市场，并且产品更加多元化。

上海钢联利用前期钢铁行业门户网站的优势，开展电商业务并拓展至供应链金融，为平台上的钢贸商解决资金问题。生意宝也是专注于大宗商品开展供应链金融业务。这两家企业之前采取的都是会员费加广告费的盈利模式，但近年来这种盈利模式逐渐遭遇增长瓶颈，两家企业都开始向线上交易模式转型，收购持有支付牌照的公司或申请第三方支付牌照，围绕供应链金融开展线上线下的一系列业务。

第一节　生意宝（002095）

一、主营业务

浙江网盛生意宝股份有限公司（生意宝）是一家专业从事互联网信息服务、电子商务、专业搜索引擎和企业应用软件开发的高新企业，目前已发展成为国内最大的行业电子商务运营商和领先的综合 B2B 运营商。

公司以中国化工网为核心起点，先后延展至纺织、医药等领域，在 2006 年上市后，推出生意宝网站，创造性地推出"联盟＋小门户"的商业模式，把各自不同细分垂直类电子商务网站通过一定方式整合在生意宝网站上。

公司主要收入为收取会员费和广告费，增长动力来源于会员数量和收费标准的提升。

通过图 11－1 和图 11－2 可以看出，公司营业收入在 2014 年为负增长，在 2015 年增速较低，而净利润在 2015 年出现了大幅下滑，可见原主营业务面临困境：传统围绕信息服务的运营模式已步入瓶颈期，成交效率不高、服务价值不足、线上浏览线下交易均是旧有模式的制约因素。

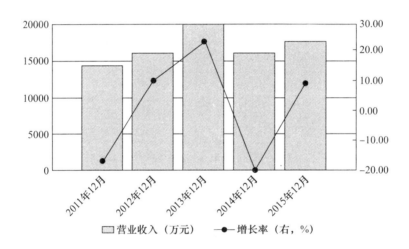

图 11－1　2011～2015 年生意宝营业收入及增长率

资料来源：Wind 数据库。

公司逐渐向"交易＋支付＋供应链金融"的模式转型，通过在线交易，为平台流量变现创造了巨大空间，也成为提高用户黏性的重要手段，直接降低了买家的交易成本，提高了交易效率，且小额的融资服务将有力地提升买卖双方的成交意愿。另外，基于交易和融资的收入将成为公司营业收入增长的新引擎。

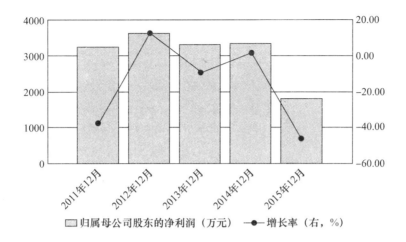

图 11－2　2011～2015 年生意宝净利润及增长率

资料来源：Wind 数据库。

二、转型路径

1. 第三方支付业务

生意宝 2012 年 8 月 27 日发布公告宣称，拟投资 1 亿元设立全资子公司浙江生意通支付服务有限公司，建设 B2B 互联网支付平台项目。截至 2016 年底，牌照尚未获批。

通过打造在线交易和在线支付平台，公司能够贯通产业链，有助于公司业务转型、服务深化，增强核心竞争力及盈利能力。

2. 融资性担保业务

公司与两家下属控股子公司共同设立浙江网盛融资担保有限公司，注册资本为 1 亿元，并已获得我国融资性担保机构经营许可证。

生意宝通过该平台向参与大宗品交易的会员提供供应链融资服务，即在审核会员资料与交易记录的基础上，公司出面担保，由银行给客户提供无抵押贷款。由于掌握了会员信息及交易数据，并与仓储企业合作控制货权，因此可以有效对风险进行防范。

公司 2016 年 5 月 25 日发布公告称，为了扩大浙江网盛融资担保有限公司的注册资本，提高银行对网盛融资的授信额度，推进供应链金融业务进程，网盛融资决定进行增资，由公司控股股东杭州中达信息技术有限公司对网盛融资进行增资，并于2016年1月25日签署《增资意向书》，以网盛融资现有估值10亿元作为依据进行增资，增资完成后，杭州中达信息技术有限公司对网盛融资的持股比例不低于35%且不高于49%，增资资金溢价部分作为网盛融资资本公积。

3. 大宗商品线上交易平台

2014年8月29日，生意宝公告与宁波电子商务城管委会正式签约，将网盛综合交易平台落户宁波。该平台将生意宝"联盟＋小门户"的电商平台、原材料大数据平台、资金结算平台、融资服务平台和仓储物流平台这五大平台整合，做成大宗商品线上交易平台，从而让客户在线上进行B2B的现货交易。

公司从2011年发布平台可行性报告以后就开始围绕支付、融资、物流等领域进行紧密布局，闭环平台打造日益完善。通过支付平台与电子商务平台、物流仓储管理平台无缝衔接，可以将供应链企业之间交易引发的商流、资金流、物流展现在多方共用的网络平台之上，实现供应链服务和管理的整体电子化，规避传统银行贷款的冗余程序，大幅提升企业融资效率。

4. 保险业务

2015年2月12日，生意宝与美亚财产保险有限公司签订战略合作协议，将率先从信用保险、产品责任保险等领域切入，并积极探索覆盖到供应链金融保险、物流险，打造"网络保险生态圈"。

根据双方合作协议，此次合作未来会出现基于B2B电商交易过程的保险产品创新。生意宝大宗商品电商交易平台聚集的生产、贸易、物流、仓储等众多企业、交易支付物流等众多数据是未来互联网保险产品创新的重要基础，未来会出现类似淘宝网退货运费险的互联网保险创新产品。

5. 参股消费金融

生意宝于2015年7月17日宣称参股筹建的杭银消费金融股份有限公司已正式获得中国银监会的批准，该公司注册资本5亿元，由杭州银行作为主发起人，生意宝参股10%，投资金额为5000万元。

公司携手杭州银行设立消费金融公司旨在促进中国境内居民个人的消

费，培养新型消费模式，同时促进公司业务拓展，更好地满足公司互联网金融业务拓展和战略发展的要求。

三、转型业务

1. 大宗商品现货交易平台及提供担保

大宗商品现货交易平台的交易额非常巨大，根据前瞻产业研究院的数据（见图 11 - 3），国内大宗商品电子化交易金额将从 2014 年的 10.5 万亿元增加到 2018 年的 15.7 万亿元。基于此数据，公司的大宗商品平台发展空间巨大。平台常见的收费方式是直接从交易金额中抽取佣金，一般按金额的 0.51‰ ~ 1.5‰收取，从而打开公司的盈利空间。

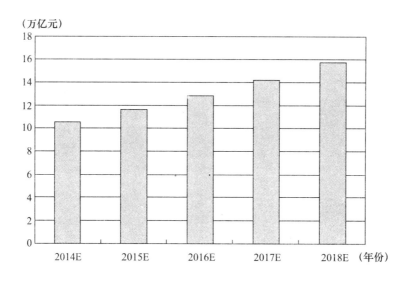

图 11 - 3　国内大宗商品电子化交易金额

资料来源：前瞻产业研究院。

同时，公司与银行合作，向会员提供无抵押贷款产品，公司旗下的网盛融资为参与 B2B 交易的会员提供担保等金融服务，从中获得一定的担保费。目前，生意宝通过网盛融资在江苏和浙江两个省推出了五款融资产品，收取成交额3%的担保服务费。

公司目前服务千万量级的客户，根据公司预期，假设未来公司交易用户达到 50 万户，平均每个用户在交易账户上的沉淀资金为 30 万元，由此而形成的资金沉淀将达到 1500 亿元，可贡献的沉淀资金收益巨大。

2. 其他转型业务

生意宝已经打造成为大宗商品供应链综合服务生态圈，囊括电商平台（生意宝）、数据平台（生意社）、支付平台（生意通）、仓储物流平台（网盛运泽物流网络）、融资平台（网盛融资）、风控平台、消费金融平台（杭银消费金融）、跨境电商供应链平台（万事通），形成了全行业、全产业链上下游的闭环服务体系，进而提高了公司竞争力和盈利能力，形成了较高的行业壁垒。

线上供应链金融对于 B2B 行业来说意义重大。近年来，B2B 行业不断探索在线交易，在交易的探索中体现出对金融服务的强烈需求，而结合信息、物流，金融将能帮助 B2B 企业完成在线交易闭环的打造，从而为提升企业整体价值提供更多想象空间。

第二节　上海钢联（300226）

一、主营业务

上海钢联电子商务股份有限公司（上海钢联）是我国领先的提供钢铁及相关行业商业信息及增值服务的互联网平台综合运营商。上海钢联提供价格行情、生产环节数据、商情信息、产业环境信息四类资讯，借助旗下平台的影响力为客户提供宣传推广服务，通过研究中心提供专业行业研究咨询服务，并举办行业高峰论坛、地区沙龙、供需见面会、培训，为客户搭建桥梁。

钢银平台前期通过阶段性的战略布局，已快速达到领先的电商平台销售水平，形成了渠道优势，提升了市场竞争力，为平台交易业务的快速增长提供了有力保障。公司围绕建设大宗商品电子商务生态系统的发展战略，稳步推进公司各项业务，在线上交易端大力发展钢银平台，同时建设集合支付结算、仓储、物流、数据、金融服务的服务体系，并致力于推动各个平台的无缝对接、通融发展，形成交易闭环。

上海钢联传统主营业务收入有以下四类：

（1）为客户提供综合信息服务收取的会员年费。

（2）为客户提供网页链接收取的网页链接收入。

（3）提供会议培训等服务按时间或按次数收费。

（4）为高端客户提供研究报告、专项咨询等按工作进度分期收费。

2011～2015 年上海钢联营业收入及增长率、净利润及增长率分别如图 11-4、图 11-5 所示。

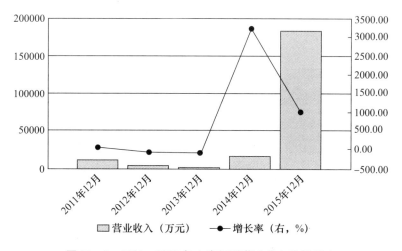

图 11-4 2011～2015 年上海钢联营业收入及增长率

资料来源：Wind 数据库。

通过图 11-6～图 11-10 不难发现，上海钢联主营业务收入中除了钢材交易服务外，其他业务这五年基本没有增长，个别甚至出现下滑，公司急待转型，形成新的盈利模式。

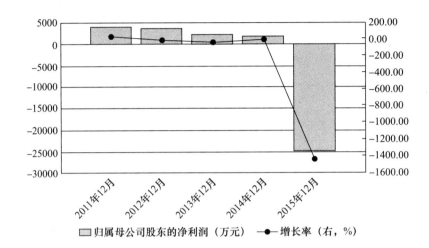

图 11 - 5   2011～2015 年上海钢联净利润及增长率

资料来源：Wind 数据库。

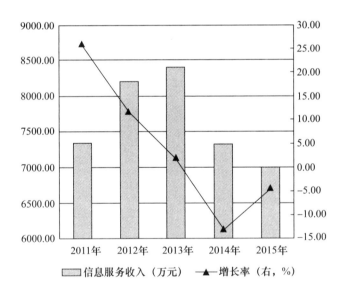

图 11 - 6   2011～2015 年上海钢联信息服务收入

资料来源：本书课题组根据公开信息整理。

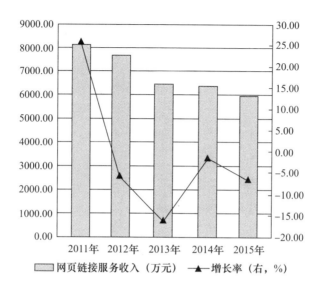

图 11 - 7　2011~2015 年上海钢联网页链接服务收入

资料来源：本书课题组根据公开信息整理。

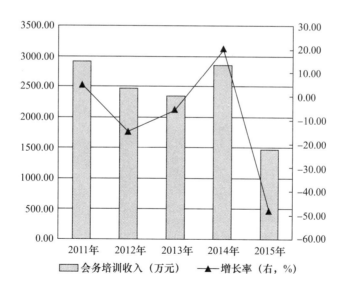

图 11 - 8　2011~2015 年上海钢联会务培训收入

资料来源：本书课题组根据公开信息整理。

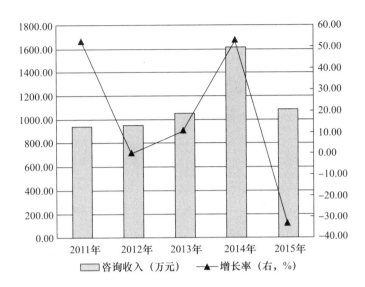

图 11 - 9　2011～2015 年上海钢联咨询收入

资料来源：本书课题组根据公开信息整理。

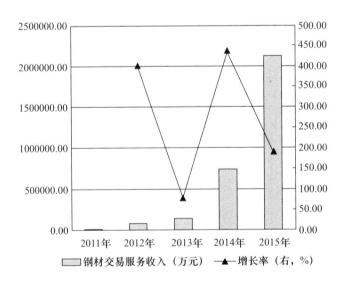

图 11 - 10　2011～2015 年上海钢联钢材交易服务收入

资料来源：本书课题组根据公开信息整理。

公司控股子公司钢银电商 2015 年交易规模实现快速增长，成交量达到 2804.88 万吨，同比增长 109%，其中下半年成交量高达 1957 万吨，占比 70%，同比增长 99%。平台下半年月均成交量约为 326 万吨，日均成交量约为 15 万吨。目前的交易重点已转向寄售模式，2015 年寄售量突破千万吨，占总成交量的 36% 左右，今后这一比例有望继续上升。总之，这些交易量在钢铁电商业界均属领先地位。然而在电商线上交易量导入、线下附加功能布局快速发展时期，公司盈利下滑，2015 年亏损显著扩大：一方面，庞大的交易量离不开公司对电商平台的大力建设，前期投入较为巨大，导致公司三项费用（管理费用、销售费用和财务费用）同比增加；另一方面，公司对平台钢材产品进行了全品类扩充，以满足在线不断增长的需求，并且在盈利模式摸索阶段，前期或试水自营模式，由此导致库存同比明显上升，在钢价持续下跌的背景下，造成了一定的减值损失，加剧了亏损额。①

二、转型路径

1. 增资上海钢银

上海钢联 2011 年 8 月 20 日发布公告称，拟以自有资金 8500 万元与其余六家公司向子公司上海钢银进行增资，增资后上海钢联占 58.36% 的股权。公司将以上海钢银作为钢材现货网上交易平台，进行网上交易的探索，尝试提供交易、质押融资、物流、结算等围绕钢铁贸易的一系列增值服务。

2. 成立支付公司

2013 年 11 月 15 日公司发布公告称，拟与复星集团共同出资设立一家支付公司。新设公司拟主要从事网络支付业务，为公司旗下钢银钢铁现货交易平台及其他交易平台制订合适的支付解决方案。新公司注册资本为 1 亿元，上海钢联拟以货币认缴 6080 万元，占 60.8% 的股权，上海钢联控股子公司钢银电商认缴 9.8%，其余 29.4% 的股权由上海兴业、西藏兴业、亚东广信出资认购。

目前，支付业务许可获得中国人民银行上海分行受理，如获得支付牌

---

① 王鹤涛. 锁定流量入口 + 行情好转，1 季度扭亏为盈［EB/OL］. 长江证券，2016 - 04 - 11.

照后，上海钢联将原有线上撮合交易、线下付款模式全部转移至线上成交，有望带动交易量的大幅攀升。

钢银凭条的支付结算是通过银企直连完成，公司无法获取支付数据，未来待取得《支付业务许可证》后，资金的付款与回款可通过钢银直接完成，银行授信也在系统中完成，从而形成一个高效的闭环，不仅降低了银行的风险，还为用户节省了成本。

3. 票据和融资租赁

2015 年 1 月 22 日公告称，上海钢联拟与俊安（天津）矿产能源管理有限公司设立金控公司，开展融资租赁与票据服务业务。上海钢联拟出资 6 亿元，出资比例为 60%；俊安（天津）拟出资 4 亿元，出资比例为 40%。具体如图 11 – 11 所示。

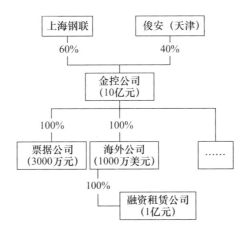

图 11 – 11　金控公司下设公司基本情况

新设公司为金融控股公司，从事系列金融项目的投资管理工作。新设公司成立后，将投资设立从事具体金融业务的公司，并申请相应的运营资质，开展相关业务。

（1）票据公司。公司注册资本 3000 万元，公司类型为有限责任公司，出资情况为天津钢联俊安金控投资有限公司（筹）出资 100%。

通过设立票据公司，可抓住中国票据市场蓬勃发展和利率市场化的大趋势，利用互联网技术与大数据挖掘技术建设公开、透明、诚信的大型票据贴现服务平台，开展更适合中小企业融资的票据业务创新服务，以及票据经纪业务，提供优质的票据信息服务。互联网票据融资流程如图 11－12 所示。

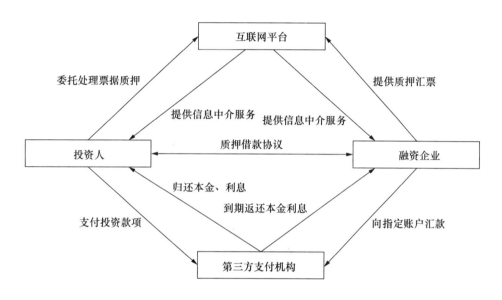

图 11－12　互联网票据融资流程

资料来源：上海钢联公告。

（2）海外公司。投资金额为 1000 万美元，公司类型为有限责任公司，出资情况为天津钢联俊安金控投资有限公司（筹）出资 100%，海外公司为金控公司在境外的金融控股平台。

（3）融资租赁公司。公司注册资本为 1 亿元，公司类型为有限责任公司，出资情况海外公司（筹）出资 100%。融资租赁公司拟开展融资租赁业务，但须取得相关资质。

4. 入股动产质押信息平台

公司 2015 年 3 月 25 日发布公告称，与上海欧冶金融信息服务股份有限公司（宝钢股份子公司）共同出资组建上海诚融动产信息服务有限公司，建设并运营动产质押信息平台。上海诚融动产信息服务有限公司注册资本为 1 亿元，其中，欧冶金服认缴出资 7300 万元，占注册资本的比例为 73%；公司认缴出资 2700 万元，占注册资本的比例为 27%。

动产质押是指贸易商或钢厂将拥有的钢材质押给金融机构获取流动资金。业务包括：

（1）货物看管。

（2）估值。钢材价格一直随着市场变动，跟踪一两个型号的产品相对容易，但是跟踪几十种、几百种就比较困难。"诚融"开发的估值模型可以随时对种类多达数百种的质押物估值、取价，对银行放贷具有重大的参考价值。

（3）预警。当存放在仓库里的银行质押物，如钢材已经大幅跌价，价值将要低于融资额预警线时，系统就会发出警示，提醒贸易商补货或者补钱。这一服务实时进行，有助于降低银行放款风险。①

银行业动产质押信息服务平台的推出，开辟了动产质押业务风险管控的新路径。这对于支持小微金融服务、降低行业信贷风险、维护地区金融稳定等都具有重要意义，同时，平台将规范大宗商品质押融资管理体制，推进社会诚信建设。

5. 网络小额贷款公司

公司 2015 年 3 月 25 日发布公告称，拟与复星南方投资管理有限公司、上海星鑫投资管理有限公司、上海遇志投资管理有限公司、上海豫园旅游商城股份有限公司共同设立一家网络特色小额贷款公司，注册资本为 2 亿元。其中，公司拟出资 3200 万元，占注册资本的 16%。

基于大宗商品交易的资本密集型特征，网络小额贷款公司的设立不仅能满足小散用户的资金需求，而且能够利用大数据和互联网盘活该产业链中的民间资本。

6. 金属矿产交易中心的投入运营

公司于 2015 年 1 月 30 日发布公告，决定调整设立上海钢联大宗商品国际交易中心（暂定名）的投资方案，拟设公司的注册资本仍为 5000 万元，改由本公司 100% 出资。

---

① 许素菲. 诚融：国内首创动产质押信息平台［N］. 浦东时报，2015 - 08 - 24.

2015 年 4 月 22 日，上海钢联金属矿产国际交易中心有限责任公司完成了工商注册登记手续，并取得了上海市工商行政管理局自由贸易试验区分局颁发的《企业法人营业执照》。

2015 年 7 月 31 日，中国（上海）自由贸易试验区大宗商品现货市场启动仪式在洋山保税港区正式举行。上海钢联金属矿产国际交易中心、上海有色网金属交易中心两家市场共同上线首批产品，上海清算所、自贸大宗（上海）信息服务有限公司为自贸试验区大宗商品现货市场量身定制的第三方清算和第三方仓单公示系统同步上线运作。

金属矿产交易中心的正式投入运营，是公司实施大宗商品电子商务战略的一个重要环节，将有利于加快商品流通、优化资源配置，并形成新的利润增长点。

7. 开展套期保值业务

公司 2015 年 7 月 7 日发布公告称，控股子公司上海钢银电子商务有限公司拟与宁波杉杉物产有限公司、自然人江浩共同出资 5000 万元设立参股公司，从事大宗商品套保套利。其中，钢银电商拟出资 2000 万元，占注册资本的 40%。公司暂定名为上海智维资产管理有限公司，注册地为上海，注册资本为 5000 万元，公司类型为有限责任公司。

公司的套保套利业务已经开展，市场空间非常广阔，公司具有明显的数据优势、团队优势和现货平台优势，与嘉能可的重资产套利和托克的轻资产贸易套利模式有所区别，钢银的套利业务是对客户的资产进行管理，在帮助客户完成套保的基础上，利用自身优势进行跨期、跨区域、跨品种的套利业务，从而获取管理费和收益分成。

大宗商品的价格波动非常大，在以往价格单边上涨的行情中，国内参与者的普遍做法是加杠杆，而没有套保的概念，但在价格下跌或震荡市中，套保是国际贸易商所依赖的对冲手段。国际大宗巨头嘉能可和托克每年都可以在套利业务上实现比单纯贸易业务更多的利润。它们通过巨大的贸易额或上游矿源、全球的营销网络、健全的仓储物流系统、丰富的产业链数据以及对价格的预判能力来开展不同类型的无风险套利业务，包括地域套利、时间套利、产品套利。

8. 钢银平台嫁接金融服务新模式

公司和万家共赢资产管理公司（万家基金子公司），分别与"七个葫芦"运营公司签署《全面战略合作协议》，三方联合打造专业、安全、便捷的互联网金融理财平台，主打产品是供应链融资，为投资人提供 7%～9% 的年化收益率。

自 2015 年 3 月上线以来，"七个葫芦"平台已经实现近万的注册用户规模，达成融资规模 3 亿元。

"七个葫芦"推出的系列供应链融资产品主要服务于与上海钢联有长期合作关系的优质企业，由企业在"七个葫芦"平台发布融资项目，将其足值货物进行质押担保，由上海钢银通过云仓储系统对融资企业的物流、信息流、资金链进行全程监管，并由上海钢银承诺其在质押物价值以及企业实际偿还的款项不足抵偿本息的极端情况下，无条件地就差额部分足额补偿投资人。这一产品在保障用户投资安全的同时，帮助优质的实体企业高效解决了融资需求。

平台旗下产品分为仓储金融、票据金融和葫芦宝。

仓储金融类别下目前只推出了"共赢链"产品，该产品是上海钢联的优质企业会员向平台提出的融资项目，并由上海钢联子公司上海钢银代理平台进行现货质押及监管。企业需提供足值的质押物并置于钢联物联网仓库监管下，葫芦金融可凭借其云仓储系统，对该抵质押物进行实时数据跟踪，杜绝重复质押、质押物价值减损等情况。上海钢银在融资企业营业收入以及抵押物变现后，对不足以覆盖投资者本息的差额部分进行无条件保证担保。项目在满标后次日开始计息。该产品第一期从 2015 年 3 月 25 日开始到 2015 年 11 月 18 日共发布了 57 个项目，之后再无项目发布。如图 11 - 13 所示。

票据金融类别下的"商融通"是一款主打商业承兑汇票业务的产品，借款企业通过葫芦金融平台进行借款，将持有的商业承兑汇票质押给出借人，葫芦金融平台作为出借人的法定代理人代为保管质押。该产品第一期从 2016 年 1 月 11 日开始到 2016 年 8 月 1 日，共发布了 27 个融资项目。如图 11 - 14 所示。

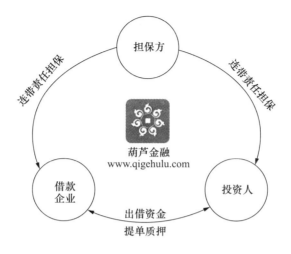

图 11 - 13　七个葫芦业务模式（一）

资料来源：七个葫芦官网。

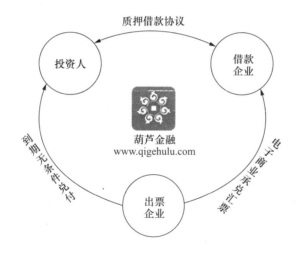

图 11 - 14　七个葫芦业务模式（二）

资料来源：七个葫芦官网。

葫芦宝是葫芦金融为同时满足投资人流动性及收益性需求、提升平台用户投资体验而推出的活期理财产品。葫芦宝产品随时存取，年化收益率为6.2%，产品期限灵活，不设封闭期限，投资人随时可以赎回。用户投资葫芦宝产品后，即全权委托平台协助投资人将投资资金出借给借款企业。投资人的投资资金及投资资金所产生的收益，在满足葫芦宝产品相关规则的前提下，可在计息后的任意时刻申请全部赎回。购买葫芦宝即为受让上海华鸽资产管理有限公司持有的优质债权收益权。产品第一期从 2015 年 3 月 4 日到 2016 年 8 月 1 日，共发布了 206 个项目。

三、转型业务

1. 供应链金融

上海钢联利用前期钢铁行业门户网站的流量优势，进行业务拓展与延伸，利用平台优势开展电商业务并拓展至供应链金融，为平台上的钢贸商解决资金问题。

钢银进入钢铁交易环节后，钢贸商支付 20% 的保证金给钢联，钢联全额付款给钢厂订货，货物到达后放入钢联指定仓库，货权归钢联所有，待钢贸商付全款给钢联后，客户可去指定仓库提货。相较传统的供应链金融模式，上海钢联具有以下优势：

（1）钱款和货权归属于钢联，不同于银行贷款钢贸商质押仓单，所以无仓单重复质押风险。

（2）钢铁跌价风险由钢贸商自行承担。

（3）若钢贸商违约，20% 的保证金归钢联所有，钢联可在自己的现货交易平台平仓。当前钢银平台盈利模式主要是利差，且利率明显低于银行。

2. 其他互联网金融业务

上海钢联旗下的钢银电商闭环模式基本搭建完成，交易量和交易会员数量迅速上升。在资讯、交易、金融、仓储、物流全产业链打造闭环，目前已形成支付结算、供应链金融、交易结算、仓储物流四大业务板块，完成线上线下互动。

大宗商品的交易过程之所以不像 C2C、B2C 那么容易线上化，原因在于金额大到一定量级后，会涉及赊销、融资、套保等一系列环节。可以预见的是，当公司现货交易平台的交易量达到一定量级后，随之而来的套保需求也越发强烈，满足这部分用户需求将是公司下一步发展的目标。

平台的数据价值是提供金融服务的基础，包括上海钢联在内的 B2B 企业一直以来采取的都是会员费加广告费的盈利模式。但近年来，这种盈利模式逐渐遭遇增长瓶颈。未来，向线上交易模式转型，为企业提供数据、金融等服务已成为 B2B 企业发展的趋势。

相比其他为钢铁贸易商、中小钢厂提供融资租赁和票据融资业务的平台，上海钢联不仅掌握了企业的利润、资产负债、营业收入等静态数据，更重要的是掌握了企业在货物储存、交易过程中产生的动态数据，能够及时跟踪交易的完成情况和租赁物的价格行情，并通过自有仓储端的控制保障货物的所有权益，实现风险的可控，最终打造成为钢铁行业的风险定价平台。

第三节　三六五网（300295）

一、主营业务

江苏三六五网络股份有限公司（三六五网）是一家房地产家居网络营销服务提供商。主营业务包括新房网络营销服务、二手房网络营销服务、家居网络营销服务以及研究咨询业务。公司自主开发、运营的第三方房地产家居网络营销服务平台（365 地产家居网）业务覆盖江苏南京、苏州、无锡、常州，安徽合肥、芜湖，浙江杭州等长三角地区城市。

从图 11 - 15 可以看出，公司主营业务收入保持持续增长，这主要缘于旗下房产平台统一品牌"365 淘房"与 APP"365 淘房"形成协同效应，并通过品牌调整和城市站点扩张有效提升了用户体验，扩大了覆盖范围。图 11 - 16 显示公司净利润停滞不前，主要是受新业务影响，线下营销服务有所扩张，相应成本有所增加，同时公司装修宝、金融等新业务仍处于拓展期，前期人员、研发、推广等投入较大。

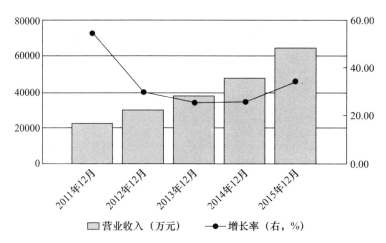

图 11 – 15　2011～2015 年三六五网营业收入及增长率

资料来源：Wind 数据库。

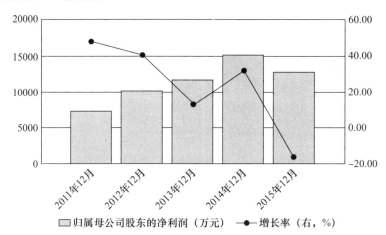

图 11 – 16　2011～2015 年三六五网净利润及增长率

资料来源：Wind 数据库。

二、转型路径

1. 成立金服公司

2014 年 11 月 18 日，三六五网发布关于使用部分超募资金设立全资子公司的公告。根据市场趋势及公司发展需要，公司拟使用超募资金 1.2 亿元投资设立一家从事与主业相关的金融服务的全资子公司——江苏安家贷金融服务有限公司，开展主要针对广大房地产家居消费者的普惠金融服务、民生金融服务及其相关业务，计划打造一个与公司主平台相配套的面向广大购房者及家装消费者的 P2P 网络借贷服务平台。

2015 年 1 月 30 日，三六五网发布公告称，全资子公司江苏安家贷金融信息服务有限公司已于 2014 年 12 月注册成立。安家贷公司自主开发的与公司主业相配套的互联网金融平台安家贷（http://www.anjd.com）于 2014 年 12 月上线试运行。

2. 中标小额贷款公司

2015 年 12 月 12 日，公司收到南京市金融发展办公室 2015 年 12 月 9 日下发的《中标通知书》，确定公司为主要发起人的招投标团队在南京市互联网科技小额贷款公司招标活动中正式中标。

本次中标将使公司获得开展互联网科技小额贷款的资质，可在有关政策许可范围内开展小额贷款业务，突破现有金融业务开展中存在的瓶颈，有利于公司互联网金融战略的进一步推进。

3. 正式发起设立网络小额贷款公司

2016 年 1 月 9 日公告称，公司与全资子公司江苏安家贷金融信息服务有限公司以及南京栖霞建设股份有限公司、深圳市基石创业投资有限公司签署投资意向协议，拟共同出资 3.5 亿元设立南京三六五互联网小额贷款有限公司。公司以自有资金现金出资 2.4 亿元，占注册资本的 68.57%；安家贷以现金出资 4000 万元，占注册资本的 11.43%；栖霞建设以现金出资 4550 万元，占注册资本的 13%；基石投资以现金出资 2450 万元，占注册资本的 7%。如图 11 - 17 所示。

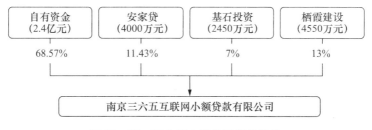

图 11 - 17　三六五小贷公司股份结构

本次投资的主要目的是贯彻落实公司互联网金融战略，以服务实体经济、扶持创业、普惠大众为宗旨，希望围绕房地产细分行业，打造一个"互联网＋房地产＋金融"的服务于小微企业与消费者的普惠金融平台，协助完善中小微金融服务体系，提高金融服务水平。

三、转型业务

公司目前主要的转型业务是网络借贷。三六五网的金融业务已经贯穿整个房地产产业，除了房屋交易环节的金融服务之外，公司还为前端发贷和后端装修环节提供金融服务。相比世联行的新房贷，二手房金融服务需求更多，如按揭垫资、委托贷、赎楼贷、租户垫资等过桥短期融资，一般周期为 2～3 个月。在上海二手房相关的金融业务方面，"公司月息＋管理费"的年化收益率接近 20 个点，扣除成本（P2P 网络借贷/小贷）后息差在 10 个点以上，和同类公司（世联行和链家）的金融业务情况较为接近。[①]

安家贷作为 P2P 网络借贷平台主要从事以下业务：

（1）房地产家居互联网金融服务。利用互联网构建房地产家居消费者等资金需求者与资金提供者之间的信息、资金桥梁。

（2）消费者购房、家居支持。为有偿还能力但需要短期周转的刚需及改善型消费者的短期周转提供解决办法等。

（3）拓展和尝试其他新型互联网金融服务。

---

① 三六五网. 金融业务有望全面爆发［EB/OL］. 国海证券，2015－10－20.

第十二章 房地产开发及其相关

本章共八家公司，在证监会的行业分类中属于房地产或房地产相关的行业，如建材等行业，而且这类行业的几家公司大多向金融租赁、小额贷款、P2P 网络借贷方面转型，所以统一归为房地产开发及其相关。

中国房地产市场在经历了 2013 年的快速增长后曾一度陷入量价齐跌的低迷状态，商品房成交量同比萎缩，土地购置量和购置价格也相应回落。2015 年下半年开始，中国一二线城市房地产市场回暖明显，"地王"频现，但分析发现"地王"过半被中国电建、葛洲坝、招商、华侨城、鲁能、保利这类国企央企斩获，万科、绿地、碧桂园等千亿级房地产企业也拿地迅猛，房地产市场马太效应明显。中小房地产企业囿于规模限制，主要布局中小城市，目前国内部分二线城市和三四线城市的库存总量仍在高位，经营风险不断显现，中小房地产企业纷纷涉足当前市场追捧的板块，寻找新概念和新的盈利机会。

本章八家房地产相关企业中除中天城投外，都是民营中小企业，我们可以明显看出由于资源禀赋的差异，其在互联网金融转型的道路上差异明显。中天城投凭借国资背景和贵阳当地的政策红利，在互联网金融领域大显身手，推进了互联网金融、科技金融、移动金融业务，构建了包括 P2P 网络借贷业务、众筹、小额贷款、担保业务、在线支付等在内的创新金融业务。其他中小企业则多将目光投向 P2P 网络借贷领域，如冠城大通成立了"海投汇"、世联行成立了"世联集金"、海宁皮城成立了"皮城金融"、大连控股参股"理想宝"、绵石投资成立了"隆隆网"。观察上述 P2P 网络借贷平台，海宁皮城、世联行有效地将互联网金融业务与自身主营业务结合，发展良好，而其他几家平台由于模式较为单一，成交量、用户数都不甚乐观。

第一节　中天城投（000540）

一、主营业务

中天城投集团股份有限公司（中天城投）是贵州省唯一一家房地产类上市公司，具有一级房地产开发资质、AAA 级信誉等级，以土地开发、地产运营、城市建设为主业，产品类型包括住宅、酒店、商业中心、工业园区、会议展览场馆等，是贵州房地产行业的龙头企业。2015 年年报主营业务收入构成比例为：住宅占比 33.24%，写字楼占比 29.55%，商场占比 25.39%，车库车位占比 5.59%，公寓占比 3%，其他占比 3.24%。

2011～2015 年中天城投营业收入及增长率、净利润及增长率分别如图 12 - 1、图 12 - 2 所示。

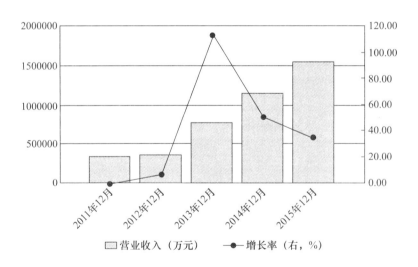

图 12 - 1　2011～2015 年中天城投营业收入及增长率

资料来源：Wind 数据库。

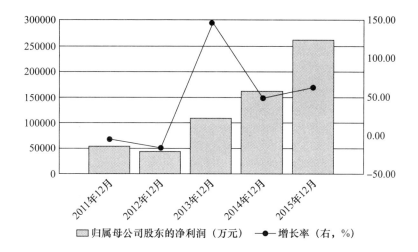

图 12 - 2　2011 ~ 2015 年中天城投净利润及增长率

资料来源：Wind 数据库。

二、转型路径

1. 参股银行

公司 2013 年 12 月 2 日发布公告称，拟投资 9443 万元，按每股 1.33 元的价格购买贵州银行股份 7100 万股，占其增资扩股后总股数 71.99 亿股的 0.986%。

2014 年 8 月 14 日公告称，中天城投将在已有对贵州银行、贵阳银行投资的基础上，出资 17 亿元设立中天城投集团金融投资公司，择机继续投资金融行业。该金融投资公司除经营金融投资管理、投资咨询服务外，还将经营互联网金融、金融电子商务，投资或兴办与金融业务关联的高科技实业，以及开展社区金融服务、助贷咨询服务等。

2. 控股贵阳互联网金融产业投资发展有限公司

公司 2014 年 8 月 15 日发布公告称，与贵阳互联网金融产业投资发展有限公司、贵阳市旅游文化产业投资（集团）有限公司、贵阳观山湖建设投资发展有限公司于 2014 年 8 月 13 日签订《贵阳互联网金融产业投资发展有限公司增资扩股协议》（以下简称该公司为贵阳互联网金融产投），约定中天城投出资3000万元，拟投资入股贵阳互联网金融产投，占投资完成后贵阳互联网金融产投注册资本6500万元的46.15%。

贵阳互联网金融产投是贵阳市委、市政府为推进产业园区建设、推进贵阳市互联网金融企业要素聚焦而成立的具有国资背景的产业投资公司，在未来贵州经济发展过程中将成为推进贵阳市成为"中国西部科技创新城市"和"西部互联网金融创新城市"的重要引擎。

贵阳互联网金融产投致力于打造立足贵州、面向西部、辐射全国的互联网金融高地。目前，在互联网金融领域的主要业务包括：一是为传统金融机构向互联网金融转型提供一站式解决方案；二是发展移动金融产业。在互联网银行方面，贵阳互联网金融产投已经与多家区域性商业银行建立了全面战略合作关系，将帮助部分传统银行有效应对互联网金融与大数据时代的挑战，助力银行创新产品服务机制和商业模式，依托互联网技术发展新兴金融业态，拓宽金融服务的广度和深度。目前，贵阳互联网金融产投正在为当地银行打造在线供应链金融服务平台，搭建供应链金融业务运营体系与风险控制体系。

在移动金融方面，贵阳市作为国家发改委、中国人民银行确定的全国五个"移动电子商务金融科技服务创新试点定向申报城市"之一，迎来了移动金融产业发展的新契机。2014年7月，贵阳市政府与中国电子信息产业集团第六研究所、中移电子商务有限公司、北京中油瑞飞信息技术有限责任公司、广州合量投资有限公司共同签署《战略合作协议》。贵阳市将与上述机构共同推进"国家电子商务示范城市移动电子商务金融科技服务创新专项"——《移动电子商务金融科技服务创新试点项目》工作。为推进上述《战略合作协议》的落地，贵阳互联网金融产投与广州合量投资有限公司共同设立贵阳移动金融发展有限公司，共同在贵阳打造移动金融产业基地，具体包括终端安全支付设备生产基地、移动支付终端生产基地、行业移动电子商务金融设备生产基地、移动电子商务金融运营服务基地、配套研究开发基地。贵阳移动金融发展有限公司注册资本为5000万元，其中贵阳互联网金融产投持股比例为20%。贵阳互联网金融产投在为银行提供移动营销平台、移动办公管理、互联网直销银行、微信银行等一揽子产品的基础上，还将利用贵阳市作为全国移动金融试点城市的历史性机遇，大力发展以 NFC（近场支付）为代表的移动支付产业。目前，其投资入股的贵阳移动金融发展有限公司正在组织搭建基于 4G 移动网络的移动支付运营平台，推广 NFC 手机、NFC-SIM、移动终端、移动 POS 等产品，经营范围包括：互联网金融产业园的投资建设、招商运营及互联网金融产业孵化等；为互联网公司提供电子商务综合解决方案；互联网金融等科技型企业的股权投资；为政府提供电子政务资源整合；提供互联网金融外包服务；依托互联网等技术手段，提供金融中介服务（根据国家规定需要审批的，获得审批后方可经营）；信息咨询（不含限制项目）；投资管理、投资咨询、投资顾问（以上不含限制项目）；劳务派遣、人员培训（以工商部门核准登记为准）。

3. 全额增资实现绝对控股

2014 年 11 月 29 日发布公告称，因申办有关经营资质及未来生产经营需要，贵阳互联网金融产投拟增资扩股，注册资本增至 1 亿元。为进一步加大公司金融产业投资，达到对贵阳互联网金融产投的绝对控股，公司再次以自有资金出资 3500 万元，参与完成贵阳互联网金融产投增资扩股，公司持有股权比例从 46.15% 增至 65%。增资后公司绝对控股，将互联网产投公司纳入合并报表范围。

公司近阶段主要业务包括：

（1）打造线上供应链金融服务平台。与当地银行建立战略合作关系，打造线上供应链金融服务平台，搭建供应链金融业务运营体系与风险控制体系，满足大宗商品交易市场等高端企业客户的金融需求。线上供应链金融服务平台通过与核心企业电子商务平台、物流仓储管理平台的无缝衔接，将供应链企业之间交易所引发的商流、信息流、资金流和物流集中展现在多方共享的网络平台上，实现供应链服务和管理的整体电子化，为企业提供自助化、标准化和集约化的金融服务。

（2）打造互联网直销银行。与当地银行形成战略合作关系，全面提升信息化、网络化水平，打造现代化商业银行和互联网直销银行。以建设"业务基础平台"为切入点，由点带面不断扩大合作范围。引入基础应用平台后，其信息化建设能力将得到显著提升，产品开发和创新的效率与质量将有质的飞跃。截至2016年底，该项目尚未上线。

（3）推进贵阳移动金融发展。在贵阳市国家移动电子商务金融科技服务创新试点工作协调推动领导小组的领导下，贵阳互联网金融产投抓住贵阳市建设国家移动金融创新试点城市的契机，立足贵州、面向全国，全力以赴做好移动金融推广和发展工作。一是推动贵州通TSM平台建设。由贵阳市政府组织成立的贵阳移动金融发展有限公司（以下简称贵阳移动金融公司）负责建设、运营和管理的贵州通TSM平台建设方案获得了中国人民银行总行和国家发改委的充分认可，贵阳移动金融公司将按照贵州通TSM平台建设方案的要求，加快推进平台建设。二是加快移动金融业务发展。在贵阳移动金融公司股东广州合量投资有限公司的协助下，贵阳移动金融公司牵头当地合作银行完成了与中移电子商务有限公司移动金融TSM平台的系统联调，具备了联合发卡条件，并推出试商用。

（4）网络支付牌照申请。公司目前正在进行网络支付牌照的申请，未来将利用网络支付做好贵阳互联网产业园区企业配套，并打造智慧社区、智慧城市、智慧旅游。截至2016年底，该申请尚未获批。

4. 成立金控公司，加速互联网金融布局

公司2014年12月25日发布公告称，宣布设立贵阳金融控股有限公司贵阳金控，注册资本17亿元，中天城投100%持股，公司未来将以贵阳金控平台，逐步开展各类金融业务。

中天城投发布公告称，此次设立贵阳金控是为了更好地推进贵州金融总部的要素聚焦，抢占贵阳金融业发展先机，打造根植本土经济和引领地方金融发展的金融投资公司。公司同时也指出，由于贵阳金控涉足的金融业务属公司新业务，能否达到预期存在不确定性。

2015年1月17日，公司以现金和持有的贵阳互联网金融产投65%的股权对贵阳金控增加注册资本至27.5亿元。

2015年6月5日公司公告称，公司完成了以现金方式出资8.5亿元对贵阳金控的增资工作。贵阳金控的注册资本由27.5亿元增加至36亿元。

2015年12月23日公告称，公司拟以现金方式对子公司贵阳金控增加注册资本24亿元。增资完成后，贵阳金控的注册资本拟由36亿元增至60亿元，公司持有贵阳金控100%的股权不变。

5. 投资控股 P2P 网络借贷平台

公司 2015 年 1 月 20 日发布公告称，全资子公司贵阳金控与贵州合石电子商务有限公司（合石电商）签订战略合作框架协议，拟在尽职调查完成后现金入股合石电商并获得控股股东地位。

公司 2015 年 5 月 18 日发布公告称，合石电商新增注册资本 6111.11 万元，增资完成后，注册资本将从 5000 万元增至 11111.11 万元。贵阳金控拟以现金方式向合石电商投资 3.3 亿元，其中 6111.11 万元用于增资，其余 26888.89 万元计入合石电商资本公积。增资完成后，贵阳金控占合石电商增资后注册资本的 55%，为第一大股东。

合石电商是贵州省首家从事互联网金融的企业，主要为当地中小企业和投资者提供投融资信息咨询服务。该公司主要业务平台是 P2P 网络借贷平台招商贷（见图 12 - 3）。招商贷 2013 年 6 月上线运营，截至 2014 年 12 月底，共计撮合资金约 31 亿元，扶持中小企业 300 余家，并拥有稳定完整的管理团队。合石电商 2014 年主营业务收入约 4000 万元，利润总额约 2000 万元，净利润约 1500 万元。后续合作方面，双方拟整合优质资源，适时引进优质战略投资者，在做大现有 P2P 网络借贷规模的基础上，逐步开展第三方支付、大数据金融、互联网金融门户、众筹信息化金融机构等互联网金融业务。

图 12 - 3 招商贷

资料来源：招商贷官网。

6. 投资设立小额贷款公司

公司 2015 年 5 月 18 日发布公告称,拟出资 3.3 亿～6.5 亿元在贵阳成立小额贷款公司。

中天城投表示,小额贷款公司是公司构建以招商贷平台为核心的普惠金融业务的重要组成部分。小额贷款公司的成立可有效增加相关贷款额度,与公司业务发展布局合理匹配,为电商交易双方及其他相关业务方提供更有力的融资支持。

7. 投资设立担保公司

公司 2015 年 5 月 18 日发布公告称,公司拟出资 6.5 亿元在贵阳设立一家融资性担保公司。

该融资性担保公司是公司构建以招商贷平台为核心的普惠金融业务的重要组成部分,是公司大金融生态圈的重要布局。设立融资性担保公司不仅可以充分发挥公司产融结合的优势,为部分与公司保持良好合作关系的中小企业提供有效的抵押、担保,协助其解决发展中融资难、融资贵的问题,而且担保公司可以根据市场情况向担保对象收取一定的担保费用,获得一定的资本回报。通过扶持优质中小合作企业的共同成长,公司将形成多方共赢、良性互通的发展格局,进一步提升公司市场竞争力,有效促进公司大金融板块业务的发展。

8. 参股中黔交易中心

2015 年 5 月 15 日,贵阳金控与中黔交易中心签署《关于中天城投集团股份有限公司全资子公司贵阳金融控股有限公司与贵州中黔金融资产交易中心有限公司之合作框架协议》,拟在尽职调查完成后现金入股中黔交易中心并获得控股股东地位。

2015 年 8 月 19 日公告称,公司全资子公司中天普惠金服拟以自有资金出资 4000 万元参与中黔交易中心的增资扩股,与中黔交易中心股东贵州融通小微企业金融超市管理有限公司、重庆新世纪金投投资有限公司签署《关于贵州中黔金融资产交易中心有限公司之增资协议》,中黔交易中心新增注册资本 2138.25 万元,增资完成后,注册资本将从人民币 3077 万元增至人民币 5215.25 万元。中天普惠金服拟以自有资金 4000 万元认购中黔交易中心新增注册资本 2138.25 万元,其余计入资本公积,占增资完成后中黔交易中心总股本的41%，为第一大股东。

中黔交易中心是贵州省内从事金融资产交易业务的企业，于2013年11月成立，2014年4月起正式开展业务，拥有稳定完整的管理团队，经营范围为金融资产交易业务。目前，主要业务包括定向融资计划和金融资产收益权转让。

中黔交易中心现有的金融资产交易业务将丰富公司大金融板块产业构成，与现有金融类及大数据类控股、参股公司业务板块形成协同共赢，构建并完善公司的金融业态，整合公司现有的资源优势，积极融合互联网金融资源要素，打造惠民金融平台，拓展公司金融产业渠道，推进公司大金融生态链的发展与丰富。同时，将更好地形成"产业协同和资源整合"的核心竞争优势，夯实公司在新兴金融产业领域的业务构架和服务基础，加快"大金融"战略推进步伐，助力公司业务方向发展符合公司长远发展战略和全体股东的利益。

9. 投资设立普惠金融服务有限公司

公司2015年6月19日发布公告称，拟出资20亿元设立中天城投（贵州）普惠金融服务有限公司（中天普惠金服）。

中天普惠金服成立后，公司拟将贵阳金控对其下属子公司投资形成的股权变更为中天普惠金服持有；对以贵阳金控作为合作主体签订协议但尚未完成交易的业务，将合作主体由贵阳金控变更为中天普惠金服。

贵阳金控和中天普惠金服将共同作为公司在大金融领域的业务拓展主体，其中贵阳金控将积极通过自身申请或其他方式，力争逐步获取金融机构资质牌照；中天普惠金服将以推进公司互联网金融、科技金融、移动金融业务发展为核心，构建包括P2P网络借贷业务、大数据金融、众筹金融、小额贷款、担保业务、在线支付等在内的创新金融业务。贵阳金控和中天普惠金服将力争在业务运营上形成资源共享和产业协同机制。

公司本次投资设立中天普惠金服，有利于拓展公司金融产业渠道，构建及完善公司金融业态，助力公司新兴普惠金融的业务开展，推进公司大金融生态链的发展与丰富，夯实公司在金融产业领域的业务基础。

未来，中天普惠金服将重点服务以小微企业为代表的实体经济群体，推进以客户为基础的社区金融、消费金融服务，形成以用户资源为核心的多元化创新盈利模式，提升公司在金融领域的竞争力和影响力。

10. 曲线收购中融寿险 20% 的股份

公司 2015 年 10 月 17 日发布公告称，贵阳金控拟以自有资金 20 亿元收购标的公司联合铜箔 100% 的股权，与联合铜箔股东中科英华、西藏中科签署《中科英华高技术股份有限公司和西藏中科英华科技有限公司与贵阳金融控股有限公司之股权转让协议》，贵阳金控通过收购联合铜箔股权间接收购中融人寿保险股份有限公司 20% 的股权。

11. 投资设立再保险公司

2015 年 10 月 29 日公告称，中天城投全资子公司贵阳金控为有效整合公司现有的优势资源，加快公司"大金融、大健康"战略发展步伐，获取金融机构经营资质，构建多元化金融业务要素，拟与中江国际信托股份有限公司、北京汇金嘉业投资有限公司、乐富支付有限公司、深圳鸿兴伟创科技有限公司、北京宏达信资产经营有限公司共同作为发起人，签署《华宇再保险股份有限公司发起人股份认购协议》，设立华宇再保险股份有限公司。华宇再保险股份结构如表 12 - 1 所示。

表 12 - 1　华宇再保险股份结构

股东名称	认缴金额（亿元）	占股比例（%）
贵阳金融控股有限公司	3	20
中江国际信托股份有限公司	3	20
北京汇金嘉业投资有限公司	2.7	18
乐富支付有限公司	2.1	14
深圳鸿兴伟创科技有限公司	2.1	14
北京宏达信资产经营有限公司	2.1	14

12. 设立互联网保险公司

公司 2015 年 11 月 18 日发布公告称，中天城投全资子公司贵阳金控拟与广东华声电器股份有限公司、广州粤泰集团有限公司、重庆市博恩科技（集团）有限公司、北京惠为嘉业科技发展有限公司、深圳亿辉特科技发展有限公司共同作为发起人，投资设立百安互联网保险（贵安新区）股份有限公司。百安互联网保险股份结构如表 12 – 2 所示。

表 12 – 2　百安互联网保险股份结构

股东名称	认缴金额（亿元）	占股比例（%）
贵阳金融控股有限公司	18	18
广东华声电器股份有限公司	18	18
重庆市博恩科技（集团）有限公司	18	18
北京惠为嘉业科技发展有限公司	18	18
深圳亿辉特科技发展有限公司	18	18
广州粤泰集团有限公司	10	10

公司表示，此次合作将顺应贵州省大数据产业发展战略方向，充分发挥公司在创新金融领域所积累的优势资源，尤其是在大数据产业上各参控股公司的资源，利用大数据、云计算等先进技术手段，提高互联网保险产品设计对客户需求的贴合度。同时，利用碎片化、个性化的开发手段，更好地满足大众多个方面、多个阶段、多种层次的保障需求，并通过缩短新产品上线流程和加快更新速度，提高保险公司对市场变化的灵敏度和反应速度。

13. 拟竞拍海际证券 66.67% 的股权

中天城投 2015 年 10 月 20 日发布公告称，全资子公司贵阳金控拟以自有资金参与竞拍海际证券有限责任公司 66.67% 的股权。根据公告，上海证券有限责任公司在上海联合产权交易所公开挂牌转让其持有的海际证券 66.67% 的股权，挂牌底价为 40622.031 万元。

公司表示，贵阳金控积极参与证券公司投资控股和参股，符合公司未来"大金融"产业的发展战略方向，也是公司并购重组战略发展方式的重要实践。本次参与竞拍海际证券，作为公司在"大金融"产业布局中的重要一环，将完善和充实公司在金融板块的业务布局。同时，随着"互联网＋"战略在传统金融产业中的不断深化，证券行业将极大拓展更多的业务模式及盈利空间。

14. 增资友山，发起设立公募基金管理公司

公司 2015 年 11 月 18 日发布公告称，全资子公司贵阳金控拟以现金出资 14493.92 万元，增资友山基金管理有限公司，占友山基金增资后总股本的 70%。增资完成后，友山基金注册资本由 10000 万元增加至 20705.60 万元。在完成对友山基金的增资后，友山基金作为主要发起人，与自然人陈格路、何英、何太远共同发起设立一家公募基金管理公司——中天友山基金管理有限公司，且友山基金作为该公募基金管理公司的绝对控股股东。

中天城投表示，此次与友山基金合作并设立公募基金管理公司，是公司实施"大金融"战略的重要一步。一方面，中天城投深耕贵州 30 余年积累的优质资源，将为友山基金提供价值数百亿元的潜在市场机会；另一方面，友山基金依托自身的金融交易业务板块，将有效促进中天城投产业链条金融资源的整合，完善大金融产业板块，成为公司发展链上的关键环节。

15. 与平安信托合作

中天城投与平安信托有限责任公司经友好协商，于 2016 年 7 月 25 日签署《中天城投集团股份有限公司与平安信托有限责任公司战略合作协议》。

本次公司与平安信托结成战略合作关系，符合公司"并购重组、产融结合、创新发展"的战略发展部署，将更好地形成公司"产业协同和资源整合"的核心竞争优势，为公司以开放式地产为核心的地产金融业务、信贷服务、资产证券化、并购重组、产业基金等拓展投融资渠道，更好地推动公司项目的启动和持续发展。同时，公司与平安信托的战略合作包括但不限于互联网金融等金融创新领域，将进一步构建并完善公司的金融业态，拓展公司金融产业渠道，夯实公司在金融产业领域的业务构架和服务基础，促进"大金融"战略的多元化发展。

三、转型业务

1. P2P 网络借贷

公司旗下 P2P 网络借贷平台"招商贷"于 2013 年 6 月上线运营，注册资金为 1.111 亿元，每日成交额为 500 万元左右。截至 2016 年 8 月，平台已撮合融资 94 亿元，是贵州省首家从事互联网金融信息服务的平台，主要

服务于贵州当地中小企业，为来自全国的投资者和贵州当地中小企业提供信息交互、投融资撮合等中介服务。

平台的融资方多为企业，也有部分项目为个人借款，按借款方的实际情况可选择的还款保证方式有担保、抵押、质押。担保标的担保人多为借款企业产业链中资信较好的企业。招商贷产品示例如图 12 - 4 所示。

图 12 - 4　招商贷产品

资料来源：招商贷官网。

2. 资产交易中心

公司参股的中黔交易中心业务类型主要包括：

（1）定向融资计划：是发行人将特定投资者作为募集对象而发行的，约定在一定期限内还本付息的债务融资工具。作为银行贷款的有效补充，通过中黔交易中心发行定向融资计划对于某些融资主体而言是一种有效的直接融资方式。

（2）金融资产收益权转让：是以具有确定额度、预期收益和期限的金融资产为基础，通过中黔交易中心转让其收益权来获得融资的创新金融业务。一般来说，转让人向中黔交易中心申请转让企业应收款、租赁债权、信贷资产、信托受益权、基础设施、商业物业、委托贷款等收益权，经中黔交易中心审批通过后面向合格投资者转让；产品存续期满时，向投资者溢价回购该收益权。

交易中心将传统资产证券化产品与互联网相结合，开通了 P2G 等相关

产品:

（1）政信宝: 是平台公司在获得各级行政审批许可文件、政府出具财政还款承诺函后, 在黔金所申请注册发行的以项目未来所产生的现金流及财政预算作为还款来源, 约定到期兑付本金及收益的一种债务融资工具, 其适用于省级、地市州乃至区县级（主要是贵州省域强县）各级地方政府平台公司。

（2）安居宝: 是大中型房地产开发商为提前锁定意向购房者在黔金所注册发行的融资工具。其适用于已拿到国有土地使用证和建设用地规划许可证后, 拿到商品房预售许可证之前, 有融资需求且希望提前锁定意向购房者的大中型地产公司。

（3）乐业宝: 是大中型企业通过黔金所面向企业集团员工发行的, 约定到期兑付投资本金及收益的融资工具。其适用于有融资需求并有意向为企业集团内部员工改善福利的企业。

（4）票据宝: 是银行承兑汇票或商业承兑汇票的持票人以银行审核通过的银行票据或商业票据作为质押, 经过打折后在黔金所发行产品的一种融资方式。其适用于银行承兑汇票的持票人或收款人; 付款方是大型国有企业或上市公司的商业承兑汇票的持票人或收款人。

（5）公积金贷款资产证券化: 是由运营状况良好的地方住房公积金管理中心发起设立, 以集合资金信托计划为特殊目的载体, 承接公积金委托贷款资产收益权, 由资产包约定期限内产生的现金流支付集合资金信托计划受益权的预期收益的一种金融产品。其适用于业务运营状况良好、提取率较高的地方住房公积金管理中心。

3. 其他互联网金融后续业务

贵阳市积极支持发展互联网金融、大数据相关领域产业, 作为国资背景的上市企业, 中天城投主要承担了市场运作方面的工作。图12-5归纳整理了公司在传统金融和创新金融领域的布局, 可以看到中天城投通过两家全资子公司中天普惠金服和贵阳金控以新设、参股、控股等方式, 初步形成了集P2P网络借贷、小额贷款公司、融资担保公司、金融资产交易中心、大数据交易所、体育金融公司等新兴金融产业于一体的普惠金融业态集群和传统大金融集团。同时, 通过金融发挥的纽带作用, 可以将公司现有业务和资源与新的战略方向融合协同发展。按照目前公司转型步伐估计，大金融产业将在未来成为中天城投多元化产业布局版图的核心。

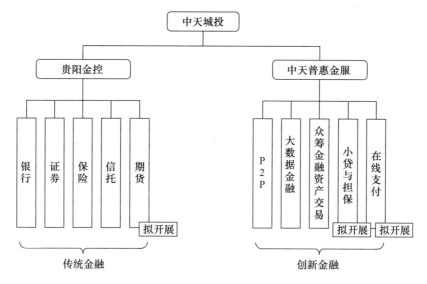

图 12 – 5 中天城投金融业务

第二节 绵石投资（000609）

一、主营业务

北京绵石投资集团股份有限公司（绵石投资）原是北京市科委认定的大型高新技术企业，近年经产业结构调整后，公司业务以房地产综合开发为主，同时向现代快餐连锁经营方向迅速发展，形成了符合自身发展要求、互补性强且具有稳定盈利能力的主营业务体系。数年来已有多块土地完成整理并成功上市，地价屡创新高，为公司及合作伙伴创造了丰厚的利润回报。在土地一级开发业务顺利进行的基础上，公司也积极向传统的房地产二级开发领域进军，以实现房地产一二级开发的联动，搭建起具有公司自身特色的房地产综合开发体系。在房地产综合开发业务推进的同时，公司将另一个业务重心放在了现代快餐连锁经营行业上，以期能够与已有的房地产业务形成有效的互补。

如图 12 - 6 ~ 图 12 - 8 所示，公司营业收入同比虽然有小幅增加，但是净利润却出现较大程度下滑，企业开展的融资租赁和 P2P 网络借贷业务收入占比依然非常小。

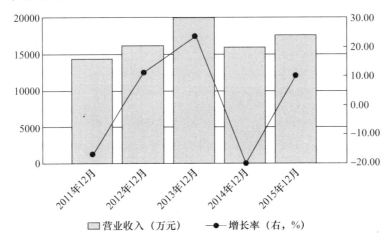

图 12 - 6 2011 ~ 2015 年绵石投资营业收入及增长率

资料来源：Wind 数据库。

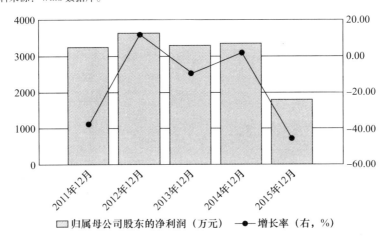

图 12 - 7 2011 ~ 2015 年绵石投资净利润及增长率

资料来源：Wind 数据库。

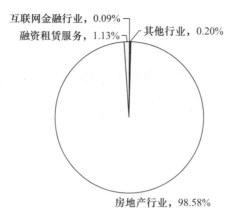

图 12 - 8　2015 年绵石投资主营业务收入占比

资料来源：Wind 数据库。

二、转型路径

1. 成立融资租赁公司

公司 2013 年 11 月 9 日发布公告称，为进一步拓展公司业务范围，增强公司业务实力，拟与本公司的全资子公司绵世国际资本有限公司共同出资在天津市设立轻舟（天津）融资租赁有限公司。轻舟公司注册资本为 2000 万美元，其中本公司出资 1500 万美元，持有该公司 75% 的股权；绵世国际资本有限公司出资 500 万美元，持有该公司 25% 的股权。该公司经营范围为融资租赁业务、租赁业务、向国内外购买租赁财产、租赁财产的残值处理及维修、租赁交易咨询。

2. 合作设立 P2P 网络借贷平台

2014 年 4 月 29 日公告称，子公司轻舟融资租赁有限公司投资设立了控股子公司北京岩湖网络科技有限公司，注册资本 500 万元，隆隆网为该公司运营建设中的业务平台。

绵世股份[①] 2014 年 11 月 6 日发布公告称，目前，隆隆网经过一个阶段的测试及试运行，已于 11 月 6 日正式上线对外运营，网站各方面的运营情况良好，前期主要为公司下属经营的融资租赁等业务提供融资服务。

三、转型业务

公司目前的互联网金融业务主要为网络借贷。隆隆网设立之初主要是为轻舟公司下属的融资租赁业务提供融资服务。该平台发展至今已不局限于为轻舟公司发展提供融资，平台还为个人和其他一些中小型企业解决融资需求。平台日均融资项目数量为 2 个左右，现在的主要产品是汽车金融、供应链金融、房产金融。隆隆网产品示例如图 12－9 所示。

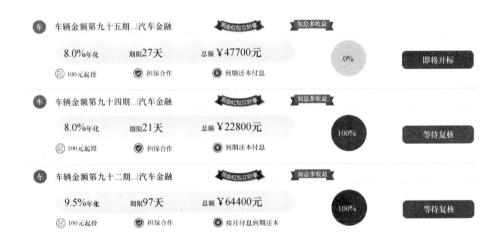

图 12－9 隆隆网产品

资料来源：隆隆网官网。

汽车金融借款人主要是个人，借款人以汽车作为质押在平台上融资，融资金额基本在 10 万元以下，由与平台合作的担保机构进行担保。

---

① 2016 年 7 月 13 日，公司名称由"北京绵世投资集团股份有限公司"变更为"北京绵石投资集团股份有限公司"。

房产金融主要是个人借款，借款人以房产作为抵质押在平台融资，融资金额在 100 万元左右。

供应链金融项目是为位于四川省的某个世界 500 强企业（央企，平台未披露企业具体名称）的合作项目进行融资。根据隆隆网官网披露的信息：项目为第三方保理公司推送并承接，为此央企旗下某公司应收账款保理项目，经评估，该公司成立时间为 2011 年，注册资金 100 亿元，实力雄厚，盈利稳定，还款能力强，为规避风险，平台进行了百分比折让放标，以保证资金安全性。

第三节　世联行（002285）

一、主营业务

深圳世联行地产顾问股份有限公司（世联行）是中国最具规模的房地产顾问公司之一，根据 Wind 资讯发布的数据，世联行拥有 66 家分支机构，业务已覆盖全国 30 多个省、市、自治区，布局达 164 个城市，为超 2 万个楼盘提供专业的营销代理及顾问咨询服务。公司业务从成立初期的专业估价、咨询已经拓展至集交易、金融、资产运营等多项业务于一体的房地产全生命周期服务，确立了泛交易、类金融、大资管、互联网与数据服务四大核心业务板块，并在保持传统业务高速增长的同时，积极布局房地产金融及存量市场。

2011 ~ 2015 年世联行营业收入及增长率、净利润及增长率分别如图 12 – 10、图 12 – 11 所示。

公司传统主营业务（见图 12 – 12）为房产代理销售，普通居民在购买房产时通常都会采用借款等方式，所以世联行通过传统房产销售切入房贷领域，并利用互联网金融的优势将资产端和资金端完美结合，在自身业务领域完成资源整合，充分发挥协同效应。金融服务收入主要来源为小额贷款，从图 12 – 13 可以看出金融服务收入增长势态良好。

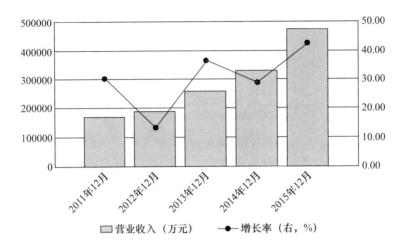

图 12 - 10　2011～2015 年世联行营业收入及增长率

资料来源：Wind 数据库。

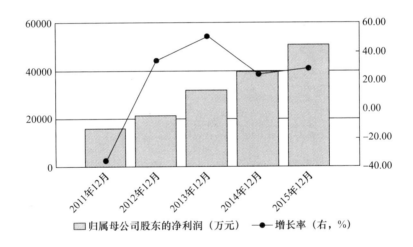

图 12 - 11　2011～2015 年世联行净利润及增长率

资料来源：Wind 数据库。

二、转型路径

1. 小额贷款

公司的主营业务是房地产代理销售，早在 2007 年 4 月，公司就和深圳

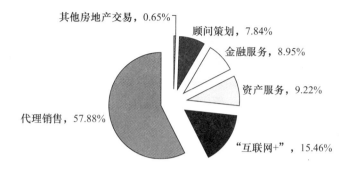

图 12-12 2015 年世联行主营业务收入占比

资料来源：Wind 数据库。

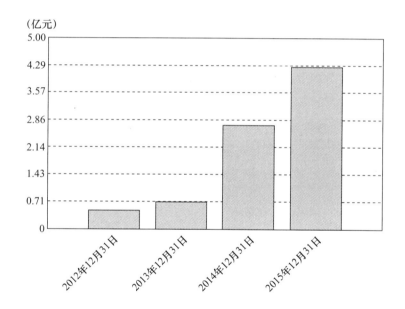

图 12-13 2012~2015 年世联行金融服务收入

资料来源：Wind 数据库。

世联投资有限公司、深圳市盛泽融资担保有限责任公司投资设立了深圳市世联小额贷款有限公司，经营房地产贷款相关业务，主要为首付消费贷款。世联小额贷款股份结构如表 12-3 所示。

表 12 – 3　世联小额贷款股份结构

股东名称	出资金额（万元）	股份（%）
深圳世联地产顾问股份有限公司	1450	29
深圳世联投资有限公司	1450	29
深圳市盛泽融资担保有限责任公司	2100	42

公司的金融服务业务涉及按揭代理、担保赎楼、现金赎楼和小额贷款等多个项目。各项房地产金融服务均与公司的主要业务息息相关，公司有望利用主营业务积累的客户资源，实现主营业务和房地产金融服务的协同发展，打造一体化的服务格局。目前，公司主要通过旗下世联信贷开展小额贷款业务，定位于购房者首付款，年利率在15%左右。

需要说明的是，2016年国家明令禁止"首付贷"，公司旗下的首付贷业务受到影响，公司需要对原有业务布局做出调整。

供应链金融包括物流、资金流和信息流。由于世联小额贷款参与购房者从看房、按揭贷款到入住各个流程，因此相比搜房等公司，世联小额贷款的核心优势在于掌握购房者的信用、收入等个人信息，使其在通过率和审批流程上优于搜房等平台型下属小贷公司。

公司的金融业务主要是为自有代理销售项目的购房人群提供首付款中一定比例的贷款。当前的金融服务产品主要为"家圆云贷——新房置业贷"、"家圆云贷——二手房置业贷"以及"世联+贷——按揭房消费贷"。其中，家圆云贷为核心产品，年化利率在16.8%～19.2%，2014年放贷共计19518笔，金额达到19.70亿元，平均每笔贷款约10万元，为公司创造收入2.45亿元，占金融服务业务收入的比重高达90.83%。家圆云贷产品示例如图12－14所示。

不同于市面上开放程度较高的小额贷产品，公司的产品主要针对特定代理项目以及特定地区的购房贷款，由于代理商与开发商有密切的往来合作以及增强销售、加速回款的一致诉求，开发商往往会对自有项目的购房人群进行贴息，从而大大增强家圆云贷的市场竞争力，同时取得良好的叠加去化效果。以公司所代理的深圳中信龙盛广场为例，采取了"购房者首付，开发商补息每年6.4%，一次性贴息2年"的贴息策略，大幅降低了购

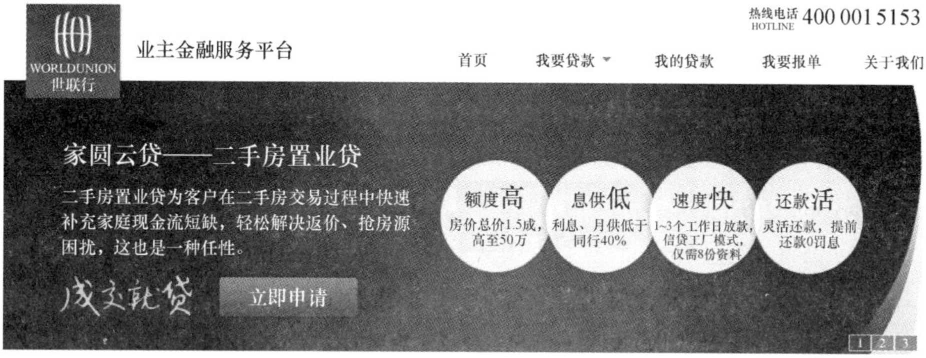

图 12 - 14　家圆云贷

资料来源：世联行官网。

房者所承担的利息，在某些贴息力度较大的楼盘，购房者甚至能享受到接近"零利息"的贷款，从而大幅降低了购房者的资金门槛，提升了楼盘的吸引力。此外，根据世联金融发布的营销策略报告，家圆云贷的捆绑使用对楼盘销售率的平均提高幅度高达 25%，有效促进了楼盘的去化，加速了开发商的资金回流，从而实现开发商、代理商和购房者的三方共赢。

金融服务业务是针对 C 端购房者提供的与房产相关的金融服务，包括小额贷款（即家圆云贷）、投资管理、现金赎楼和其他金融服务。其中，以家圆云贷为主，目前占比已达 90% 以上。2015 年金融服务业务收入占总营业收入的比例已达 8.95%，毛利率高达 62.62%，有望成为公司未来重要的业绩增长点。金融服务业务是在公司传统的代理业务基础上为购房者提供的增值服务，同时亦可反过来促进代理销售的发展，具有较好的协同效应。

在资金来源方面，家圆云贷最初使用自有资金支持业务发展，2014 年下半年开始通过资产证券化、与资产管理公司和私募基金等合作拓宽资金来源渠道。2015 年，P2P 网络借贷平台"世联集金"上线，拓宽了资金来源渠道。

公司 2016 年 2 月 6 日发布公告称，拟定增募集资金不超过 10 亿元，定增价 9.98 元/股，募集资金全部用于增资世联小贷业务。本次定增完成后，世联小贷的注册资本金将直接由 5 亿元提升至 15 亿元，按照 1∶2 的杠杆，将增加 20 亿元的可贷资金规模，同时相比于资产证券化 10% 左右的融资成本，公司资金成本将大幅下降，也有助于提高公司金融业务的盈利能力（深圳市人民政府金融发展服务办公室发布的《关于我市小额贷款公司开展融资创新业务试点的通知》规定，小额贷款公司通过外部合规渠道融入资金总比例不得超过公司上年度净资产的200%）。

2. 联手搜房网，持续发力金融资管

2014年7月15日公告称，世联行定向增发1.38亿股筹集11.4亿元，搜房网全资控股公司华居天下以7.4亿元认购其中65%的股份，由此搜房网将拥有世联行10%的股份。公司表示，搜房网与世联行将在互联网金融领域展开合作，未来成立互联网金融合资公司是世联行家圆云贷和祥云计划项目的延续。

3. 资产证券化

2014年11月4日公告称，公司及旗下全资小贷公司世联信贷拟与平安汇通签署《投资合作协议》、《资产买卖协议》和《服务协议》。平安汇通拟发起设立资管计划并以资管计划实际募集资金受让经世联信贷确认、平安汇通认可的信贷资产不超过8300万元，并以基础资产的全部或部分收入回款买断式循环投资世联信贷的信贷资产。同时，平安汇通委托世联信贷作为基础资产的服务机构，提供对基础资产的贷后管理服务。为保证平安汇通在《资产买卖协议》项下债权的实现，确保世联信贷根据《资产买卖协议》的约定向平安汇通支付回购价款，世联行同意作为保证人向平安汇通提供连带责任保证担保，担保责任金额预计不超过9200万元。

2015年12月18日，世联行首单公募资产证券化产品"世联小贷一期资产支持专项计划"在深交所发行。资产证券化大幕开启后，小贷业务资金来源进一步多样化。世联小贷一期资产支持专项计划是公司首单成功挂牌深交所的ABS产品，基础资产是世联小贷基于其"家圆云贷"项目向借款人实际发放的贷款而享有的债权，发行期限为三年，总规模4.21亿元，分为优先A档（规模3.17亿元，利率5.8%）、优先B档（规模0.5亿元，利率6.65%）和次级（规模0.54亿元，由世联行全额认购），小贷业务资金来源进一步多样化。

公司本次发行的资产支持证券利率较低，将进一步降低公司小贷资金成本，有利于扩大息差，从而提升收益水平。公司之前已经进行了九次信贷基础资产转让，总金额11.36亿元，但利率水平较高，均为10%～12%，本次世联小贷一期资产支持专项计划中优先A档和优先B档的票面利率分别为5.80%、6.65%，较公司之前发行的非标类产品利率水平大幅下降。

4. P2P 网络借贷平台

P2P 网络借贷平台内测版本于 2015 年 1 月 20 日推出，平台借势中国家庭消费金融的发展与互联网信息技术的创新，秉持风控体系健全、资金安全透明、交易合法合规的基本原则，为有借款需求和投资需求的个人构建一个高效稳定、诚信专业的互联网金融服务平台。

5. 携合作伙伴出资 4.2 亿元入股 Q 房网 15% 的股份

2015 年 3 月 11 日世联行发布公告称，与合作伙伴拟投资 4.2 亿元收购 Q 房网 15% 的股权，各方已于 3 月 11 日签署了《投资协议书》。

Q 房网是利用互联网和云端大数据库为客户提供优质二手房服务的平台，平台采用国际通行的二手房服务模式——开放的独立经纪人模式。截至 2014 年末，Q 房网总资产为 2.14 亿元，净资产为 2137.11 万元，2014 年实现营业收入 5635.51 万元，净利润为 -4118.26 万元。世联行通过参股 Q 房网完善了公司服务产业链，拓宽了服务入口。

6. 拟出资 1500 万元收购微家 37.5% 的股权

2015 年 7 月 20 日公司发布公告称，拟出资 1500 万元向深圳市前海住哪儿网络科技有限公司（以下简称微家）增资扩股，增资完成后持有微家 37.5% 的股权。

微家是深圳一家品牌合租公寓运营公司，为租户提供高性价比的居住产品、高增值服务及线上线下的社交体验，为业主提供包括租赁管理、装修家居、物业保养、代缴费用、房屋销售在内的资产管理服务。得益于创始股东在深圳社区资产服务及高端涉外租赁领域 9 年多的经营沉淀，微家已经构建了完善的互联网租赁管理平台，包括自主研发的房源租客及工程管理系统、互联网营销渠道及客服系统和基于移动互联网的租客社交服务。

世联行表示，通过战略投资微家将进一步完善世联行 C 端服务体系，能够更好地为业主提供资产服务，为租户提供高性价比的居住产品、社交体验，并基于此投资发展 C 端增值服务及金融服务。

三、转型业务

公司目前主要的转型业务为网络借贷。公司于 2015 年 3 月正式上线 O2M

平台，其中包含"集金"项目的 P2P 网络借贷平台服务，公司试图完成由投资者到中间人的角色转变，业务范围也由购房首付贷款扩展至消费贷款。已发布理财产品的年化利率在 8% 左右，至 2015 年 5 月中旬，成交额突破 1 亿元，平台在开放初期即吸引了可观的资金规模，未来增长空间较为开阔。①

P2P 网络借贷平台"世联集金"于 2015 年 3 月 26 日上线，6 月推出世联集金 APP，截至 2016 年 3 月，平台累计交易促成金额已超过 12 亿元。世联集金的投资标的全部来自家圆云贷，主要分为三类：家圆计划、散标投资和债权转让。

家圆计划是 P2P 网络借贷平台推出的专项理财产品系列，参与计划的投资款将被自动分配投入多个经严格筛选的优质债权，帮助客户高效便捷地进行组合投资、分散风险并获得不低于散标的预期收益，期限结束后投资者直接退出。

第四节　海宁皮城（002344）

一、主营业务

海宁中国皮革城股份有限公司（海宁皮城）是一家集商贸、金融、信息服务等于一体的全国最大的皮革专业市场，是华东地区最大的箱包交易区，市场内的皮革服装交易辐射全国和海外市场。公司主要从事"海宁中国皮革城"市场商铺及配套物业的销售、租赁，始终致力于整合皮革产业价值链的上下游。海宁皮革产业集群已形成了以皮革服装、成品沙发和沙发套、制革为主体，以皮革票夹、皮革化工、箱包、五金配件和皮革手套等小制品为辅的较为完整的产业体系。②

---

① 首创证券. 努力向"互联网＋金融"华丽转身的传统服务企业［EB/OL］. 2015－06－01.

② 资料来源：Wind 资讯。

如图 12 – 15 ~ 图 12 – 17 所示，公司的主要业务收入是皮城租赁和皮材销售，由于环保政策的约束，皮革终端消费需求下滑，且随着经济下滑和电商冲击，海宁皮城的主营业务市场需求亦有一定的下滑，可以看到公司营业收入基本处于增长停滞状态，净利润更是出现大幅下滑。企业为了适应市场行情的变化，势必要做出一些调整或转型。

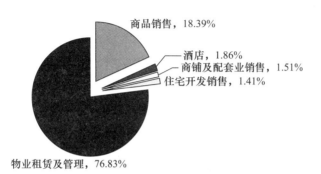

图 12 – 15 2015 年海宁皮城主营业务收入占比

资料来源：Wind 数据库。

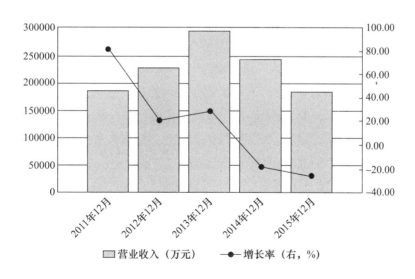

图 12 – 16 2011 ~ 2015 年海宁皮城营业收入及增长率

资料来源：Wind 数据库。

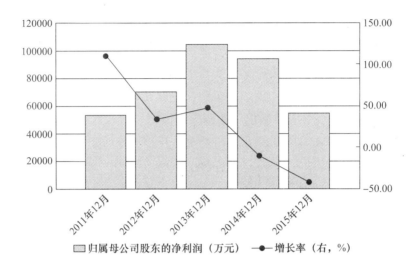

图 12 – 17 2011～2015 年海宁皮城净利润及增长率

资料来源：Wind 数据库。

二、转型路径

1. 成立全资担保公司

2013 年 5 月 18 日公告称，根据海宁中国皮革城股份有限公司第二届董事会第十四次会议审议通过的《关于成立皮革城担保公司的议案》，同意投资设立皮革城担保公司。公司以货币出资 1 亿元，占注册资本的 100%。主营融资性担保业务，兼营非融资性担保业务及与担保业务有关的财务顾问、咨询中介服务，按规定以自有资金进行投资。

根据公司网站信息，海宁皮革城担保有限公司担保对象主要为海宁中国皮革城商户，主要以商户拥有的海宁中国皮革城商铺的租赁权作为质押反担保，并结合商户的生产、销售、仓储、物流等大数据进行风险控制，以解决商户融资难的问题。

2014 年，海宁皮革城担保有限公司为 282 户商户提供了贷款担保，累计新增担保总额 4.9 亿元，期末在保余额 3.7 亿元。公司成立以来，已累计为 630 余户商户提供了贷款担保，累计担保额超过 10 亿元，至今未发生任何代偿风险。

2. 投资成立金服公司

公司 2014 年 11 月 14 日发布公告称，拟与苏健等自然人合作，投资成立海宁中国皮革城互联网金融服务有限公司。2014 年 12 月 12 日，海宁中国皮革城股份有限公司发布关于海宁中国皮革城互联网金融服务有限公司注册成立的公告，公司的注册登记手续已全部办理完毕。

此次发起设立互联网金融公司是公司贯彻内涵式发展战略的重要步骤，不仅有利于完善公司现有产业链，而且能有效促进公司充分利用自身优势进行产业升级，拓展公司的盈利空间，提升公司在资本市场的竞争力和影响力。

3. 皮城金融正式上线

2015 年 3 月 12 日公告称，经过内测及公测，海宁中国皮革城互联网金融服务有限公司旗下的互联网金融平台——"皮城金融"（https：//www.pcjr.com）于 2015 年 3 月 16 日正式对外销售产品并举行上线仪式。皮城金融将致力于为小微商户和企业提供便捷、低成本的融资服务，为大众提供安全、高收益的理财产品。

4. 与宁波中皮达成战略合作，共同建设"中国皮草在线"项目

2015 年 6 月 16 日公告称，海宁中国皮革城股份有限公司与宁波中皮电子商务有限公司于 2015 年 6 月 12 日在浙江省余姚市签署了战略合作及增资参股意向书，双方拟就"中国皮草在线"项目开展战略合作。

公司同意向宁波中皮注资 1000 万元，其中 25 万元用于向宁波中皮增资，975 万元作为增资后宁波中皮资本公积。增资完成后，公司持有宁波中皮 20% 的股权。宁波中皮同意优先在公司旗下物业平台推进"中国皮草在线"项目落地，公司同意向宁波中皮提供优质物业资源、最优惠的价格政策和客户资源，用于"中国皮草在线"项目落地。

三、转型业务

1. 网络借贷

皮城金融以"立足商圈，服务产业链"为经营理念，深度挖掘国内优

质商圈和核心产业链的金融需求，致力于为小微商户和企业提供便捷、低成本的融资服务，为普罗大众提供安全、高收益的理财产品。主营基于产业链金融的 P2P 网络借贷业务，其产品分为"大城小爱"、"国泰民安"、"珠联璧合"三个系列。大部分募集金额在 1000 万元（含）以下，平均每一到两天新增一个融资项目。

"大城小爱"产品（见图 12 - 18）面向的借款人大多为海宁皮城的商户。海宁皮城商户一般在采购原料、缴纳商铺租金等情况下资金较为紧张。海宁皮城商圈类项目主要为海宁皮城商圈内信用良好、经营业绩可观的中小商户提供原料采购款和补充经营流动资金。另外，借款企业主要是裘皮服装产业链上的生产商、经销商和代理商，其还款来源有保障。由于此类企业多为在海宁皮城内经营多年的优质商户，又有海宁皮革城担保有限公司为其担保，所以违约风险较小。

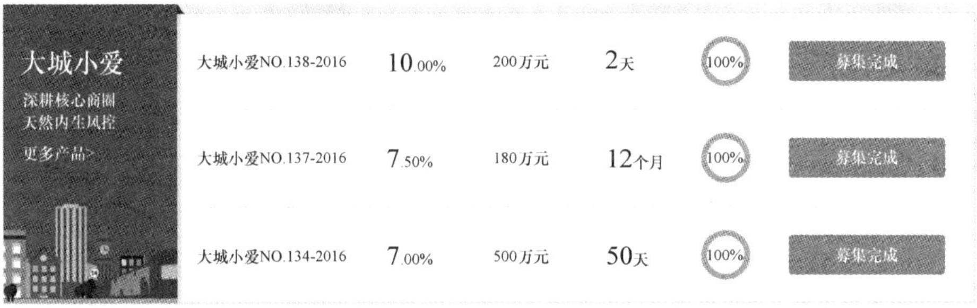

大城小爱						
深耕核心商圈 天然内生风控 更多产品	大城小爱NO.138-2016	10.00%	200万元	2天	100%	募集完成
	大城小爱NO.137-2016	7.50%	180万元	12个月	100%	募集完成
	大城小爱NO.134-2016	7.00%	500万元	50天	100%	募集完成

图 12 - 18　皮城金融产品"大城小爱"

资料来源：皮城金融官网。

"国泰民安"产品（见图 12 - 19）主要面向国资背景的项目，起投金额 1000 元，其官网显示 2016 年发布的产品年化收益率在 6.8%～7.5%。

"珠联璧合"产品（见图 12 - 20）主要是为环保产业链、工艺品产业链上下游企业及个人融资者等提供便捷、低成本的融资服务。每次融资金额为 200 万～1000 万元。

国泰民安 国资背景项目 优质信息背书 更多产品>	国泰民安NO.24-2016	7.50%	1000万元	6个月	100%	募集完成
	国泰民安NO.23-2016	7.50%	1000万元	6个月	100%	募集完成
	国泰民安NO.22-2016	7.50%	1000万元	6个月	100%	募集完成

图 12 – 19　皮城金融产品"国泰民安"

资料来源：皮城金融官网。

珠联璧合 精选优质机构 强大外部增信 更多产品>	珠联璧合NO.15-2016	7.50%	500万元	12个月	100%	募集完成
	珠联璧合NO.14-2016	7.50%	500万元	357天	100%	募集完成
	珠联璧合NO.13-2016	7.00%	1000万元	6个月	100%	募集完成

图 12 – 20　皮城金融产品"珠联璧合"

资料来源：皮城金融官网。

在风险方面，皮城金融主要以商户拥有的海宁中国皮革城商铺的租赁权作为质押反担保，并结合商户的生产、销售、仓储、物流等大数据进行风险控制，以解决商户融资难的问题。实体商圈具有统一收银、统一物流、统一仓储等特点，"场景＋平台＋数据"能有效形成风险闭环。平台对合作的商圈和金融服务企业设有严格的准入标准，要求所合作的商圈管理者经营良好，在各自领域处于领先地位，影响力大；合作的金融服务机构限定为国有公司、上市公司、知名外资独资或控股公司。公司的合作方将按照约定对借款项目提供不可撤销的100%全额本息连带责任保证。

皮城金融与兴业银行签订了资金存管协议，平台上所有的交易资金由兴业银行进行存管，用户资金只能存在兴业银行指定的存管账户，平台无法擅自动用客户的资金。

每个融资项目都有相应的担保公司作保，其中"大城小爱"项目以及"珠联璧合"和"国泰民安"的一些项目都由海宁皮革城担保有限公司担保。

未来 P2P 网络借贷平台可以借助皮城管理输出，扩张规模。对于需要融资、有意对外扩张、又不想出售产权的用户，可以将产权、租赁权或者永久租赁权进行众筹，相当于租金收益的资产证券化。

2. 供应链金融

"中国皮草在线"是国内首个"从农户到终端制造商"的毛皮行业拍卖交易平台，已完成与山东文登、山东诸城、辽宁大连原皮生产基地等近 30 家合作社的谈判工作。平台的主要业务是作为原辅料交易中心，致力于运用科技手段和关键技术，对行业结构进行重塑，逐渐开发并完善第一个落地项目——中国皮草在线原辅料交易竞拍中心。此交易中心以两大核心业务"皮皮拍"和"皮皮仓"为切入点，为买卖双方提供线上竞拍交易平台及线下原皮集成中心，减少中间环节及流通成本，创建新型原皮交易模式。同时，与第三方金融机构合作，为买卖双方提供金融信贷服务，以优惠的信贷利率及灵活的贷款方式，通过原皮质押、线上信用评级等为原皮产业链从业者解决资金周转问题，促进皮草行业快速发展。

第五节　东易日盛（002713）

一、主营业务

东易日盛家居装饰集团股份有限公司（东易日盛）是专业的整体家装解决方案供应商，主要业务是家庭建筑装饰设计、装饰施工、产品配套及全国性家装品牌特许经营。公司打破了家装行业传统的商业运作模式，为客户提供基于生活方式研究的以风格文化为主线的真正意义上的"有机整体家装解决方案",并将连锁经营的商业模式成功导入家装领域。旗下"原创国际"、"东易日盛 A6"、"爱屋集屋"三大品牌,迄今已为超过 10 万个家庭提供高品质整体家装服务。

2011 ~ 2015 年东易日盛营业收入及增长率、净利润及增长率如图 12 – 21、图 12 – 22 所示。

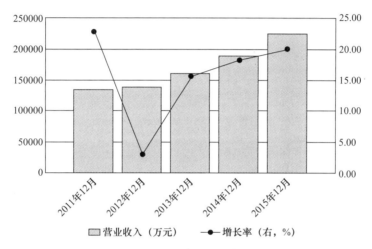

图 12 – 21 2011 ~ 2015 年东易日盛营业收入及增长率

资料来源:Wind 数据库。

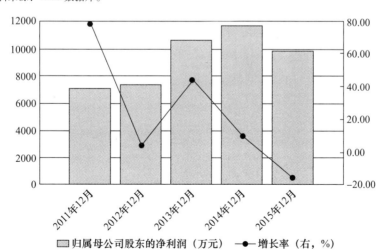

图 12 – 22 2011 ~ 2015 年东易日盛净利润及增长率

资料来源:Wind 数据库。

二、转型路径

1. 投资设立易日升投资有限公司

2015年1月9日公告称，东易日盛家居装饰集团股份有限公司全资子公司文景易盛投资有限公司拟出资5000万元在上海市设立全资子公司易日升投资有限公司，一方面可以进一步扩展公司投资渠道，整合优势资源；另一方面以易日升投资为主体，积极开拓金融服务领域的新机遇。

未来易日升投资将以家装信贷为核心业务，逐步拓展其他消费信贷业务，并配合公司O2O业务的发展战略，完善金融配套服务，不断提升客户消费体验，满足部分客户短期周转的消费需求，开拓公司新的利润增长点。

易日升家装信贷业务是目前公司主营业务的自然延伸，同时也是公司在金融服务以及互联网金融领域布局的第一步。未来公司在满足客户家装消费信贷需求的同时，将通过合作、自建等形式逐渐拓展至互联网金融业务的其他领域，延伸公司投资战略布局，提升公司的盈利能力，实现公司的持续稳定发展。

2. 出资设立互联网金融股权投资基金

2015年3月13日公告称，公司或公司全资子公司与汇付天下有限公司、上海朗程财务咨询有限公司及其他出资方拟共同出资设立上海汇付互联网金融信息服务创业股权投资中心（有限合伙）。重点投向金融产品交易平台、大数据开发应用、P2P网络借贷、众筹、配套的计算机软件等相关领域中具有竞争优势、增长能力快速、其服务和产品具有良好的市场前景的未上市企业，以及处于早中期的新三板或创业板企业（通过定增方式进入）。

3. 参与投资设立易日升金融公司

2015年3月25日公告称，东易日盛家居装饰集团股份有限公司通过全资子公司文景易盛投资有限公司间接全资持有的易日升投资有限公司与北京遥启投资基金管理中心（有限合伙）、上海汇付互联网金融信息服务创业股权投资中心（有限合伙）共同出资设立上海易日升金融服务有限公司。易日升投资以现金方式出资1725万元，占34.5%的股份。

易日升投资参与投资设立易日升金融服务公司，是公司积极开拓互联网金融业务的重大举措，易日升金融将以家居为入口，提供家装、家居、婚庆、旅游、教育等领域的生活金融服务，配合公司业务发展战略，满足客户消费多样化需求。

此次对外投资的实施是公司投资轮战略的自然延伸，公司通过合作投资的形式拓展互联网金融业务，依托专业技术和优质企业，促使公司产业经营和金融服务良性互补，进一步提升公司的核心竞争力和盈利能力，最终实现公司的持续稳定发展。

4. 增资易日升金融公司

2015年8月5日，发布东易日盛家居装饰集团股份有限公司关于对外投资可行性分析报告。根据该公告，北京遥启投资基金管理中心（有限合伙）分别向公司及公司董事、副总经理徐建安转让其持有的易日升金融1775万元、100万元出资额。转让完成后，公司及汇付天下（或其指定关联方）分别向易日升金融增资2亿元、5000万元。交易完成后，公司占有72.58%的出资额。易日升金融以家居为入口，联合银行等各类金融机构，为目标受众提供全生命周期的金融管家服务，包括家装、家居、婚庆、旅游、教育等领域。本次交易的实施有利于促进公司家装与金融服务的协同发展，改善公司财务状况，增强持续盈利能力。

三、转型业务

1. 互联网消费金融

易日升发布的"生活金融1.0"产品具有手续便捷、审批通过率高、额度较大、费率低廉、放款自由掌握、还款方便等特点，其中最吸引人的是1小时放款和零利率这样的"卖点"。易日升金融产品示例如图12-23、图12-24所示。

2. 其他后续转型业务

2016年以来，房地产持续回暖，有望驱动家装行业景气度不断回升。公司凭借自身的资源优势，可以有力抢夺家装电商这一关键入口，进行互联网金融方向的发展。

图 12 - 23　易日升金融产品（一）

资料来源：易日升金融官网。

公司常年积累的大量客户资源可直接转移到互联网金融方向，为高净值用户提供个性化的互联网金融产品。易日升金融的产品通过零利率增加了客户对公司家装这一入口的黏性，易日升金融也能获得客户数据，为之后的家居、婚庆、旅游、教育等生活金融提供数据支持和流量保障。公司为客户装修后可继续在家居、婚庆、旅游、教育上保持互动空间。

图 12-24　易日升金融产品（二）

资料来源：易日升金融官网。

第六节　冠城大通（600067）

一、主营业务

冠城大通股份有限公司（冠城大通）是以房地产开发和特种漆包线制

造为主营业务的综合性公司。房地产业务是公司的支柱产业，目前形成了以北京为重心，在环渤海湾、长三角和海峡西岸等经济发达区域比肩发展，并逐步向全国拓展的战略格局，年开工面积超过 100 万平方米，并呈现逐年递增的发展态势。房地产产品覆盖普通住宅、写字楼、高层公寓、花园洋房、别墅、综合商业等多种业态。公司特种漆包线业务历史悠久，技术实力雄厚，生产规模、研发水平及品牌影响力均位居行业前列，是中国电线电缆标准化技术委员会绕组线分技术委员会秘书处单位、中国电器工业协会电线电缆分会副理事长单位。武夷牌漆包线曾入选"中国名牌产品"及"中国电器工业最具影响力品牌"。

2015 年年报显示，在主营业务收入中，房地产业占 62.16%，工业占 35.83%，其他（补充）占 2%，信息服务业占 0.02%。

从图 12 – 25 和图 12 – 26 可以看出，企业的营业收入增长几乎停滞，净利润出现大幅下滑，客观上面临转型的压力。

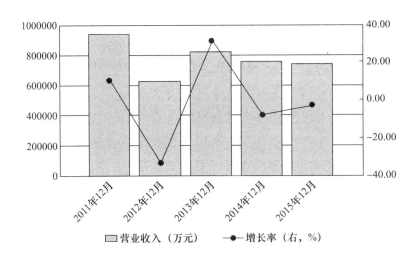

图 12 – 25　2011～2015 年冠城大通营业收入及增长率

资料来源：Wind 数据库。

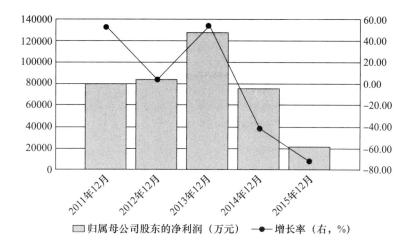

图 12-26　2011～2015 年冠城大通净利润及增长率

资料来源：Wind 数据库。

二、转型路径

1. 参股小贷公司

2013 年 1 月 18 日公告称，公司与漳州市人民政府、福建省投资开发集团有限责任公司签订了《关于设立小额贷款公司的合作框架协议》（以下简称《协议》），由三方在漳州市 11 个县（市、区）共同推进设立小额贷款公司。《协议》仅为意向性合作框架协议，公司将在具体投资事项实施时根据相关规定履行相应的审批程序。

公司已成立四家小额贷款公司，其中两家位于漳州市内，具体如表 12-4 所示。

表 12-4　参股小额贷款公司

所持对象名称	投资金额（元）	持股比例（%）
福建武夷山市华兴小额贷款股份有限公司	10000000.00	6.67
福建莆田荔城区华兴小额贷款股份有限公司	12000000.00	10
福建漳州芗城区华兴小额贷款股份有限公司	15000000.00	10
福建长泰县华兴小额贷款股份有限公司	15000000.00	10

2. 参股富滇银行

2013 年 12 月 10 日公告称，公司拟投资不超过 16 亿元认购富滇银行增资扩股股份，认购价格不高于 2.6 元/股，认购数量预计不超过 6.15 亿股。

2014 年 1 月 22 日公告称，公司将出资 12.1 亿元认购富滇银行增资扩股股份 5 亿股，认购价格 2.42 元/股，占 10.53% 的股份。

3. 合资设立小额贷款公司

2014 年 5 月 30 日公告称，公司拟投资不超过 9800 万元与北京市文化投资发展集团中心共同设立北京文化创新小额贷款股份有限公司。北京文化创新小额贷款股份有限公司注册资本暂定为 2 亿元，公司将持有其不超过 49% 的股权。

4. 与中行福建省分行开展战略合作

2014 年 10 月 10 日公告称，公司与中国银行股份有限公司福建省分行签署了《战略合作协议》。公司拟与中国银行福建省分行进一步深化各领域合作，探索建立新型战略银企伙伴关系。公司称，通过与中国银行福建省分行建立深入战略合作关系，借助其强大的金融服务资源及背景，有利于拓展公司业务，进一步推动公司自身发展。

5. 进军 P2P 网络借贷，整合现有金融类资产

2015 年 3 月 22 日公告称，公司全资子公司北京京冠房地产开发有限公司与京榕商（北京）投资有限公司共同以货币资金出资 5000 万元组建北京冠城瑞富信息技术有限公司（冠城瑞富）。其中，北京京冠出资 3500 万元，占冠城瑞富注册资本的 70%；京榕商出资 1500 万元，占冠城瑞富注册资本的 30%。

公司拟通过冠城瑞富设立 P2P 网络借贷平台，有效整合公司现有金融类资产，为投资者提供专业、实时、权威的理财产品和金融服务，为中小微企业提供高效便捷的融资服务。

2015 年 6 月 1 日公告称，公司控股子公司北京冠城瑞富信息技术有限公司运营的互联网金融服务平台"海投汇"（https：//www.htouhui.com/）正式上线。"海投汇"的正式上线运营有助于公司进一步整合旗下各类金融资源，加快公司发展战略转型步伐。

6. 发起设立福建省新兴产业股权投资有限合伙企业

2015 年 11 月 20 日公告称，冠城投资与福建省产业股权投资基金有限公司等相关方合作，共同发起设立福建省新兴产业股权投资有限合伙企业，该项目为福建省新兴产业创投引导基金（30 亿元）的第一期，总规模不超过 15.3 亿元，其中冠城投资（LP）出资 7.5 亿元，重点投向福建省战略性新兴产业。

7. 发起设立股权投资有限合伙企业

2016 年 3 月 14 日，冠城投资与华兴汇源、新兴产业投资公司共同签署了《福建冠城华汇股权投资有限合伙企业合伙协议》，共同发起设立福建冠城华汇股权投资有限合伙企业。其中，冠城投资作为有限合伙人，出资 1.3 亿元，占注册资本的 86.6609%；华兴汇源作为有限合伙人，出资 2000 万元，占注册资本的 13.3324%；新兴产业投资公司作为普通合伙人出资 1 万元，占注册资本的 0.0067%。

三、转型业务

1. 网络借贷

"海投汇"为公司旗下的互联网金融服务平台，以互联网方式为民间小额借贷双方提供居间服务及其他相关服务。海投汇通过由第三方合作机构本息担保等多种形式构建安全、稳健的风控体系，并引进一批有着丰富经验的高级金融管理人才与互联网人才，旨在通过互联网（移动）技术随时随地为投资者提供理财产品和金融服务，提供一个安全、诚信、低风险、高回报的理财渠道，并积极运用互联网思维创新推出大数据融资产品，为借款人提供高效便捷的融资服务，助力中小微企业快速发展。

海投汇目前主要的业务分为两类：一类为企业借款，另一类为小额借款。通过互联网平台，公司通过北京融世纪信息技术有限公司以及吉德投资等金融机构实施担保，包装推出"吉房贷"、"教育贷"、"爱车贷"和"升薪宝"等产品。通过不同投向以及资金使用期限的组合，以丰富产品种类，满足各类资金的投资需求。

截至 2016 年 8 月 22 日，海投汇共完成累计成交金额 6.2 亿元，完成融资项目 689 个, 平台用户数达到 46237 人。

图 12－27　海投汇

资料来源: 海投汇官网。

2. 其他互联网金融业务

公司目前已经投资 12.1 亿元持有富滇银行股份有限公司 10.53% 的股权, 位列其第三大股东。同时公司投资了福建武夷山市华兴小额贷款股份有限公司、福建莆田荔城区华兴小额贷款股份有限公司、福建漳州芗城区华兴小额贷款股份有限公司、福建长泰县华兴小额贷款股份有限公司等小额贷款公司, 并投资参股福州隆达典当有限公司, 为其第二大股东。

公司设立 P2P 网络借贷平台, 目的是通过移动互联网这一工具整合旗下金融资源, 充分利用公司品牌资源、客户资源与闽商商会等社会资源及集团成员企业间的资源, 有效推动公司产业转型升级, 拓展新的利润增长点。

冠城瑞富目前定位为短期投融资服务平台, 中长期定位为互联网理财借贷多元业务平台。未来, 冠城瑞富将根据经营情况引入风险投资或其他渠道融资, 整合不同渠道资源, 加快 P2P 网络借贷平台短期及中长期的互联网业务拓展。

第七节 大连控股 (600747)

一、主营业务

大连大福控股股份有限公司（大连控股）在证监会和 Wind 行业分类中虽然归为房地产行业，但查阅企业财务报表发现企业 2013 年开始已经没有房地产项目收入，企业的经营范围在 2013 年已经将房地产开发及销售业务取消，企业目前以贵金属贸易、塑料品及模具和手机配件生产为主要业务，2015 年年报显示，三者营业收入占比分别为96.11%、2.01%和1.13%。

2011～2015 年大连控股营业收入及增长率、净利润及增长率分别如图 12 – 28、图 12 – 29 所示。

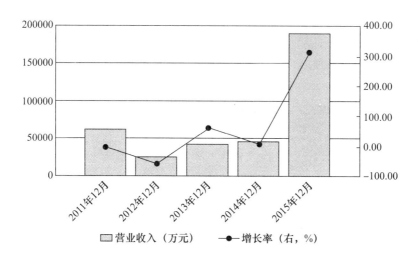

图 12 – 28　2011～2015 年大连控股营业收入及增长率

资料来源：Wind 数据库。

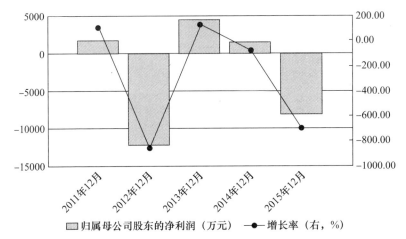

图 12 - 29　2011～2015 年大连控股净利润及增长率

资料来源：Wind 数据库。

公司 2015 年已基本脱离原有电子行业，主要业务为从事大宗商品贸易。2015 年年报披露公司贸易行业收入约 18.2849 万元，同比增长 404.47%，但是由于 2015 年全球经济依旧在低位运行，中国经济仍处于结构调整、转型升级的过程中，国内钢材、金属类等大宗商品价格深度下跌，其他大宗贸易商品价格也一直处于低迷状态，所以公司出现大幅亏损。公司希望通过介入互联网金融领域，寻找转型路径。

二、转型路径

1. 参与投资设立前海控股

2014 年 3 月 24 日公告称，公司近日与浙江凯恩特种材料股份有限公司、中捷缝纫机股份有限公司、浙报传媒控股集团有限公司、远见投资管理有限公司、深圳市佳德投资有限公司、浙江思考投资管理有限公司、浙江科浪能源有限公司、浙江古越龙山文化传播有限公司签署了《设立深圳市前海理想金融控股有限公司的出资合同》。深圳市前海理想金融控股有限公司总投资额 2000 万元，公司出资额 200 万元，持有前海控股 10% 的股权（见表 12 - 5）。

表 12 - 5　前海控股股份结构

股东名称	出资额（万元）	持股比例（%）
深圳市佳德投资有限公司	500	25
浙江科浪能源有限公司	300	15
大连大显控股股份有限公司①	200	10
浙报传媒控股集团有限公司	200	10
浙江凯恩特种材料股份有限公司	200	10
中捷缝纫机股份有限公司	200	10
浙江思考投资管理有限公司	200	10
远见投资管理有限公司	100	5
浙江古越龙山文化传播有限公司	100	5

大连控股称，投资设立前海控股有助于公司参与国家港澳粤三位一体前海经济平台、电子商务平台及电子金融平台，为公司提供参与互联网信息平台的机会和途径，拓展公司新业务发展渠道。

2. 拟出资 1 亿元设立福美贵金属公司

2014 年 7 月 18 日公告称，公司拟投资 1 亿元设立全资子公司大连福美贵金属贸易有限公司。标的公司经营范围为多种金属矿业投资。公司目前正从基础电子产业向能源矿产、金融行业转型。本次投资设立大连福美贵金属贸易有限公司，主要从事贵金属贸易业务，符合公司发展战略和投资方向，为公司持续发展创造了有利条件。

3. 设立控股子公司大连前海理想金融服务有限公司

公司 2015 年 6 月 26 日发布公告称，大连大显控股股份有限公司与深圳市前海理想金融控股有限公司签署了《出资协议书》，拟共同投资设立大连前海理想金融服务有限公司。大连前海总投资额 2000 万元，公司出资额 1020 万元，持有大连前海 51% 的股权。

---

① 公司 2016 年 6 月 9 日发布公告称，将公司名称由"大连大显控股股份有限公司"变更为"大连大福控股股份有限公司"，并完成了营业执照变更手续。

大连前海主要从事互联网金融业务, 初步的切入点是深圳市前海理想金融控股公司已经运作成熟的 P2P 网络借贷行业, 随后会陆续介入其他互联网金融业态, 目前还未开展具体业务。

　　4. 收购融资担保公司

　　公司 2015 年 6 月 28 日发布公告称, 大连大显控股股份有限公司与自然人马余豪、潘利民、周广磊及刘晓萍四人签署了《大连大显控股股份有限公司收购深圳市保兴融资担保有限公司协议书》, 以 3 亿元拟收购其持有的深圳市保兴融资担保有限公司 100% 的股权。

　　保兴担保的经营范围包括为企业及个人提供贷款担保、票据承兑担保、贸易融资担保、项目融资担保等。目前, 保兴担保与大连前海理想金融有深度业务合作, 主要为前海理想金融所发行产品提供担保服务。截至 2016 年 8 月 22 日, 经查询公司股东仍为四位自然人, 公司后续未披露相关进展。

三、转型业务

　　公司目前主要的转型业务为网络借贷。大连前海理想金融的 "理想宝" 平台 (见图 12-30) 是专业从事 P2P 网络借贷和投融资信息服务的互联网金融平台, 大连控股作为财务投资人, 在前海理想金融中属于小股东。平台从 2014 年 5 月 23 日到 2016 年 8 月共发布 4000 多个融资项目, 已累计成交 56 亿元, 注册人数 1357878 人。平台的投资产品主要有:

　　(1) 年存宝: 是中长期投资理财产品中具有较高流动性的一款产品。年存宝期限通常三个月起, 预期年化收益率为 9.5%~11.5%, 持有 30 天即可通过转让债权资产回收投资资金, 投资人的本金将在投资到期后一次性返回其账户, 利息收益可选择每月复投或返还。

　　(2) 月盈利: 是理想宝推出的个人投融资服务。理想宝向投资方 (投资人) 和融资方 (借款人) 提供 "月盈利" 服务, 帮助双方快捷方便地完成投资和借贷。通过与平台合作的第三方融资性担保公司审核的借款方直接向投资方借贷, 双方通过平台的电子借贷协议明确双方的债务与债权关系。

图 12-30 理想宝

资料来源：理想宝官网。

（3）U 享理财：是理想宝为特定的 VIP 会员提供的基础资产优质、收益风险匹配的中长期稳健收益类理财计划品种，最大限度地满足理想宝特定客户的理财资金配置需求。用户可先预约投标金额，获得 U 享理财的加入资格后，再于限定时间内进行全额充值并完成支付，最大限度地减少用户资金站岗的损失。

所有理财项目均由第三方融资性担保公司承担担保责任。若借款方未能履行还款责任，担保公司将对未被偿还的剩余本金和截至到代偿日的全部应还未还利息与罚息进行全额偿付。目前，平台所有项目的担保公司均为深圳市保兴融资担保有限公司，而且平台上的大部分项目由其推荐。

第八节 天业股份（600807）

一、主营业务

山东天业恒基股份有限公司（天业股份）前身为山东济南百货大楼（集

团）股份有限公司，2014 年公司实施了发行股份购买资产并募集配套资金重大资产重组，主营业务由百货经营为主向盈利能力较强的"房地产 + 商业"转型，成为山东省房地产业上市公司之一，先后获得济南房地产品牌企业、济南房地产企业综合实力 20 强、山东省房地产开发 50 强、综合信用评定 AAA 企业、山东民营企业 100 强、中国房地产开发企业 500 强等称号。

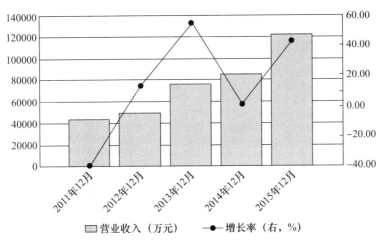

图 12 - 31　2011 ~ 2015 年天业股份营业收入及增长率

资料来源：Wind 数据库。

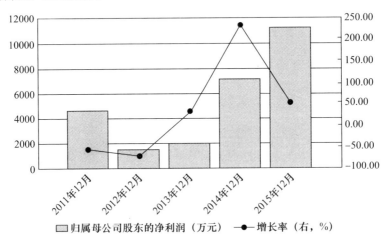

图 12 - 32　2011 ~ 2015 年天业股份净利润及增长率

资料来源：Wind 数据库。

如图 12 - 31 和图 12 - 32 所示，公司营业收入和净利润相较同类上市房地产企业出色很多，这主要得益于企业在 2014 年开始增加黄金等贵金属交易业务。但黄金等贵金属价格受全球经济周期影响波动较大。目前，国内房地产市场分化严重，公司主营业务发展面临挑战，公司通过一系列并购切入金融及互联网金融领域，通过在金融行业布局，使金融与现有主营业务相互补充、协调发展，实现公司从房地产和矿业双轮驱动转向房地产、矿业、金融多元化协同发展的战略布局，从而减少单一行业波动给公司带来的不利影响。

二、转型路径

1. 投资设立深圳天恒盈合金融投资企业

2015 年 4 月 29 日公告称，公司拟与深圳市前海盈合投资有限公司签署《深圳天恒盈合金融投资合伙企业（有限合伙）合伙协议》，投资设立深圳天恒盈合金融投资企业（有限合伙），公司作为有限合伙人出资 3.96 亿元，前海盈合作为普通合伙人出资 800 万元。天恒盈合主要投资于与金融产业及互联网产业及其配套产业相关的项目及具有持续盈利模式、中低风险的项目。

公司本次投资设立天恒盈合，有助于拓展公司投资渠道，积累金融、互联网等行业及股权投资经验，分享金融、互联网产业及股权投资市场的高收益，提高公司资金使用效率，不断提高公司的投资水平，为公司和股东争取更多的投资回报。

2. 收购天业小贷，整合金融产业资源

2015 年 5 月 29 日公告称，天恒盈合拟通过并购方式对济南市高新区天业小额贷款股份有限公司股权进行收购，收购完成后，天恒盈合将拥有天业小贷 100% 的股权。

天业小贷在济南高新技术产业开发区区域内办理各项小额贷款，近年来业务发展平稳，2012 ~ 2014 年分别实现净利润 1149.20 万元、1404.58 万元和 1265.97 万元，截至 2014 年 12 月 31 日，其净资产为 1.18 亿元。

3. 收购博申融资租赁，金融产业再扩张

2015 年 6 月 16 日公告称，天恒盈合于 2015 年 6 月 14 日与北京博宇先锋投资管理有限公司签署《博宇先锋与天恒盈合关于博申融资租赁（上海）有限公司之股权转让协议》，天恒盈合以现金 800 万元收购博宇先锋所持有的博申融资租赁（上海）有限公司 75% 的股权。公司在金融方向上拓展意图明显，本次交易符合公司与前海盈合共同设立合伙企业的目的。

天业股份 2016 年半年报披露，博申融资租赁开展矿业行业融资租赁业务，实现营业收入 5962.26 万元，实现净利润 3488.43 万元。同时，为进一步拓展融资租赁业务领域，增强公司盈利能力，公司以 15875.294 万元增资万和租赁，并将持有万和租赁增资后 15% 的股权。

4. 收购证大速贷，金融产业进一步推进

2015 年 6 月 24 日公告称，公司与上海证大投资发展有限公司、深圳市立方投资有限公司签署《天恒盈合与证大投资、立方投资关于深圳市证大速贷小额贷款股份有限公司之股权转让协议》，天恒盈合以现金 109829.80 万元收购证大投资、立方投资合计持有的深圳市证大速贷小额贷款股份有限公司 77.456% 的股权。

交易对方承诺，2015 年下半年度及 2016 年上半年度，证大速贷经审计税后净利润（扣除非经常性损益）合计达到 1.5 亿元。如未完成，则证大投资及立方投资应将实际归属于天恒盈合或其指定机构的经审计税后净利润与上述承诺税后净利润的差额，以现金方式从天恒盈合或者其指定机构应支付给证大投资及立方投资的第五期款中抵扣。

目前，证大速贷线上端主要产品包括 E 速贷和 E 房贷。E 速贷是指向上班族发放的，以持续稳定工作为基础条件、以工资性收入为主要收入来源的小额消费贷款。E 速贷单个产品贷款额度为 1 万～50 万元，借款期限最长为 36 个月。E 房贷是指向有物业的借款人发放的，以个人按揭房产（住房）为基础、以有工作为条件的小额消费贷款。该产品额度和期限与 E 速贷类似。[①] 证大速贷产品示例如图 12 - 33 所示。

---

① 天业股份. 互联网金融迈入重大一步，正式收购证大速贷 ［EB/OL］. 海通证券，2015 - 06 - 24.

E系列

总有一款产品适合您

E速贷
针对普通上班族

E房贷
针对按揭房业主

E商贷
针对小企业主

VIP专区

给VIP老客户带来最贴心的贷款产品

 消费贷

 物业贷

 车主贷

 事业贷

 消费追加贷

 物业追加贷

 车主追加贷

 事业追加贷

图 12 - 33　证大速贷产品

资料来源：证大速贷官网。

5. 定增加码金融板块业务

2015 年 12 月 11 日公告称，公司拟以每股 11.97 元的价格定增不超过 26733.50 万股，募集资金不超过 32 亿元，其中 12 亿元用于增资济南市高新区天业小额贷款股份有限公司，16 亿元增资博申融资租赁（上海）有限公司，4 亿元建设社区金融互联网综合服务平台。

公司表示，目前主营业务发展面临挑战，将通过在金融行业布局，让金融与现有主营业务相互补充、协调发展，实现公司从房地产和矿业双轮驱动转向金融、房地产、矿业多元化协同发展的战略布局。

公司金融产业版图逐渐清晰。鉴于近期公司连续收购博申融资租赁和天业小贷，企业在金融方向上拓展意图明显。考虑到证大投资及收购标的证大速贷在互联网金融领域已具备相对成熟的经验，公司后期有望将以上金融资源在一个互联网平台上进行整合。

三、转型业务

通过社区金融互联网综合服务平台的建设，运用"互联网＋"增强公司金融业务及现有主业发展的创新力。同时，公司在金融行业的布局将直接形成公司新的盈利增长点，从而提升公司整体盈利水平和可持续发展能力。以"产业＋资本"的战略布局使公司房地产、矿业、金融业务相互促进、协同发展，以"互联网＋"提升公司金融、房地产、矿业等综合服务能力，形成具备可持续发展能力的战略布局。

第十三章　电子和电气设备制造

本章九家公司，原主营业务是电子、电气相关设备制造，所以统一归为电子和电气设备制造。这九家企业作为互联网企业或金融机构硬件设备的制造商，通过并购等手段切入互联网金融领域，同时结合自己的主营业务在第三方支付、P2P网络借贷、征信行业开展业务，与自身上下游客户形成良好的资源协同效应。作为传统硬件生产企业，伴随互联网技术的不断创新，其功能极大丰富化，例如目前开发出的智能POS除了银行卡收款功能外，还可加载扫码支付、卡券派发、自助点单、团购验证、在线预订、消息中心、会员营销、O2O、大数据分析、开放平台等增值服务，提升产品在商户营销方面的服务能力，增强商户的使用黏性。最为关键的是，此类智能POS可以作为平台接口，一方面掌握大量小微企业的资源，另一方面接入消费用户，储备海量用户信息，并以此为基础开展更为多元的业务。

第一节　恒宝股份（002104）

一、主营业务

恒宝股份有限公司（恒宝股份）是一家集服务、研发、生产、销售于一体的智能卡与电子标签制造企业，目前已构建了以北京为研发和营销服务中心、以江苏丹阳为生产中心的运营体系，旗下拥有软件技术、信息技术、智能识别技术三个控股子公司。公司业务面向金融、通信、税务、交通、保险、安全、市政建设等多个行业，致力于提供高端智能产品及解决方案，主导产品和业务包括金融 IC 卡、通信 IC 卡、移动支付产品、互联网支付终端、磁条卡、密码卡、票证、物联网、平台系统及信息安全服务业务和解决方案等。

2011～2015 年恒宝股份营业收入及增长率、净利润及增长率分别如图 13-1、图 13-2 所示。

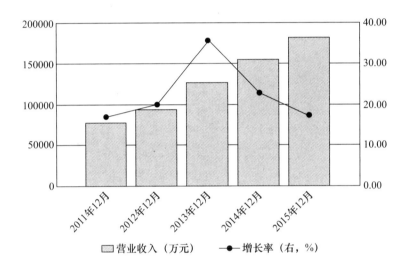

图 13-1　2011～2015 年恒宝股份营业收入及增长率

资料来源：Wind 数据库。

二、转型路径

1. 与股权投资基金建立战略合作

2013 年 12 月 30 日公告称，公司接到控股股东钱云宝先生通知，钱云宝与上海盛宇股权投资基金管理有限公司于 2013 年 12 月 27 日签署《关于恒宝股份有限公司之战略合作协议》。上述股份转让完成后，双方将积极推动恒宝股份战略扩张，通过兼并收购加速产业布局，在互联网金融、移动支付和信息数据安全领域积极拓展，延伸产业链，增强发展后劲，提升公司价值。

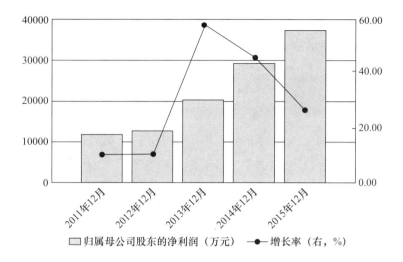

图 13 - 2 **2011～2015 年恒宝股份净利润及增长率**

资料来源：Wind 数据库。

2. 收购一卡易 51% 的股权

公司公告称，根据发展战略并结合实际经营情况，公司拟以 1.53 亿元现金购买深圳一卡易科技股份有限公司 255 万股股份，占目标公司总股份的 51%。公司已于 2015 年 5 月 12 日与深圳市万卡德投资管理企业（有限合伙）和其他一卡易股东于挺进、蒙重安、皮强、张宏博及一卡易签署了《关于深圳一卡易科技股份有限公司之股份转让协议》。本次交易前，公司不持有一卡易任何股份，本次交易完成后，公司将持有一卡易 51% 的股份，一卡易将成为公司的控股子公司。

一卡易的主营业务是研发和销售基于 SaaS 模式的会员管理系统软件。该会员管理系统软件利用云计算和电子会员卡等核心技术，通过积分、储值、电子优惠券等营销方式帮助商家提高顾客忠诚度，提升商家销售额。截至 2015 年底，一卡易已拥有 3 万多家签约商户。

3. 设立移动支付安全产业基金

2015 年 1 月 8 日公告称，公司于 2014 年 9 月 12 日召开 2014 年第二次临时股东大会，审议通过了《关于公司与上海盛宇股权投资基金管理有限公司共同发起设立移动支付安全产业基金的议案》。

公司与盛宇投资合作设立产业基金，可以充分利用盛宇投资在产业投资及资本运作方面的成熟经验，有效降低企业在并购整合中的相关风险，发挥产业基金的杠杆作用，放大公司自有资金的投资整合能力，提升公司在相关领域的产业影响力。

4. 非公开发行股票加码互联网金融

2015 年 5 月 14 日公告称，公司拟非公开发行股票募集资金总额不超过 12 亿元（包括发行费用），扣除发行费用后将分别投入中小微商户服务网络和系统建设项目、收购深圳一卡易科技股份有限公司 51% 股权项目、mPOS 整体解决方案研发和产业化项目及补充流动资金。后募集资金调整为 10.8 亿元。

三、转型业务

1. 互联网金融技术

公司通过一系列举措在中小微商户服务领域开始战略布局，包括安全模块、上位机应用、管理平台 TMS 和接入平台 POSP 等环节，囊括从前台到后台的一整套软硬件系统。mPOS 可以广泛支持包括银行卡支付、NFC 移动支付以及二维码支付在内的多种支付方式，并形成整个服务体系的数据流量入口。未来，公司还会逐步引入结合 POS 和收银台功能的一体化智能 POS 机。

2. 互联网金融信息

一卡易主营业务为研发和销售基于 SaaS 模式的会员管理系统软件，通过收购一卡易，可将该公司的会员管理系统与 POS 支付体系进行整合，提升产品在商户营销方面的服务能力，并探索商圈内跨行业、多商户联合的会员积分返利模式，从而增强商户的使用黏性。

通过大数据技术逐步为中小微商户提供数据贷等金融服务、精准营销等商业服务，形成"互联网 + 金融"以及"互联网 + 商业"的运营服务模式，打造中小微商户服务运营平台。

第二节 证通电子（002197）

一、主营业务

深圳市证通电子股份有限公司（证通电子）主要从事加密键盘、自助服务终端、电话 E–POS、公共通信终端产品、自动识别技术产品等的研发、生产和销售，是国家商用密码产品研发、生产、销售定点单位，也是商用密码产品国家标准制定参与单位。目前，公司 ATM 加密键盘占据了国内市场36%的份额，在国内银行自助服务终端领域，公司取得了前三强的市场地位。

从图13–3和图13–4可以看出，由于公司的金融电子业务发展良好，同时得益于金融电子业务毛利率提高，近年来营业收入和净利润稳步增长，但公司仍积极通过并购拓展新的利润增长点。

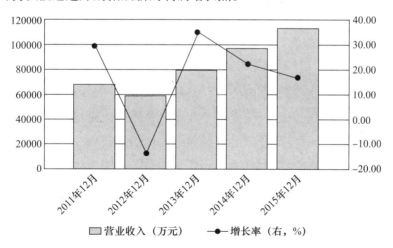

图 13–3　2011～2015 年证通电子营业收入及增长率

资料来源：Wind 数据库。

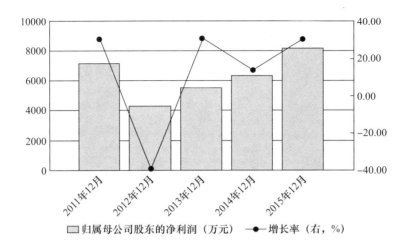

图 13 - 4　2011～2015 年证通电子净利润及增长率

资料来源：Wind 数据库。

二、转型路径

1. 参股鹏鼎创盈

2014 年 6 月 28 日公告称，公司拟出资 2000 万元增资入股深圳市鹏鼎创盈金融信息服务股份有限公司，认购价格为 1 元/股，认购股数为 2000 万股。

通过本次参股投资，将有利于公司充分利用该互联网金融平台为公司上下游提供增值服务，使得上下游客户与公司共同成长，巩固公司在产业链中的核心地位。鹏鼎创盈的股东涉及多个行业和领域，其上下游客户资源也成为鹏鼎创盈的优质潜在客户，为鹏鼎创盈的未来发展奠定了坚实的基础。

2. 收购广州云硕科技发展有限公司

公司拟以 4540 万元现金收购自然人冯彪持有的广州云硕科技发展有限公司 50% 的股权，以 1816 万元现金收购自然人张涛持有的广州云硕科技发展有限公司 20% 的股权。云硕科技拥有高速互联网宽带接入、高性能局域网络、安全可靠的机房环境、专业化的管理、完善的应用级服务平台，为以互联网企业为主的客户提供互联网基础平台服务及其他各种增值服务。

3. 收购并增资广州佩博利思电子科技有限公司

2015 年 8 月 4 日公告称，公司拟以自有资金 510 万元现金收购自然人傅德亮持有的广州佩博利思电子科技有限公司 51% 的股权。本次收购前，公司持有佩博利思 49% 的股权，本次收购后，公司将持有佩博利思 100% 的股权，佩博利思成为公司全资子公司。同时，公司拟以自有资金出资 4000 万元现金对佩博利思进行增资，增资完成后，佩博利思注册资本由 1000 万元增加至 5000 万元。

4. 设立孙公司

2015 年 8 月 4 日公司发布公告称，佩博利思拟以自有资金出资 3000 万元现金，投资设立其全资子公司暨证通电子全资孙公司四川省金惠电子商务有限公司，开展社区金融 O2O 业务。

2015 年 11 月 11 日公告称，四川蜀信易电子商务有限公司已办理完成工商注册登记手续。四川蜀信易电子商务有限公司设立后，将根据实际经营情况，在四川省设立其下属分、子公司，与四川省农村信用社联合社合作，在四川省各地市开展"惠生活" O2O 社区服务平台项目的运营推广。

三、转型业务

公司目前的互联网金融业务主要在互联网金融信息方面。公司电子金融业务主要客户群是银行机构，除继续保持在原有业务的发展优势外，证通电子围绕客户产业链前瞻布局社区 O2O 金融服务领域，积极拓展社区 O2O 金融服务业务。公司的参股公司佩博利思的技术团队擅长软件和系统集成，公司目前开发了基于 O2O 架构的"惠生活"社区服务软件平台，该平台主要围绕银行社区网点周边半径二三公里商圈，依托手机 APP 或 Web 门户页面的方式构建线上购买、线下体验的 O2O 服务应用，提供的服务内容包括商户的注册与管理、商品管理、订单管理、服务投诉与管理、居民消费者注册与管理、便民与惠民功能应用管理、金融服务管理等。

为顺利推进公司与四川省农村信用社联合社合作的 O2O 社区服务平台项目的实施，公司在收购佩博利思股权并对其增资后，由佩博利思在四川投资设立全资孙公司四川蜀信易，与四川省农村信用社联合社合作，在四川省各地市开展社区 O2O 平台的运营推广，完善公司在社区金融 O2O 方面的产品和业务布局，更好地融入银行的业务链条，为公司主要客户银行提供产品和服务。

第三节　赫美集团（002356）

一、主营业务

深圳赫美集团股份有限公司（赫美集团）是国内最早从事电子式电能计量仪表研发、制造的专业制造商之一。公司是少数几家既具备电子式电能表、用电自动化管理系统终端生产能力，又掌握了 GPRS/CDMA 上行信道应用技术、短距无线自组网、电力线载波等下行信道应用技术的，具备整合以电能计量仪表、嵌入式智能终端制造、通信方案设计、主站后台系统开发为一体的电能计量产业链能力的整体方案提供商之一。公司在预付费、在线防窃电、高精度计量等方面保持着行业领先水平。

2013 年 8 月，北京首赫投资有限责任公司通过受让控股股东股权间接入主上市公司后，开启了赫美集团的变革之路，通过定增收购每克拉美钻石卖场，进军品牌钻石珠宝市场。2015 年其珠宝首饰收入占营业收入的比重为 67%。

2011～2015 年赫美集团营业收入及增长率、净利润及增长率分别如图 13 - 5、图 13 - 6 所示。

二、转型路径

1. 全资子公司与北京钱得乐签署战略合作协议

公司 2015 年 9 月 7 日发布公告称，深圳浩宁达仪表股份有限公司[①]全资

[①] 2016 年 5 月 24 日，公司名称由"深圳浩宁达仪表股份有限公司"变更为"深圳赫美集团股份有限公司"。

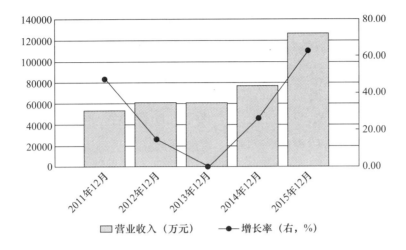

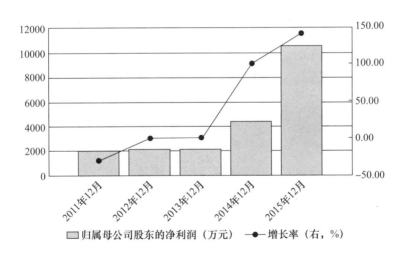

图 13 - 5　2011~2015 年赫美集团营业收入及增长率

资料来源：Wind 数据库。

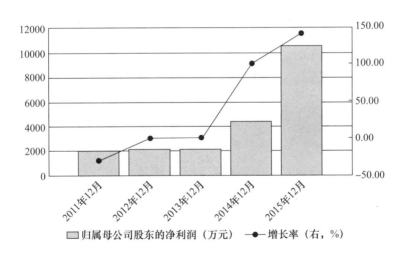

图 13 - 6　2011~2015 年赫美集团净利润及增长率

资料来源：Wind 数据库。

子公司每克拉美与钱得乐签订战略合作协议，将对公司打造钻石、黄金、珠宝业务的"互联网＋"模式、进入互联网金融领域产生积极的影响。

2. 收购联金所和联金微贷

公司于 2015 年 11 月 25 日发布公告称，深圳浩宁达仪表股份有限公司拟以现金方式收购深圳联金所金融信息服务有限公司（联金所）、深圳联合金融小额贷款股份有限公司（联金微贷）各 51% 的股权。联金所成立于 2012 年 8 月，公司的两大核心业务为线下微金融贷款咨询、线上投资理财。联金微贷成立于 2012 年 4 月，主营单笔 30 万元以下、期限一年及以上、无抵押无担保的自然人信用贷款，同时也可经营 500 万元以下大额资金项目贷款。

3. 子公司签署战略合作协议

2015 年 12 月 4 日公告称，深圳浩宁达仪表股份有限公司全资子公司每克拉美（北京）钻石商场有限公司、控股子公司深圳联金所金融信息服务有限公司及深圳联合金融小额贷款股份有限公司于 2015 年 12 月 3 日签署了战略合作协议。

4. 子公司联金所与阳泉市商业银行签署互联网金融合作协议

公司控股子公司深圳联金所金融信息服务有限公司与阳泉市商业银行股份有限公司于 2016 年 7 月 13 日签署了关于互联网金融的合作协议。阳泉市商业银行系经中国银监会批准设立的股份制商业银行，从事发放短期和中长期贷款、办理国内结算、委托贷款等银监会批准的业务，致力于在保证资金安全、保持资产流动性的基础上争取最大的盈利。

三、转型业务

公司目前的转型业务主要是在网络借贷领域。2015 年以来，公司围绕"互联网＋珠宝产业链升级平台"进行一体化产业链布局，先后完成联金所、联金微贷（互联网金融平台）和欧祺亚的收购（珠宝加工设计平台），并设立浩美资产（资产管理和珠宝租赁平台）、赫美联合（互联网珠宝和大消费推广平台）和赫美珠宝（高品质设计师珠宝品牌平台）。

公司旗下网络借贷平台联金所平台有散标专区（见图 13 - 7）、联金定投、月月升三种产品。借款方多为个人，大多用于消费或者资金周转，借款金额大多在 10 万元以内，借贷期限多为 36 个月。联金所业务模式如图 13 - 8 所示。

图 13-7　联金所产品

资料来源：联金所官网。

图 13-8　联金所业务模式

资料来源：联金所官网。

散标专区支持随时转让，10 元起，每月回收本息。另外，投资人如果购买散标的话，可以对债券进行折价转让（折价程度由转让方确定），提前收回资金，其他投资者也可以购买转让标获取更高的年化收益。联金定投产品为定期投资，100 元起投，每月还息，到期回收本金。联金定投产品部分项目以组建资金池的形式向借款人发放贷款。月月升产品期限较为灵活，1000 元起，每月回收本息，并且续投逐月升息，12% 封顶。部分项目以组建资金池的形式发放贷款。2016 年网络借贷新规中资金池被明令禁止，联金定投和月月升产品需要进行调整以符合规定。

在风险控制方面，平台对融资方的借款信息进行公开，包括借款人的基本信息、财务信息、工作信息等。平台引进联金微贷对融资方进行身份信息、信用报告、工作证明、收入证明等的认证，对借款方做出信用评级。若借款人出现违约，深圳联合金融小额贷款股份有限公司承诺受让债权，并由深圳经纬融资担保有限公司（与公司无直接股权关系）提供担保。

第四节　融钰集团（002622）

一、主营业务

融钰集团股份有限公司①（融钰集团）是中国永磁高低压电气开关产品重要的研发基地和最大的生产基地。公司主要从事永磁开关及高低压开关成套设备产品的研发、生产和销售，有高低压永磁断路器、接触器、高低压成套设备以及检测、控制和综合保护产品等百余种产品。融钰集团先后荣获得了吉林省百强企业、吉林省最具成长性中型企业50强等荣誉称号。

从图13-9中可以看到公司营业收入连年下滑，但从图13-10中可见归属母公司股东的净利润自2014年开始上涨，其原因是公司对抚顺银行股份有限公司的收购带来的投资收益。②

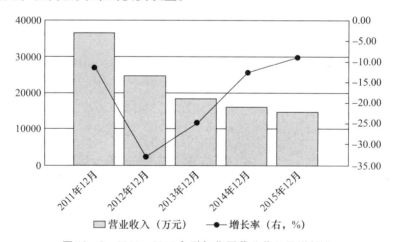

图 13 - 9　2011～2015 年融钰集团营业收入及增长率

资料来源：Wind 数据库。

---

① 公司原名"吉林永大集团股份有限公司"，2016 年 11 月 4 日更名为"融钰集团股份有限公司"。
② 2015 年对抚顺银行股份有限公司的收购带来的投资收益占公司利润总额的近八成。

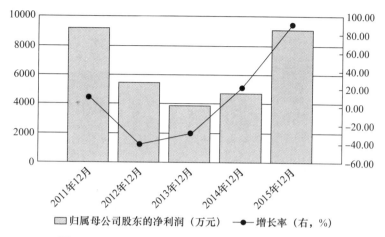

图 13 - 10　2011～2015 年融钰集团净利润及增长率

资料来源：Wind 数据库。

二、转型路径

1. 参股抚顺银行股份有限公司

2013 年 12 月 14 日融钰集团发布公告称，为了缩短公司投资运作周期，提高公司资本运作效率及效果，实现公司长远战略发展及尽快为广大投资者创造更多投资回报，公司拟全部通过受让的方式取得抚顺银行 2.27 亿股股份，即本次拟使用自有资金 1.5 亿元以每股 1.5 元的价格通过受让方式参股抚顺银行 1 亿股股份。此前 2013 年 4 月 22 日公司公告称，拟使用自有资金 19050 万元以每股 1.5 元的价格参股抚顺银行 1.27 亿股股份。如上两项受让股份事宜完成后，公司将合计持有抚顺银行 2.27 亿股股份（总持股数额不变），占抚顺银行股份总数本次增资完成后的 10.58%，为抚顺银行的第一大股东。

2. 设立全资子公司永大创新金融服务（深圳）有限公司

2015 年 8 月 1 日公告称，公司在深圳市前海深港合作区投资设立全资子公司永大创新金融服务（深圳）有限公司，进军直投领域。未来该直投平台将围绕行业前景较好的通信信息、智能科技、互联网、金融、节能环保、教育等领域，为融钰集团寻求国内外投资并购标的。

3. 拟参与收购某寿险公司股权

2015 年 12 月 16 日公司公告称，公司拟参与收购某寿险公司股权的竞拍事项，推动公司业务转型，将公司打造成金融控股平台。如成功收购该寿险公司股权，将作为公司经营战略的重要组成部分，有助于公司迅速搭建金融控股平台，拓展自己的业务范围，提高公司的整体盈利能力。

4. 拟收购海科融通

2016年1月8日公司公布定增预案（修订稿），称拟以发行股份及支付现金的方式收购北京海科融通支付服务股份有限公司100%的股份。海科融通业务具体包括以下几个方面：

（1）互联网支付。公司于2011年获得中国人民银行颁发的《支付业务许可证》，拥有全国范围内经营第三方支付业务的从业资质，海科融通的主营业务主要包括传统POS收单和智能mPOS收单业务，可在全国范围内开展银行卡收单业务。旗下支付通主要针对小微企业的移动POS支付。公司旗下的几个硬件产品S版掌芯宝、I版掌芯宝、QPOS、迷你型终端可以配合智能手机使用，适用于小微企业和小型商铺，降低了POS的使用门槛。另外，公司还对使用商户提供方便的贷款和理财产品。

（2）众信金融。众信金融是一家P2P网络借贷平台，资金投向为环保新能源行业。截至2016年7月，平台累计交易额达到98.15亿元。项目融资金额多为500万元左右，融资期限大多为3个月、6个月和1年，年化收益率10%左右，平台日均融资项目数量约为1个，每次项目募集完成的时间基本在1天内。

在风险控制方面，众信金融自有的风控团队对每个借款项目出具审核意见，并对通过的项目出具风险保障金全额担保承诺。其中部分项目由融资方提供质押物进行融资；部分项目由北京中技知识产权融资担保有限公司（与众信金融无直接股权关系）审核并担保；另外还有一些与平台长期合作的老客户在平台上进行融资无须担保公司承保与质押物质押。众信金融业务模式如图13-11所示。

（3）众信众投。众信众投是一家专注于互联网众筹的平台，众信众投现已形成了互联网非公开股权融资、智能硬件等高科技产品众筹、影视众筹、房产众筹等核心业务模块。创业公司在平台上发布众筹信息，投资者可以在平台上认购。

图 13 - 11 众信金融业务模式

资料来源：众信金融官网。

2016 年上半年，有媒体报道监管层开始严控包括互联网金融在内的跨界定增，2016 年 6 月 23 日，公司公告宣布终止收购海科融通，原因是收购标的属于互联网金融业务，相关监管政策不明朗。

三、转型业务

公司拟参与收购某寿险公司股权的竞拍事项。本次目标公司股权出让尚处于非约束性投标阶段，如成功收购该寿险公司股权，将作为公司经营战略的重要组成部分，进一步夯实金控平台；如未能按期收购，公司也将继续收购其他保险公司，将保险板块加入金控平台的建设中来。同时公司设立永大创新金融服务（深圳）有限公司进军直投领域，未来该直投平台将从事行业前景较好的通信信息、智能科技、互联网、金融、节能环保、教育等领域以及大数据征信的相关业务。

第五节　奥马电器（002668）

一、主营业务

2002 年 10 月，广东奥马电器股份有限公司（奥马电器）在广东省中山市南头镇正式建立，创立伊始即以为国内知名冰箱品牌进行 ODM 代加工为主营业务，是一家专业研发、生产和销售电冰箱的企业。2005 年，公司成功将业务拓展至欧洲市场，并且自 2008 年起连续 7 年领跑对欧盟的出口。

冰箱及冷柜业务是奥马电器的基础业务，目前奥马电器有五个规模庞大的冰箱生产基地及一个配件工厂，理论年产能近 1000 万台。截至 2015 年 9 月，奥马电器总销量已超过 4500 万台，拥有 198 项授权专利，包括双动力、太空舱和双回路等核心专利技术。

从图 13-12 和图 13-13 可见，公司营业收入除 2013 年外，基本上保持平稳增长，净利润则一直保持上涨态势。

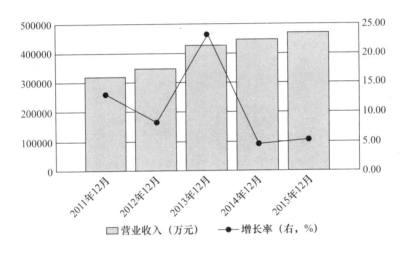

图 13-12 2011～2015 年奥马电器营业收入及增长率

资料来源：Wind 数据库。

二、转型路径

1. 实际控制人变更

2015 年 10 月 28 日，公司九名股东（包括原控股股东蔡拾贰）与赵国栋、桐庐岩华投资管理合伙企业（有限合伙）、西藏金梅花投资有限公司签署了《股份转让协议》。本次股权转让后，赵国栋将持有奥马电器 20.38%

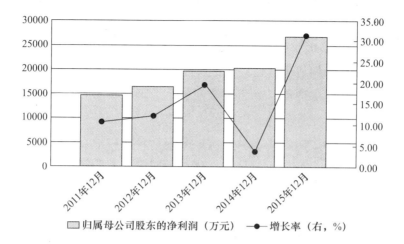

图 13 - 13　2011～2015 年奥马电器净利润及增长率

资料来源：Wind 数据库。

的股份。公司原实际控制人蔡拾贰先生持有奥马电器 14.63% 的股份，公司的实际控制人由蔡拾贰变更为赵国栋。

2. 非公开发行 A 股股票

公司向西藏融金汇通投资有限公司等八名对象非公开发行股票不超过 83944928 股（含本数），拟募集资金总额不超过 260816.90 万元（含本数），用于互联网金融云服务平台项目、智能 POS 项目和供应链金融项目，并分别新设三家公司作为运营主体（见表 13 - 1）。此外，第一大定增对象西藏融金汇通投资有限公司将由赵国栋、尹宏伟、杨鹏等筹资成立，多重的股权纽带有利于中融金（北京）科技有限公司创始人与公司利益捆绑，共同推动公司互联网金融业务的发展。

表 13 - 1　投资项目

项目名称	公司名称	注册资本	注册地
互联网金融云服务平台项目	钱包金服（北京）	1000 万元	北京市朝阳区太阳宫中路 12 号楼 4 层 402
供应链金融项目	钱包汇通（平潭）	1 亿元	平潭综合实验区金井湾片区台湾创业园
智能 POS 项目	钱包智能（平潭）	5000 万元	平潭综合实验区金井湾片区台湾创业园

3. 收购互联网金融资产

2015 年公司以现金方式收购中融金（北京）科技有限公司 51% 的股权，并与赵国栋等签订了《股权转让协议》，标的股权暂作价为 6.12 亿元。公司资本运作项目如图 13 – 14 所示。

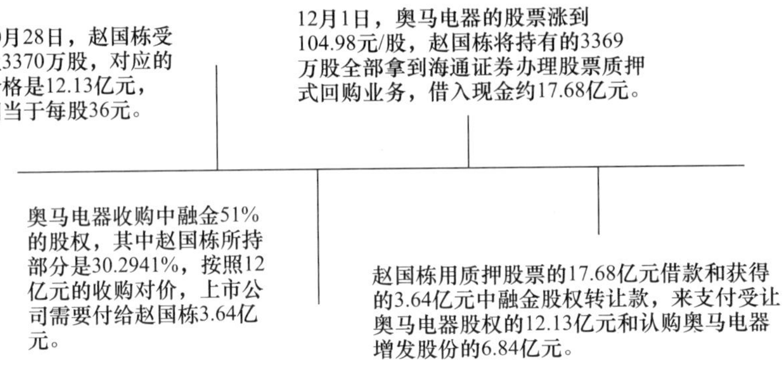

10月28日，赵国栋受让3370万股，对应的价格是12.13亿元，相当于每股36元。

12月1日，奥马电器的股票涨到104.98元/股，赵国栋将持有的3369万股全部拿到海通证券办理股票质押式回购业务，借入现金约17.68亿元。

奥马电器收购中融金51%的股权，其中赵国栋所持部分是30.2941%，按照12亿元的收购对价，上市公司需要付给赵国栋3.64亿元。

赵国栋用质押股票的17.68亿元借款和获得的3.64亿元中融金股权转让款，来支付受让奥马电器股权的12.13亿元和认购奥马电器增发股份的6.84亿元。

图 13 – 14　公司资本运作项目

中融金本身的收入、利润和净资产规模都比较小，2015 年 11 月 7 日公司公告的中融金资产评估报告书显示：最新一期的收入为 5818 万元，净利润为 2535 万元，净资产为 8698 万元。证监会对于重大资产重组有明确的要求，即被收购公司的收入、净利润、净资产至少有一项超过上市公司对应项目的 50%。而奥马电器营业收入达 40 亿元以上，净利润达 2 亿元以上，净资产高达 16 亿元以上，所以本次收购不属于借壳上市，也不算重大资产重组，从而规避了证监会对于重大资产重组的审批程序。

4. 合资设立保险公司

公司拟与建新矿业股份有限责任公司、东营卓智软件有限公司、天津信德融盛商贸有限公司、杭州迈田贸易有限公司、无锡双珍针纺织工艺品有限公司共同投资设立巨安财产保险股份有限公司。巨安保险注册资本拟定为 10 亿元，公司出资 1 亿元，占总股本的 10.00%。奥马电器表示，本次投资目的是以发起的方式涉足保险业务。

巨安保险的主要经营范围是财产保险业务，相对于寿险，财产保险业务业绩拓展更快。公司此次以发起的方式涉足保险业务，是公司建立互联网金融生态圈的关键一步，并将以此为起点，逐步形成互联网保险业务板块，与其他互联网金融业务形成协同效应。

5. 与城商行合作

2015 年 12 月 26 日公告称，公司全资子公司钱包金服（北京）科技有限公司与宜宾市商业银行签订全面开展互联网银行业务战略合作协议，在直销银行、市民卡工程、供应链金融、互联网营销、互联网运营推广、互联网金融企业资金存管等相关平台、产品和服务领域建立长期稳定的战略合作伙伴关系。

奥马电器股份结构如图 13 – 15 所示。

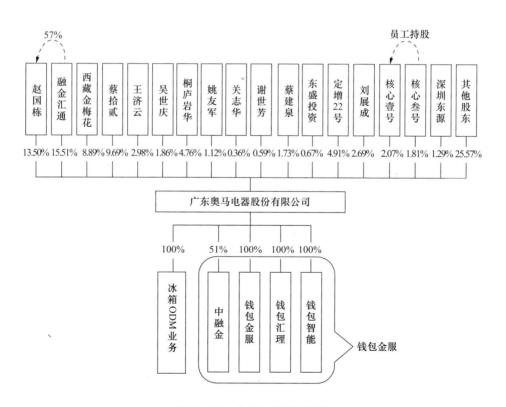

图 13 – 15　奥马电器股份结构

资料来源：奥马电器公告。

三、转型业务

1. 网络借贷及互联网金融理财

公司收购的中融金（北京）科技有限公司自主运营的互联网理财平台，主打产品为"日息宝"与"银行宝"。

"日息宝"向小微商户提供一天垫资的 POS 机贷款（以往消费者 POS 机刷卡后的金额要第二天才会到商家账户），收取每日 6‰到 1‰不等的手续费，以 8%左右的年化利息通过活期理财产品的形式向用户销售。目前，日息宝销售量占到平台销售总量的 70%。

"银行宝"是中融金与银行合作推出的产品。中融金已经和 30 多家银行直接合作，为中小银行打造理财产品平台，销售这些银行的理财产品，并获得一定的资产交易收益分成。目前，银行宝占到平台销售额的 30%。银行宝理财产品示例如图 13 - 16 所示。

银行宝·债权来自银行，银行风控审核，银行同步销售

项目标题		发售金额	年化收益	期限	进度	
邯郸银行 BANK OF HANDAN	邯郸e步稳赢4号	5000000元	7.00%	182天	100%	还款中
邯郸银行 BANK OF HANDAN	邯郸e步稳赢3号	3000000元	7.00%	184天	100%	还款中
嘉垣农商银行	日进斗金第16期	3000000元	7.80%	180天	100%	还款中
邯郸银行 BANK OF HANDAN	邯郸e步稳赢2号	3000000元	7.00%	182天	100%	还款中

图 13 - 16 银行宝理财产品

资料来源：银行宝官网。

奥马电器作为传统白色家电制造业，子公司中融金的互联网金融业务与其主营业务并无实际关联。本次资产重组，实际控制人同时发生变化，

应该算作变相借壳，与传统上市公司进入互联网金融的路径还是有一定区别的。但是从公司公告中也看到，未来公司有望开展供应链金融、保理等业务，这与公司原制造业务上下游产业关系紧密，在客户来源、风险控制等方面具有协同效应。

2. 其他后续转型业务

（1）钱包金服。根据 2016 年年报，"钱包金服"仍处于战略投入期，尚未贡献利润。钱包金服通过建立互联网金融云服务平台与中小银行合作，以智能 POS 渗透线下商家，提前布局移动互联网入口，为个人用户提供集消费、理财、信贷于一体的普惠金融体验。具体商业模式如下：

收取产品代销费：银行通过互联网金融云平台，将优质金融产品上架销售，当完成交易时，钱包金服将根据交易额按比例抽取信息服务费。

提取代销佣金：钱包金服也将在银行允许的情况下，将产品推送至线下商家智能 POS、P2P 联盟及公司自营互联网入口（如好贷宝、卡惠、钱包生活等），当形成交易时，将按照不同比例提取代销佣金。

智能 POS：以串联中小银行、线下商家及个人用户的智能 POS 为载体的社区金融 O2O。相对于传统 POS，智能 POS 除了银行卡收款外，还可加载扫码支付、卡券派发、自助点单、团购验证、在线预订、消息中心、会员营销、O2O、大数据分析、开放平台等增值服务。中小银行借助智能 POS 将线下商家的收银台升级成"银行柜台"，大规模渗透社区金融服务。

（2）供应链金融。公司在冰箱制造业的多年经营积累了众多的供应商和广泛的销售渠道，这为公司拓展家电制造业产业链金融服务业务提供了丰富的客户资源和渠道。供应链金融的相关保理业务可以根据企业以往的经营数据来对其进行信用评级并发放相应贷款，和传统经营模式相比大大减少了应收账款的到账时间，帮助企业降低了资金成本、提高了资金利用效率。供应链金融中较为优质的"资产端"可对接至互联网金融云服务平台进行发售，在赚取利差的基础上，还能赚取产品代销佣金。

第六节 鸿利智汇 (300219)

一、主营业务

鸿利智汇集团股份有限公司 (鸿利智汇) 作为国内领先的白光 LED 封装企业, 主要从事 LED 器件及其应用产品的研发、生产与销售, 产品广泛应用于通用照明、背光源、汽车信号/照明、特殊照明、专用照明、显示屏等众多领域。公司参与了《半导体照明术语》、《半导体发光二极管产品系列型谱》、《固态照明设备的可信性第 1 部分: 通用要求》 等八项行业标准的制定。

公司以 LED 封装起家, 营业收入规模国内排名第三。近年来, 公司通过内生外延不断扩张公司主业, 随着 LED 照明需求的不断增大, 产业向中国大陆转移以及集中度提升, 公司主业产能的进一步扩充有望持续拉动公司业绩的高速增长。从图 13 - 17 和图 13 - 18 可以看出, 公司 2011 ~ 2015

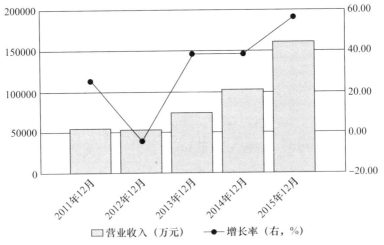

图 13 - 17 **2011 ~ 2015 年鸿利智汇营业收入及增长率**

资料来源: Wind 数据库。

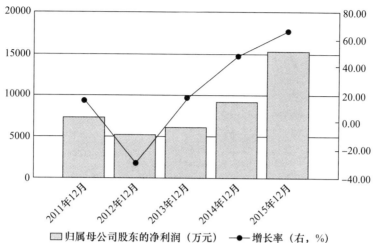

图 13 − 18　2011 ～ 2015 年鸿利智汇净利润及增长率

资料来源：Wind 数据库。

年保持营收 44%、净利润 43% 的复合增长率。同时公司通过向互联网金融转型有望降低内部产业链间的成本，使公司营业能力得到更快的增长。

二、转型路径

1. 设立子公司暨对外投资

2015 年 5 月 5 日公司发布公告称，计划以 1000 万美元在中国香港设立全资子公司香港鸿利。同时，香港鸿利以 1000 万美元在英属维尔京群岛设立 BVI 鸿利，由 BVI 鸿利以 1000 万美元向开曼网利增资，增资完成后 BVI 鸿利占开曼网利的股权比例为 10%。

开曼网利及其协议控制的境内公司北京网利科技有限公司（网利科技）主营业务为互联网金融网贷业务，以行业资产证券化为核心，与国内各行业核心企业合作进行信贷产品设计及发行，为各行业优质的中小企业提供金融服务，并通过网利宝平台（包括但不限于网利宝网站与移动 APP 客户端）向大众投资人进行线上销售。网利宝平台作为信息中介平台，只提供信息与咨询服务，不介入资金交易环节，公司收入主要来源于向借款人收取的居间服务费。

2. 签订《互联网金融战略合作协议》

2015 年 6 月 4 日公告称，公司近日与北京网利科技有限公司签订了《互联网金融战略合作协议》。合作期内双方在互联网金融领域优先开展合作，充分利用双方的资源，实现优势互补，提高双方竞争力，共同开拓市场以获得良好的社会效益和投资回报。通过相互合作提高融资项目的融资效率，降低融资成本，实现合作共赢。

公司第二届董事会第二十二次会议审议通过《关于设立子公司暨对外投资的议案》，公司参股开曼网利 10% 的股份，开曼网利通过协议控制网利科技。

2015 年 6 月 30 日公告称，公司完成了鸿利（香港）投资有限公司以及鸿利（BVI）有限公司的登记注册。

三、转型业务

1. 网络借贷

公司搭建的网利宝平台是网利金融旗下的在线理财平台（见图 13 - 19）。网利科技互联网金融贷款业务于 2014 年 8 月正式上线，截至 2016 年 5 月 20日，平台已积累了超过 150 万注册投资人，投资额超过 50 亿元。平台产品包括：

图 13 - 19　网利宝

资料来源：网利宝官网。

（1）月利宝理财计划。该理财计划投资范围涵盖黄金精选、银行优选、产融通、好房赚和好车盈。每种期限的月利宝理财计划包含对应的锁定期（如目前 1 个月期限的月利宝的锁定期为 7 天），投资用户加入月利宝后，先进入锁定期，锁定期内退出需要收取一定比例的锁定期退出费。月利宝项目每个月收益率会随持有时间的增加而有一定程度的提升（期限为 1 个月的除外），并享受当日计息（购买日到实际计息日所得利息将于该次投资计划的第一个还款日统一发放），支持理财券的使用（理财券按次进行使用，转让标的除外），给投资用户以丰厚的回馈。期限结束后，投资资金将自动退出月利宝转至投资用户的网利宝账户。期限内的月利宝理财计划可申请债权转让以实现提前退出。月利宝理财计划示意图如图 13－20 所示。

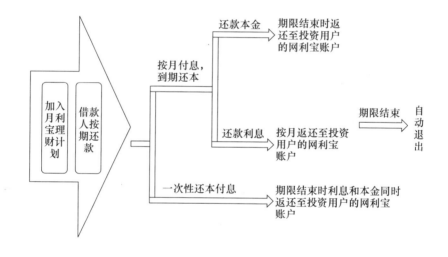

图 13－20 月利宝理财计划示意图

资料来源：网利宝官网。

（2）散标。为传统的 P2P 网络借贷，有黄金精选、银行优选、产融通、好房赚和好车盈等金融项目。

（3）转让标。即债权转让服务。债权转让服务是指北京网利科技有限公司及其运营管理的网利宝平台的注册用户将在网利宝平台已投资但尚未到期且符合相关协议约定条件的借款标债权或理财计划转让给网利宝平台的其他注册用户，而由网利宝平台为债权转让人和债权受让人双方提供的债权转让信息发布、账户管理以及还款资金管理等配套服务。

2. 其他后续转型业务

鸿利智汇表示，公司作为国内白光 LED 封装的领军企业，在 LED 行业已树立了品牌形象，通过向开曼网利增资，公司将进入互联网金融领域，率先与开曼网利及其协议控制的网利科技在 LED 行业战略合作并开展 LED 产业金融服务，力争成为 LED 行业金融服务的领跑者。同时，LED 行业的中小企业可以更高效地获得融资支持，极大地缓解资金紧张的局面，有利于 LED 产业发展，也有利于公司更快地拓展 LED 业务，逐步建立公司"LED 主业 + 互联网金融 + 车联网"的生态平台。

第七节 汇金股份（300368）

一、主营业务

河北汇金机电股份有限公司（汇金股份）是我国银行业金融机具相关产品的主要供应商与服务商，主营业务为金融机具的研发、生产、销售及服务，拥有全自动捆钞机和全自动装订机等金融机具的设计制造能力，主要产品包括系列捆钞机和装订机、人民币反假宣传工作站、清分机以及点验钞机等。公司掌握了一整套生产光、机、电、磁一体化产品涉及的整体设计、加工制造、工艺装备和装配调试等方面的核心技术，构成了公司的核心竞争优势。2015 年汇金股份主营收入占比如图 13 - 21 所示。

从图 13 - 22 和图 13 - 23 可以看出，近年来公司营业收入处于增长态势，但净利润增长并不理想，在 2014 年之前，增长率处于下降的状态，这也在客观上为公司转型提供了动力。

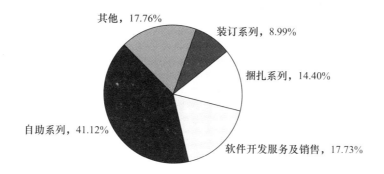

图 13 – 21　2015 年汇金股份主营收入占比

资料来源：Wind 数据库。

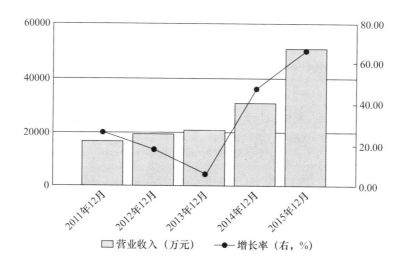

图 13 – 22　2011～2015 年汇金股份营业收入及增长率

资料来源：Wind 数据库。

二、转型路径

1. 收购并增资上海棠棣

2014 年 10 月 16 日公告称，公司决定以自有资金 62258450 元收购棠棣科技 29.94% 的股权。同时公司对其增资 6824 万元至 51% 的股权。本次交

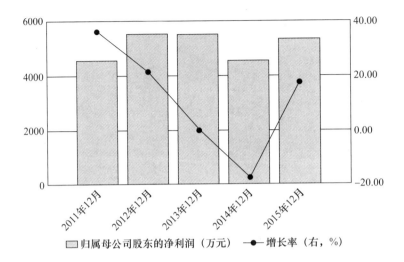

图13-23　2011～2015年汇金股份净利润及增长率

资料来源：Wind数据库。

易扩大了公司的业务范围，提升了公司现有业务规模和盈利水平，并增强了棠棣科技的资金实力，有助于其进一步快速发展。

棠棣科技的客户以金融机构和互联网金融企业为主，包括海南银行、华鑫信托、中信银行、交通银行、海科融通、捷付睿通、网购科技和鼎付等，为其提供大数据、互联网金融系统、终端集成、第三方支付系统等金融IT服务。棠棣科技产品如图13-24所示。汇金股份是我国银行业金融机具相关产品的主要供应商与服务商，主要客户是以银行为主的金融机构，双方在客户结构上存在重叠。本次交易完成后，双方在业务拓展上存在协同效应。

2. 投资设立微银财富

2015年1月27日公告称，公司拟与上海棠棣信息科技有限公司、上海海涵资产管理有限公司共同出资设立上海微银财富有限公司，新设公司主要从事互联网金融业务。

通过本次投资，公司将进入互联网金融领域。新设公司将充分利用参股投资股东的技术、交易数据、客户资源及业务管理优势，为未来的发展奠定坚实的基础。新设公司主要专注于互联网金融领域，搭建P2P网络借贷平台，为投融资提供服务。

图 13 – 24　棠棣科技产品

资料来源：棠棣科技官网。

3. 投资设立征信公司

河北汇金机电股份有限公司于 2015 年 1 月 25 日召开会议，通过了《关于棠棣科技出资设立参股子公司开展个人征信业务的议案》。公司拟与贵州贵安新区银统证券投资有限公司、石家庄汇丰源投资集团有限公司共同出资设立上海惠誉信征信有限公司，新设公司主要开展个人征信业务。

新公司将充分利用股东各方的技术优势和资源优势开展个人征信业务，拓展公司经营范围，同时也为公司开展的 P2P 网络借贷业务提供数据服务。

4. 发起设立消费金融公司

2015 年 10 月 27 日公告称，公司于 2015 年 10 月 26 日召开的第二届董事会第二十一次会议同意公司出资不超过 5000 万元参与发起设立华银消费金融股份有限公司，发起设立消费金融公司的股东构成将在监管部门核准后确定。公司占消费金融公司的注册资本比例不超过 10%。

新设公司业务范围：发放个人消费贷款；接受股东存款；向境内金融机构借款；经批准发行金融债券；境内同业拆借；与消费金融相关的咨询、

代理业务；代理销售与消费贷款相关的保险产品；固定收益类证券投资业务；经监管部门批准的其他业务。

汇金股份业务如图 13 - 25 所示。

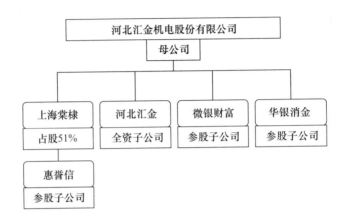

图 13 - 25 汇金股份业务

三、转型业务

1. 互联网金融技术

公司通过收购棠棣科技从银行前端金融机具硬件产品向后端软件产品延伸。公司转型后的业务包括为金融机构、互联网金融企业、智慧社区、医疗机构提供软件产品和系统集成服务，并推出了征信系统、棠宝智能机器人、互联网支付系统、便民自助终端、移动支付系统、互联网金融核心系统、银行卡收单、移动医疗系统、预付卡发行及受理、手机 POS 支付系统、资金监管系统、便民综合缴费平台、宝类理财产品、P2P 网络借贷平台和直销银行等产品。

2. 其他后续转型业务

目前，公司坚持"高端制造业"和"互联网金融"的战略定位，通过自主发展和资本并购手段并举，逐步将公司打造为集自主研发、生产、销售、服务于一身的软硬件一体创新型高科技企业，向银行整体解决方案提供商转型。

互联网金融是未来金融业发展的最新方向，可以看出公司为了未来向互联网金融转型已经做了很多铺垫。微银财富主要专注于互联网金融领域，搭建 P2P 网络借贷平台，为投融资提供服务，通过本次投资，公司将进入互联网金融领域，充分利用参股投资股东的技术、交易数据、客户资源及业务管理优势，为未来的发展奠定坚实的基础。上海惠誉信征信有限公司将充分利用股东各方的技术优势、资源优势开展个人征信业务，拓展公司经营范围，同时也为公司开展的 P2P 网络借贷业务提供数据服务。消费金融公司的设立为互联网转型提供了客户资源以及技术资源上的支持。

第八节　天成控股（600112）

一、主营业务

贵州长征天成控股股份有限公司（天成控股）是主要从事高低压电器元件、继电保护、成套电器设备等产品制造与销售的国家大型一档企业，是西南地区最大的工业电器生产基地。公司下设高压电器事业部、低压电器事业部、成套设备事业部及一个省级技术中心。公司多项产品荣获国家和省级科技进步奖、国家级新产品奖、国家和省名牌产品称号，广泛用于电力、石油化工、冶金、铁路、轻工及房地产等行业。M 型、V 型有载分接开关是公司的拳头产品，形成了自有技术，毛利率一直保持在 50% 左右。

自 2012 年以来，随着我国电网基础设施投资和建设速度的放缓，公司传统业务遭遇增长"瓶颈"，严重制约了公司的进一步发展。如图 13 - 26 和图 13 - 27 所示，天成控股从 2012 年开始业绩不断下滑，净利润跌幅超过营业收入。公司 2015 年营业收入虽有增长，但业绩却出现巨亏，较 2014 年大幅滑坡。公司披露的原因为"2015 年度钼镍矿价格与公司收购钼镍矿山企业时的价格相比出现了较大幅度的下跌，因此公司拥有的钼镍矿业权资产可能存在减值迹象。公司根据会计准则及谨慎性原则，预计计提减值准备"。

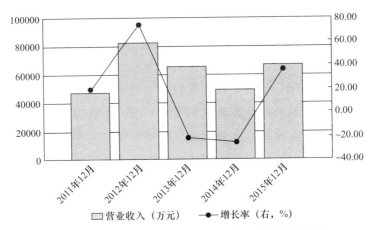

图 13-26   2011～2015 年天成控股营业收入及增长率

资料来源：Wind 数据库。

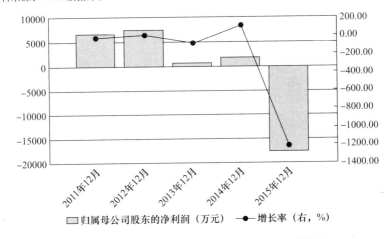

图 13-27   2011～2015 年天成控股净利润及增长率

资料来源：Wind 数据库。

二、转型路径

1. 收购北京国华汇银科技有限公司

2013 年 11 月 14 日，贵州长征电气股份有限公司①发布关于收购股权暨

---

① 2013 年 12 月 18 日，公司名称由"贵州长征电气股份有限公司"变更为"贵州长征天成控股股份有限公司"。

增资扩股的公告。根据该公告，公司以 3000 万元收购北京国华汇银科技有限公司 100% 的股权，收购完成后，公司将对国华汇银进行增资，注册资金由 3000 万元增至为 1 亿元，以满足国华汇银申请全国范围内的《支付业务许可证》的要求。本次交易完成后，长征电气拟通过持续扩大投资及参股的方式，将其打造成全国性的以移动支付、P2P 网络借贷等业务为主的互联网金融运营商。国华汇银已于 2015 年 7 月 6 日拿到《支付业务许可证》。

2. 发起设立赣州八方贷小额贷款有限公司

2013 年 12 月 17 日公告称，根据战略规划及发展需要，公司与华映光辉投资管理（无锡）有限公司作为主要发起人共同发起设立赣州八方贷小额贷款有限公司，注册资本为 2 亿元，其中公司与华映投资各出资 6000 万元，各占 30% 的股权。2013 年 12 月 16 日，主发起人与赣州开发区管理委员会签署了《关于设立互联网小额贷款公司等相关事宜的协议》。

公司发起设立八方贷小贷公司，将成为其进军互联网金融行业的重要一步，并为公司提供新的利润增长点，有利于增强公司的盈利能力和可持续发展能力。

3. 发起设立金融租赁公司

2015 年 9 月 18 日公告称，为贯彻落实本公司向互联网金融产业领域转型的战略规划，实现公司在金融业务领域的多方位拓展，公司决定出资 2.6 亿元参与发起设立贵银金融租赁有限公司，占股比例为 13%。公司参与发起设立金融租赁公司是公司进行产业结构转型升级、实现互联网金融战略以及打造基于移动互联的小微金融服务平台的重要举措，也是公司整个互联网金融战略体系的重要组成部分。

4. 发起设立人寿保险

2015 年 11 月 13 日公告称，为进一步助推贵州长征天成控股股份有限公司发展转型，决定出资不超过 4 亿元（含 4 亿元）参与发起设立大爱人寿保险股份有限公司，占拟参与发起设立大爱人寿保险股份有限公司注册资本的 20%。

公司先后参与发起设立金融租赁公司和人寿保险公司，是公司进行产业结构转型升级的重大举措，是公司整个互联网金融战略体系的重要组成部分，将提升公司在金融服务产业链中的核心竞争力，使之形成更加完善的互联网金融生态系统，更好地服务于小微商户和社会大众。

5. 拟非公开发行股票

2016 年 4 月 30 日，天成控股发布非公开发行股票预案：公司本次非公开发行募集资金总额不超过 36.8 亿元（含），扣除发行费用后拟全部用于基于移动互联的小微金融服务平台建设项目。公司目前正力图进行产业转型，进入基于移动互联的小微金融服务产业，这符合公司的发展战略，有助于公司实现可持续发展。

本次定增及募投项目的推进，将推动公司主营业务转向互联网金融领域，大幅增加互联网金融资产及收入所占比重，有利于提高公司的收入水平及增强公司的盈利能力，并进一步增强公司的核心竞争力。

三、转型业务

1. 互联网支付

北京国华汇银科技有限公司已经取得了由人民银行颁发的支付业务许可证，涉及的业务包括互联网支付、移动支付、汇联卡。

（1）互联网支付、移动支付是第三方或商户在移动客户端或 WAP 网站中，直接安全调用支付控件或支付网关完成商户收款的功能。公司提供的支付服务产品名即"国华汇银"，类似于支付宝，消费者在国华汇银合作商户网站上购物可选择用"国华汇银"支付，支付时需要绑定银行卡（见图 13 – 28）。

支付流程

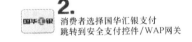

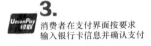

图 13 – 28　国华汇银支付流程

资料来源：国华汇银官网。

（2）汇联卡是经中国人民银行批准，由北京国华汇银科技有限公司发行的多用途预付费卡。覆盖北京地区1300多家商户，涉及商超百货、餐饮酒店、影视娱乐、网络购物、便民缴费和汽车加油等多种商户，为客户提供定制化的优惠打折促销服务。

2. 互联网金融技术

公司主要与市政府合作建设智慧城市项目，目前已经与遵义、保定、临汾签订了战略合作协议。智慧城市是基于互联网、云计算、大数据等信息技术，运用信息和通信技术手段感测、分析、整合城市运行核心系统的各项关键信息，从而对包括民生、环保、公共安全、城市服务、工商业活动在内的各种需求做出智能响应。智慧城市是我国政府目前大力推进的发展方向，也是"十三五"规划的重要组成部分。通过安装、使用公司的智能POS终端、一卡通等，相应城市的小微商户可以实现数字化（刷卡）和移动化（手机支付）交易，在移动端APP上实现账务管理。市民也可以在安装有公司终端的小微商户缴纳水、电、燃气等生活费用以及进行话费充值、信用卡还款等。国华汇银智慧城市全景图如图13-29所示。

3. 互联网金融信息及网络借贷和理财

公司目前已经与贵阳银行、浦发银行北京分行等金融机构签署了小微金融业务合作协议，其中与贵阳银行的合作协议明确表示贵阳银行将会授权支持公司在小微企业金融服务平台上为小微商户提供金融服务。

天成控股以"智慧城市"切入支付场景，以智能POS终端、一卡通及相应的收单业务为支点获取大量小微商户的日常经营情况、交易流水，在此基础上通过大数据分析、移动互联网技术为其提供小贷（天成商贷宝）和理财（天成日日盈）等金融服务，解决其投资（理财）、融资（小贷）难题。

4. 其他后续转型业务

公司从智慧城市入手，掌握了大量客户资源，对小微企业的经营信息有了一定的数据储备，公司又在积极投资设立小额贷款、金融租赁公司和人寿保险公司，向金融业发展业务。公司正在规划建设小微金融服务平台，旨在解决小微企业融资难问题，有了前述业务的铺垫，无论是在对小微企业经营状况的了解上还是线下审核方面都有较大优势。

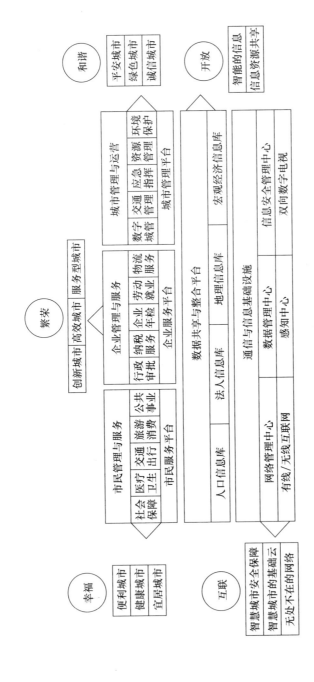

图 13 - 29　国华汇银智慧城市全景图

资料来源：国华汇银官网。

第九节　精达股份（600577）

一、主营业务

铜陵精达特种电磁线股份有限公司（精达股份）作为一家专业生产特种电磁线的制造商，是中国最大、全球第四大的特种电磁线制造商，主要生产设备、检测仪器从意大利、德国、奥地利、美国、丹麦等国家和中国台湾地区引进，自动化程度高，具有当代国际先进水平。公司主要产品广泛适用于家用电器、电子材料、电力设备、通信仪器、汽车电机和电动工具等行业产品配套，形成了安徽、广东、天津、江苏四大生产基地，产品覆盖长三角、珠三角和环渤海地区，并有部分产品销往欧美、南亚地区。公司于 1996 年通过 ISO9002 标准质量保证体系认证，2002 年通过 ISO9001 和 QS/9000 标准质量管理体系认证，2004 年通过了 ISO14001 环境管理体系认证和 OHSAS18001 职业健康安全管理体系认证，主导产品于 1997 年通过美国 UL 安全认证。

2011~2015 年精达股份营业收入及增长率、净利润及增长率分别如图 13-30 和图 13-31 所示。

二、转型路径

1. 入股民生电子商务有限责任公司

2014 年 1 月 9 日公告称，公司与民生加银资产管理有限公司签署《股权转让协议书》，公司出资 1.18 亿元获取民生电子商务有限责任公司 3.93% 的股权。

公开资料显示，民生电子商务有限责任公司于 2013 年 8 月 29 日在深圳前海注册成立，注册资本达 30 亿元，发起人是民生银行的七家主要非国有股东单位和民生加银资产管理有限公司，实际控制人为董文标、刘永好、郭广昌、史玉柱、卢志强和张宏伟等知名民营企业家。

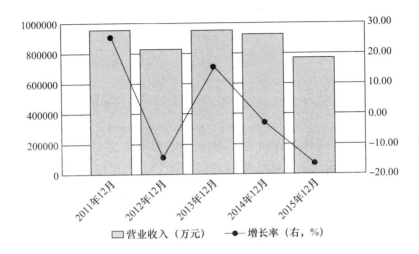

图 13 – 30　2011～2015 年精达股份营业收入及增长率

资料来源：Wind 数据库。

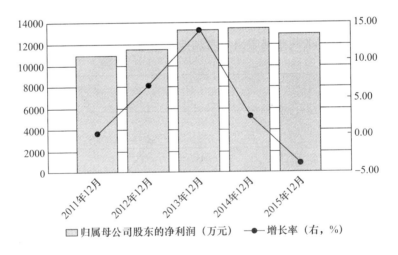

图 13 – 31　2011～2015 年精达股份净利润及增长率

资料来源：Wind 数据库。

民生电商致力打造以"移动互联网＋社区网点"为核心的金融生活服务平台，以金融为主轴，衔接互联网和传统产业，构建金融应用场景，为社会经济和民众生活提供创新、普惠、便捷的商业和金融服务。其未来的运营模式可分为以下三个方面：一是侧重于银行小微企业客户的金融配套服务，注重产业链和撮合市场配套建设；二是按照客户分层原则经营，拓展小微企业配套交易圈和消费者渠道，与银行形成良性互动机制；三是以客户需求为导向，弥补银行相关创新的不足，建立有效的 OTC 市场，提供电子商务的客户黏性。

精达股份表示，本次参股民生电商将有利于在做好现有主业的同时，积极寻找新的业务合作伙伴，推动公司发展新的业务，加快利润增长，提高资产效益，进而有利于公司的长期发展。

2. 出资组建金融服务公司

2015 年 1 月 17 日公告称，公司 2014 年 12 月 30 日召开的第五届董事会第二十次会议审议通过了《关于设立金融服务有限公司的议案》，由公司和深圳市华睿普达投资管理（有限合伙）共同出资组建深圳市前海精锐合汇金融服务有限公司，其中公司出资 2000 万元、占金融服务公司 62.5% 的股份，华睿普达出资 1200 万元、占金融服务公司 37.5% 的股份。

2015 年 12 月 15 日增资公告称，公司和华睿普达分别以自有资金对精锐合汇增资 600 万元和 1200 万元。增资后，精锐合汇注册资本由 3200 万元增加至 5000 万元，其中公司持有 52% 的股份，华睿普达持有 48% 的股份。

3. 互联网金融服务平台正式上线

2015 年 5 月 28 日公告称，公司旗下互联网金融服务平台各项基础和配套软硬件设施已具备上线条件，经试运行，将于 2015 年 5 月 28 日正式上线。

公司的互联网金融服务平台通过与多种金融机构建立长期合作关系，不同于传统电商以产业链为核心的市场定位，专注于服务金融弱势群体，为小微企业等金融弱势群体搭建便利的互联网投融资服务平台。

本次金融服务平台的正式上线，有助于公司进一步拓宽金融服务领域投资范围，提升企业形象，加快公司发展战略落实的步伐，为公司可持续发展提供新的利润增长点。

三、转型业务

公司目前的互联网金融业务主要是网络借贷业务。公司旗下的精融汇是一个P2P网络借贷平台，平台产品分为个人理财和企业理财。个人理财按资金用途分为精英贷、小微贷、企业贷、赎楼贷和车抵贷等。精英贷用于个人资金周转；小微贷用于小微企业经营资金周转；企业贷用于生产经营流动资金周转，贷款金额相对较大；赎楼贷用于二手房买卖赎楼借款业务，借款人融资还清银行房屋贷款后即可将房屋自由出售，售楼得到的资金便可以用于还款；车抵贷借款人提供车辆抵押担保。

截至目前，各产品投资期限均在一年及以内。平台与华安财产保险股份有限公司、长安责任保险股份有限公司以及富德财产保险股份有限公司达成合作，各类贷款均由相应保险公司审核并承保。从精融汇的官网上来看，日均有7～8个融资项目在此平台上进行融资。

债权转让是在精融汇平台上，当投资人个人出现资金周转需求时，可将已持有的标的（债权）申请转让给其他投资人，从而提前收回剩余投资本金，保障投资者个人资金的周转。在平台投资列表中带有"可以转让"标识的标的都可以在持有30天（有特殊规定的标的除外）之后，距离还款日3天以上时申请转让。转让者可以选择折价转让，以便更快地回收流动性。

公司理财项目主要是企业活期理财产品，随存随取，以便保证企业资金的流动性和收益性。

第十四章　大众消费

本章共七家企业，虽然它们从事不同行业产品的制造或零售，但相关业务都与大众消费相关。从转型后业务归类来看，这个类别下的公司大都在 P2P 网络借贷和供应链金融方面寻求转型，所以归为一类。

大众消费行业基本为传统制造业，融资难问题一直是行业内中小企业发展的桎梏。中小企业在生产运营中，由于自身规模较小，现金流很容易出现紧张甚至断裂的情况，如何盘活资金成为中小企业最为关注的问题。

大众消费行业的企业往往涉及生产、贸易、仓储及支付等多环节，所以以产业链真实交易背景为基础产生的产业链金融成为它们纷纷进入的领域，中小企业借助互联网技术为上下游客户提供个性化的定制金融产品，满足产业链资金需求。

第一节　金洲慈航（000587）

一、主营业务

金洲慈航集团股份有限公司（金洲慈航）的经营业务包括：贵金属首饰、珠宝玉器、工艺美术品、高端定制礼品的设计、研发、生产和销售；金银回收；货物进出口；股权投资、矿山建设投资、黄金投资与咨询服务等，基本覆盖了黄金全产业链。公司成为集黄金首饰开发设计、生产加工、批发零售于一体的珠宝企业，主营百花系列、五谷丰登系列、万足尊显系列产品。公司是唯一一家集黄金探、采、选、冶及黄金珠宝设计、生产、批发、零售于一身的全产业链的上市公司。先后荣获"AAA 级别信用企业"、"全国公平交易行业十佳单位"、"中国珠宝首饰业驰名品牌"等荣誉。

2011～2015 年金洲慈航营业收入及增长率、净利润及增长率分别如图 14－1 和图 14－2 所示。

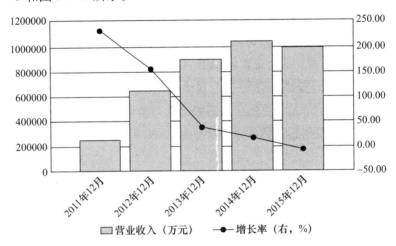

图 14－1　2011～2015 年金洲慈航营业收入及增长率

资料来源：Wind 数据库。

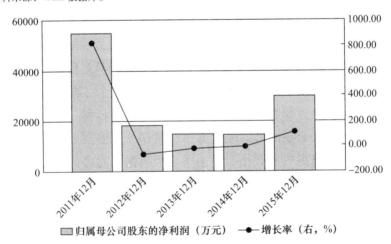

图 14－2　2011～2015 年金洲慈航净利润及增长率

资料来源：Wind 数据库。

二、转型路径

1. 收购丰汇租赁

2015 年 9 月 8 日金叶珠宝①股票复牌公告称，公司于 2015 年 9 月 7 日接到中国证监会通知，公司发行股份及支付现金购买资产（收购丰汇租赁）并募集配套资金暨关联交易事项获得有条件通过。

丰汇租赁作为国内民营租赁公司，长期与民生金融租赁、工商银行、光大银行、建设银行等金融机构开展战略合作，业务范围覆盖电力能源、石油化工、交通运输、冶金矿业、医疗设备以及钢铁等行业的直接租赁、售后返租、委托贷款等业务，具有丰富的投融资渠道。金叶珠宝收购丰汇租赁后，使丰汇租赁能够为黄金产业链上下游企业提供各类融资服务，从而实现了产业与金融的有效结合，为公司打造成"黄金产业链金融服务商"提供了可能。

2. 拟在烟台、青岛、成都分别设立全资子公司

2015 年 11 月 3 日公告称，公司在收购丰汇租赁获得中国证监会核准后，结合双方的业务优势，公司将大力开展黄金租赁业务，拟在烟台、青岛、成都分别设立全资子公司，三家全资子公司注册资本均为 1 亿元，全部以现金方式出资。本次投资是为更好地适应市场发展需求，充分利用各地区的区位优势和政策优势，充分利用公司的有效资金，扩大经营范围，整合有效资源，增强公司经营规模和盈利能力，满足公司生产经营、技术开发及市场拓展的需要，有利于公司后续发展。

3. 拟投资设立全资子公司金洲黄金互联网（北京）有限公司

2016 年 1 月 19 日公告称，为顺应黄金产业和互联网结合的产业发展趋势，通过线上和线下渠道的产融结合，促进现有产业转型升级，实现黄金贵金属业务资源的战略整合，公司拟投资设立全资子公司金洲黄金互联网（北京）有限公司，注册资本为 1 亿元。

---

① 2016 年 4 月 25 日，公司名称由"金叶珠宝股份有限公司"变更为"金洲慈航集团股份有限公司"。

公司投资设立全资子公司金洲黄金互联网（北京）有限公司，是解决公司下游黄金珠宝中小企业融资难、盘活黄金产业链、切入黄金金融的重大举措，结合公司战略发展需要，公司将进一步布局互联网黄金金融。

经营范围：互联网销售黄金、白银、金银饰品、珠宝玉器；互联网信息咨询；贵金属贸易；金银回收；黄金租赁服务；互联网黄金投资与咨询服务。

三、转型业务

1. 供应链金融

丰汇租赁长期与民生金融租赁、工商银行、光大银行、建设银行等金融机构开展战略合作，业务范围覆盖电力能源、石油化工、交通运输、冶金矿业、医疗设备以及钢铁等行业的直接租赁、售后返租、委托贷款等业务，具有丰富的投融资渠道。而金洲慈航经营黄金全产业链业务，包括矿业投资、珠宝批发、珠宝零售，具有完整的供应链体系，在黄金产业和相关领域积累了丰富的上下游资源。公司收购丰汇租赁后，可实现对黄金采矿、加工的租赁投资和对零售的委托贷款。两者各自的优势相结合可以有效地打造黄金产业的产业链金融服务，为优质的上下游企业提供融资服务。黄金金融服务商业务模式如图 14-3 所示。

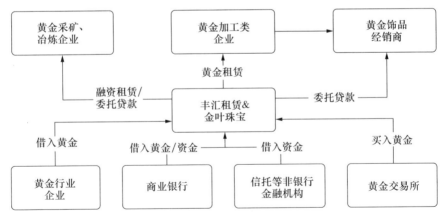

图 14-3　黄金金融服务商业务模式

资料来源：根据公开信息整理。

2. 其他后续转型业务

租赁行业是未来最有前景的金融子行业之一。融资租赁是市场配置资源的重要机制，具有便捷、直接、融资与融物相结合的特点，在服务实体经济方面具有独特优势。相比于成本高、门槛高的银行渠道和周期长的资本市场上市渠道，融资租赁更能有效缓解中小企业目前面临的融资难、融资贵等问题，是最具发展前景的金融子行业。从细分领域资产规模来看，融资租赁行业发展速度最快，2011~2014 年注册资金年复合增长率为 60%，显著高于信托、证券、银行，且增速持续提升。

丰汇租赁进入上市公司主体后：一是可利用上市公司的平台优势，通过增发股份、公司债券等再融资渠道注入更多的经营资本金，利用上市公司的优质资产通过抵押贷款或信用担保借款等方式获得资金支持，进一步扩大丰汇租赁资本规模及业务范围，增强盈利能力；二是上市公司可以充分利用丰汇租赁强大的融资渠道、成熟的融资团队以及健全的风控体系为其提供融资服务，以拓宽融资渠道，降低融资成本，扩大现有业务规模。

金洲慈航顺应黄金产业和互联网结合的产业发展趋势，开展黄金珠宝的线上销售，同时，公司设立子公司为产业链的上下游企业解决融资困境，盘活黄金产业链，子公司可以依靠金洲慈航的黄金珠宝产业全产业经营的优势，更好地为产业链上的各企业提供金融服务，推动公司向互联网金融转型。

第二节　苏宁云商（002024）

一、主营业务

苏宁云商集团股份有限公司（苏宁云商）是中国 3C（家电、电脑、通信）家电连锁零售行业的领跑者，公司经营商品涵盖传统家电、消费电子、百货、日用品、图书和虚拟产品等综合品类，线下实体门店 1600 多家，线上平台苏宁易购 2010 年初上线，依托规模采购和品牌优势，共享公司实体店面、物流配送与售后服务网络，位居国内 B2C 前三，线上线下的融合发展引领零售发展新趋势。

苏宁的每一项金融业务都围绕其商业零售生态圈和平台商户服务，充分利用自身在消费者、供应商及大数据上的优势，围绕 B2C 上下游生态圈全面挖掘增值服务。

从图 14 - 4 和图 14 - 5 可以看出，苏宁云商 2015 年之前收入增长缓慢，

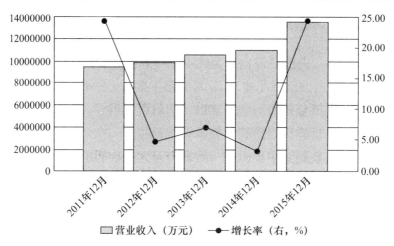

图 14 - 4 2011～2015 年苏宁云商营业收入及增长率

资料来源：Wind 数据库。

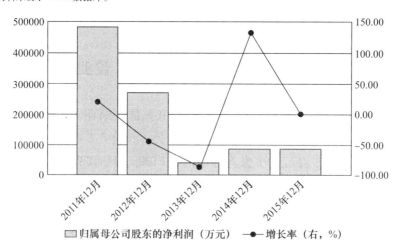

图 14 - 5 2011～2015 年苏宁云商净利润及增长率

资料来源：Wind 数据库。

净利润甚至连续出现大幅下降，作为传统零售业，在淘宝、京东等互联网零售商的冲击下，其转型迫在眉睫。

二、转型业务

1. 互联网支付

公司于 2011 年 1 月 21 日成立南京苏宁易付宝网络科技有限公司，并于 2012 年 6 月取得中国人民银行颁发的第三方支付业务许可证。

在苏宁易购注册的会员，同步拥有易付宝账户，可以在苏宁易购上直接给易付宝账户充值，付款时可用易付宝直接支付。用户将易付宝账户激活后，即可享受信用卡还款、水电燃气缴费等各种应用服务。

2. 互联网保险

2013 年 8 月 30 日公告称，公司与关联方苏宁电器集团有限公司共同出资发起设立苏宁保险销售有限公司，拟注册资本为 1.2 亿元，其中公司出资 9000 万元，占注册资本总额的 75%，苏宁电器集团出资 3000 万元，占注册资本总额的 25%。

2014 年 2 月 17 日，中国保监会在其官网发布关于设立苏宁保险销售有限公司的批复，苏宁正式成为商业零售领域首家具有全国专业保险代理资质的公司。保险经营业务为全国区域内（港、澳、台除外）的代理销售保险产品业务；代理收取保险费业务；代理相关保险业务的损失勘察和理赔业务以及中国保监会批准的其他业务。苏宁可采用 B2B 的模式销售保险，并与保险公司一起联合推出有针对性的、个性化的保险产品和服务。苏宁互联网保险产品示例如图 14-6 所示。

3. 互联网基金销售

2013 年 10 月 11 日公告称，公司下属子公司南京苏宁易付宝网络科技有限公司获得了中国证监会关于基金销售支付结算业务的许可，易付宝可以为基金网上直销提供支付结算服务。

2014 年 1 月 15 日，公司推出余额理财产品"零钱宝"，该业务类似于支付宝的余额宝，为消费者提供多样化选择，增强用户体验，提高用户黏性。

图 14 - 6　苏宁互联网保险产品

资料来源：苏宁金融官网。

苏宁基金业务的盈利模式主要是向基金公司收取服务费、尾随佣金等后端费用，初期主要面向个人消费者，下一步还会向苏宁开放平台的商户及供应商推出多样化的基金理财产品。苏宁互联网基金销售产品示例如图 14 - 7 所示。

图 14 - 7　苏宁互联网基金销售产品

资料来源：苏宁金融官网。

4. 互联网消费金融

2014 年 12 月 18 日公告称，公司收到《中国银监会关于筹建苏宁消费金融有限公司的批复》（银监复〔2014〕905 号），批准筹建苏宁消费金融有限公司。

苏宁消费金融有限公司注册资本 3 亿元，其中苏宁云商集团股份有限公司持股 49%，南京银行股份有限公司持股 20%，法国巴黎银行个人金融集团持股 15%，江苏洋河酒厂股份有限公司持股 10%，先声再康江苏药业有限公司持股 6%。

苏宁消费金融有限公司的经营范围包括个人消费贷款、境内同业拆借、代理销售与消费贷款相关的各类金融产品等服务。目前推出的个人信用消费产品将用户在互联网上的各类行为数据和第三方数据加以整合、验证、分析，并快速、分层地给予一定期限内用于先购物后还款的授信额度。苏宁互联网消费金融产品示例如图 14－8 所示。

图 14－8　苏宁互联网消费金融产品

资料来源：苏宁金融官网。

5. 产品众筹

2015 年 4 月 23 日，苏宁金融集团旗下苏宁众筹正式上线。目前，该平台涵盖智能硬件、公益、地产、娱乐、影视、文化、农业等多个领域。

苏宁打造平台新模式，突破传统众筹天花板。第一，通过金融（收益）＋产品（实物）相结合取代以单一实物为主。第二，苏宁众筹提供完善的后续配套方案。第三，打造线上、线下全渠道众筹平台。苏宁产品众筹示例如图 14－9 所示。

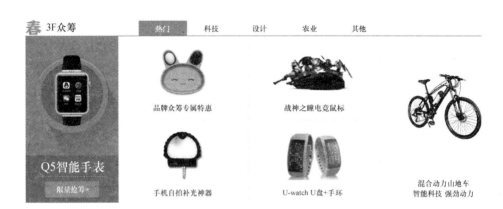

图 14 – 9　苏宁产品众筹

资料来源：苏宁金融官网。

6. 供应链金融

（1）小贷公司。2012 年 12 月 6 日公告称，公司全资子公司香港苏宁将与公司第二大股东苏宁电器集团共同出资发起设立重庆苏宁小额贷款有限公司。苏宁小贷公司注册资本拟定为 3 亿元，香港苏宁以自有资金货币形式出资 2.25 亿元，持股 75%；苏宁电器集团以自筹资金货币形式出资 7500 万元，占小贷公司注册资本总额的 25%。

苏宁小贷公司作为苏宁供应链金融服务中的重要模块，可以为小微供应商提供创新、便捷的金融服务产品。苏宁小贷产品示例如图 14 – 10 所示。

图 14 – 10　苏宁小贷产品

资料来源：苏宁金融官网。

（2）保理公司。2013 年 10 月 17 日公告称，公司已向天津市商务委申请成立苏宁商业保理有限公司从事保理业务。苏宁保理由全资子公司香港苏宁金融有限公司与关联方苏宁电器集团有限公司共同出资发起设立，注册资本为 5500 万元，其中香港苏宁金融出资 4125 万元，占注册资本总额的 75%，苏宁电器集团出资 1375 万元，占注册资本总额的 25%。

2013 年 7 月，公司获得天津市人民政府关于保理业务资质的批准。

供货商在与苏宁签订供货合同后向保理公司提出保理业务申请，在发出货物后将应收账款转让给保理公司，获得保理公司的放款。在合同的付款日时，苏宁按期付款给保理公司。如图 14 – 11 所示。

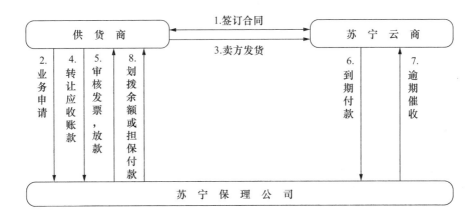

图 14 – 11 保理业务模式

7. 其他后续转型业务

2016 年，苏宁供应链金融爆发性增长，由于小贷及保理业务放款规模增加，苏宁云商 2016 年一季度发放贷款及垫款 24.01 亿元，相比 2015 年底提升 83.1%，相比 2015 年同期增长 303.3%。苏宁与阿里合作，将使阿里生态圈端用户逐步接入苏宁物流、苏宁云店之中，同时，苏宁将其线下资源（物流、云店）向全社会开放，预计大量的 B 端用户将成为苏宁生态圈的用户，苏宁供应链金融有望实现快速放量。

苏宁金融目前已拥有 13 张金融牌照，包括第三方支付和跨境支付等支付业务牌照，小贷、商业保理和企业征信等供应链金融牌照，消费金融牌照，基金和保险销售牌照以及私募股权融资平台许可等，金融生态圈基本构建完成。如图 14－12 所示。

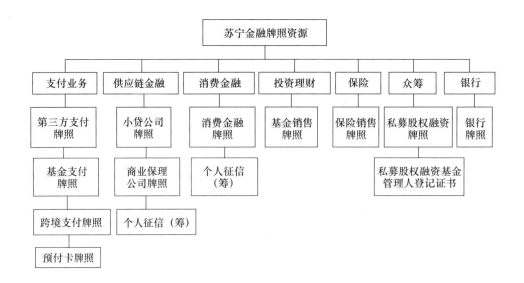

图 14－12　苏宁金融牌照资源

第三节　报喜鸟（002154）

一、主营业务

浙江报喜鸟服饰股份有限公司（报喜鸟）主要从事报喜鸟品牌西服和衬衫等男士系列服饰产品的设计、生产和销售。公司坚持走国内高档精品男装的发展路线，在国内率先引进专卖连锁特许加盟的销售模式，目前已拥有形象统一、价格统一、服务统一和管理统一的专卖店 500 多家。公司注册商标"报喜鸟"获多个国家的国际注册，被国家工商行政管理总局认定为"中国驰名商标",报喜鸟产品被国家质量监督检验检疫总局评为"中国名牌"和中国首批西服"国家免检产品"。

从图 14 – 13 和图 14 – 14 来看,近年来,公司净利润下滑明显。2013年开始,国内经济从高速增长变为中低速增长、消费者消费观念发生重大转

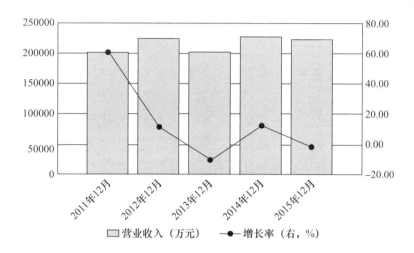

图 14 – 13 2011 ~ 2015 年报喜鸟营业收入及增长率

资料来源:Wind 数据库。

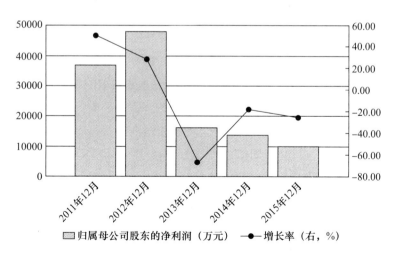

图 14 – 14 2011 ~ 2015 年报喜鸟净利润及增长率

资料来源:Wind 数据库。

变、电商与互联网给传统企业带来巨大冲击的"三座大山"的压力下，报喜鸟不得不将要素驱动向效率驱动转型，砍掉和停止了一些不赚钱和效益不好的项目，同时公司顺应互联网金融的大潮，积极拓展相关领域业务，向互联网金融转型。①

二、转型路径

1. 设立浙江报喜鸟创业投资有限公司

2015年1月27日公告称，为有效地推进公司"实业＋投资"的发展战略，利用专业优势团队推进公司投资步伐，公司拟出资5000万元设立浙江报喜鸟创业投资有限公司开展股权投资业务。主要投资于大时尚产业，推动公司品牌服装主营业务转型升级为互联网产业，与互联网和移动互联网有关的大数据营销、互联网金融、电商平台、O2O、社交平台、新媒体等新兴产业，以及健康、教育等其他领域。

2. 报喜鸟服饰收购报喜鸟集团的村镇银行部分股权

2015年4月27日公告称，公司拟以自有资金27509916元收购报喜鸟集团有限公司所持有的浙江永嘉恒升村镇银行股份有限公司10%的股权，股权转让完成后，报喜鸟集团不再持有恒升村镇银行股权。

为继续推进"实业＋投资"的发展战略，优化公司产业结构，增强公司盈利能力，提升公司整体竞争力和抗风险能力，公司试水金融投资，实现金融领域的初步布局，为未来继续加大金融业务领域的投入奠定基础。

3. 投资设立小凌鱼金融信息服务（上海）有限公司

2015年5月13日公告称，公司全资子公司浙江报喜鸟创业投资有限公司、公司副董事长兼总经理周信忠于2015年5月12日与上海谷进金融信息服务有限公司等其他非关联自然人签署《投资合作协议》，报喜鸟创投、周信忠与上海谷进、温州网诚、上海凌融及其实际股东或经营者，投资设立小凌鱼金融信息服务（上海）有限公司（小鱼金服），报喜鸟创投、周信忠分别投资5500万元、1375万元持有小鱼金服10%、2.5%的股权，其余非

---

① 张玫. 报喜鸟全面转型为互联网企业未来将实现三个1000［N］. 中国经济网，2015－08－17.

关联股东合计持有 87.5% 的股权。小鱼金服股份结构如表 14 - 1 所示。

表 14 - 1   小鱼金服股份结构

股东名称	投资设立阶段			增资完成阶段		
	出资额 （万元）	出资比例 （%）	出资方式	出资额 （万元）	出资比例 （%）	出资方式
报喜鸟创投	30	3.00	货币	110	10	货币
周信忠	7.5	0.75	货币	27.5	2.5	货币
虞凌云	577.50	57.75	货币	577.50	52.50	货币
朱永敏	220	22.00	货币	220	20	货币
陈恺	55	5.50	货币	55	5	货币
金挺聪	55	5.50	货币	55	5	货币
岳志斌	55	5.50	货币	55	5	货币
合计	1000	100	货币	1100	100	货币

小鱼金服的设立使得公司第二主业互联网金融进一步扩大，提升了公司的持续盈利能力和抗风险能力，开拓了新兴互联网业务，实现了在互联网金融领域的快速布局，有助于打造包括网络渠道、大数据、虚拟信用平台在内的互联网金融生态圈。

4. 增资仁仁科技

公司全资子公司浙江报喜鸟创业投资有限公司于 2015 年 3 月 23 日与上海磐石祺荣投资合伙企业（有限合伙），杭州仁仁科技有限公司及其股东黄剑炜、王刚，苏州纪源科星股权投资合伙企业（有限合伙）签署《关于杭州仁仁科技有限公司之增资扩股协议》及《有关杭州仁仁科技有限公司之股东协议》，报喜鸟创投投资 2500 万元对仁仁科技进行增资，增资完成后，报喜鸟创投持有仁仁科技 17.86% 的股权。仁仁科技主推"仁仁分期"业务，特点是"电商平台＋兼职平台＋信用数据"，属于移动互联网 O2O 及大数据营销领域。目前，仁仁分期平台月交易量为 1000 万元左右。仁仁科技承诺 2015 年实现营业额不低于 2 亿元，如果经审计的仁仁科技 2015 年营业收入小于约定营业额，则报喜鸟创投、磐石投资有权按下列公式调整所持有公司股权比例：报喜鸟创投、磐石投资调整后所持仁仁科技股权比例 =（2 亿元/2015 年实际营业额）×25%，且最高不超过 30%，仁仁科技价值调整的相对方为黄剑炜。

报喜鸟业务关系如图 14 - 15 所示。

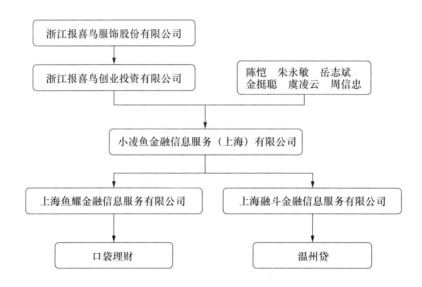

图 14 - 15　报喜鸟业务关系

三、转型业务

1. 网络借贷

（1）温州贷。作为温州市第一家、浙江省第二家互联网金融服务平台，根据网贷之家数据，温州贷 2013 年、2014 年成交量分别达 78.6 亿元、105.81 亿元，分别位居全网第一、第二，在中国社会科学金融学院的 P2P 网络借贷平台风控评级中连续 3 年排名前十。目前，网站注册用户达百万，其中完成实名认证的用户 17 万余人，资金充值共 112.35 亿元，资金提现共 108.90 亿元。

温州贷主要从事二手车贷款、房产抵押贷款、投资理财贷款等相关业务，至 2016 年平台已运营 4 年，撮合成交 250 亿元。当前，线上主要理财产品有给力标、信用标和净值标。

净值标是投资者利用在温州贷持有的债权等有效资产作为抵押进行的融资，以实现资金周转。允许发布的最大金额为净资产减去代收利息，净资产金额 500 元以下不能发标。用户可以循环借款，但用户提现将受到限制。如果客户净资产大于借款金额，温州贷允许发布净值借款标用于临时周转。它是一种相对安全系数很高的借款标，因此利率相对较低，适合资金黄牛，用户可以借助此标放大自己的投资杠杆，但净值杠杆不得超过20 倍。

给力标是温州贷经过线下严格核查借款人资产负债、抵押担保手续、有关政府以及商业银行推荐、优质资产和股权质押，来确保风险控制在合理的范围内。给力标借款对象一般为长三角地区优质中小微企业，是温州贷的重点发展对象。

信用标是一种免抵押、免担保、纯信用，最高授信为 20 万元的小额个人信用贷款标，主要面向公务员、医生或教师等机关企事业单位的在编人员。

温州贷产品示例如图 14 – 16 所示。

图 14 – 16　温州贷产品

资料来源：温州贷官网。

温州贷平台在招商银行开设专款专用账户，设立"风险备用金账户"，专门用于补偿温州贷和温州贷所服务的出借人由于借款人的违约所遭受的本金和本息损失，风险保障金信息公开可查。若借款人到期还款出现困难，启用风险保证金在逾期当天00：05：00自动对逾期的标进行垫付处理（温州贷平台替借款者垫付，债权由投资者转移到温州贷平台）。温州贷业务模式如图14-17所示。

安全保障

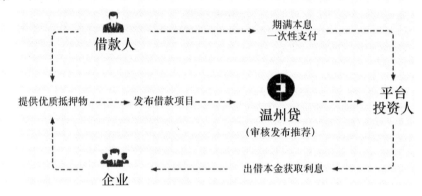

图14-17　温州贷业务模式

资料来源：温州贷官网。

（2）口袋金融。平台将理财品种分为投资频道、银行理财、信托资管专区、阳光私募几个类别。

投资频道：口袋宝是口袋理财推出的一款理财产品，所有资金均匹配到平台优质的债权项目上。口袋宝的每位投资者均是债权转让的受让方，转出者为债权出让方，口袋理财通过互联网技术手段以及大数据分析，对每笔投资和转出进行匹配，以实现较好的流动性和收益。投资人购买口袋宝后，随时随地可申请转出投资金额，一元起投，适合存放零用钱，预期年化利率为5.00%。

平台的P2P网络借贷按照资金及利息收回方式和投资期限分为新手宝、月利宝、月盈宝、季盈宝、双季盈、年盈宝和月升宝，其中新手宝为新用户专享，到期还本付息；月利宝为每月等额本息还款；月盈宝、季盈宝、双季盈、年盈宝为到期还本付息，期限依次为一个月、一个季度、两个季度、一年；月升宝按照持有期限计算收益率，收益率随持有期限的加长而增加。融资方融资方式为质押借款（质押品为房产、其他理财产品收益权等）和信用担保借款。风险控制手段包括：①在招商银行存入初始风险保证金，当借款人发生还款逾期时，将启动债券回购机制，保障投资者资金安全。②所有交易均由第三方担保公司担保。

口袋金融投资频道示例如图 14 – 18 所示。

图 14 – 18 口袋金融投资频道

资料来源：口袋金融官网。

银行理财：即口袋银宝，口袋银宝的融资对象是大型银行的理财产品，起购金额为 500 元。平台用户购买产品即按照其认购本金受让该银行理财产品相应的收益权，融资方承诺本产品到期即按照平台用户认购本金及本产品预期收益率对平台用户受让的收益权进行回购，年化收益率在 4%～5%。

信托资管专区：此项目为信托资管产品代销，该产品定位高端，主要针对高净值客户，起投金额 100 万元，主要用于企业并购、金融股权投资等。口袋金融信托资管如图 14 – 19 所示。

阳光私募：此项目是私募基金的代销业务。

2. 互联网消费金融

仁仁分期是杭州仁仁科技有限公司开发的一款通过手机 APP 运营的针对大学生群体的分期产品（见图 14 – 20）。购买该商品时，需要通过学生身份认证和视频认证。

图 14-19 口袋金融信托资管

资料来源：口袋金融官网。

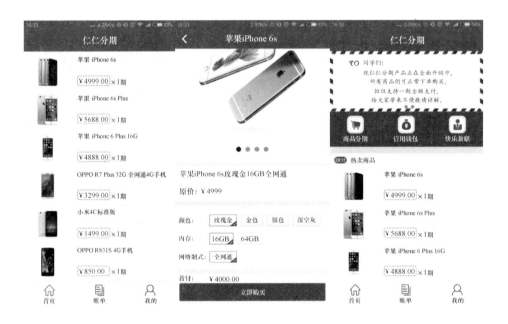

图 14-20 仁仁分期

资料来源：仁仁分期官网。

购买流程：完成学生身份认证及视频认证—选定商品提交订单—审核—订单审核成功—等待收货—确认收货。还款方式：①支付宝在线还款；②网上银行在线还款；③银行自动代扣。目前支持的银行有中国农业银行、光大银行、兴业银行、中信银行、中国建设银行和浦发银行。

售后服务：仁仁分期所有商品都可以享受原厂保修服务或供应商提供的更换、维修服务。仁仁分期将严格按照国家三包政策，针对所售商品履行保修、换货和退货服务。当用户向厂家或供应商争取相关权益及应有服务时，仁仁分期会在用户需要的第一时间提供有关的联系及协调服务，协助用户维护自己应有的权益。

第四节 誉衡药业（002437）

一、主营业务

哈尔滨誉衡药业股份有限公司（誉衡药业）以骨科用药、抗肿瘤、抗生素、营养药物为研发重点，产品涵盖骨科药物、风湿类药物、抗肿瘤药物、消化系统用药、呼吸系统用药、心脑血管药物、肝病用药、妇科用药和抗生素等领域。公司现拥有通过国家 GMP 认证的小水针、冻干粉针、头孢类冻干粉针、胶囊、片剂、栓剂、粉针灌装、肿瘤药品八大品系的自动化生产线，具有年产水针剂 1500 万支、普通冻干粉针剂 500 万支、肿瘤冻干粉针 55 万支及部分片剂、栓剂和胶囊剂的生产能力。

2011～2015 年誉衡药业营业收入及增长率、净利润及增长率分别如图 14－21 和图 14－22 所示。

二、转型路径

1. 设立互联网金融全资子公司

2015 年 6 月 16 日公告称，公司拟出资 1 亿元在深圳设立互联网金融全资子公司——誉金所（深圳）互联网金融服务有限公司。

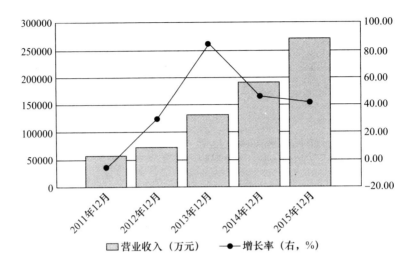

图 14 – 21 2011～2015 年誉衡药业营业收入及增长率

资料来源：Wind 数据库。

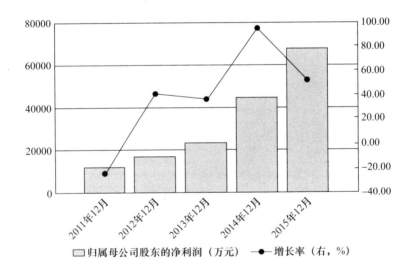

图 14 – 22 2011～2015 年誉衡药业净利润及增长率

资料来源：Wind 数据库。

誉金所是公司金融服务业务的核心平台之一，是公司在互联网金融领域的首次尝试，是对现有制药业务板块的延伸，将借助先进的互联网技术为产业链上下游客户提供个性化的定制金融产品，更好地满足产业链上的金融需求，实现传统医药业务与金融的结合，是公司"互联网＋"战略实施的重要组成部分。

经过前期筹备、内部测试等工作，公司互联网金融服务平台誉金所已于 2015 年 9 月 25 日正式上线运营。誉金所采用 P2P 投资理财平台运营模式，以"中国医药互联网金融领导品牌"为发展定位，旨在打造传统医药行业与新兴互联网金融良性互动的投融资平台。

2. 投资设立誉衡金服

2015 年 6 月 16 日公告称，公司拟出资 1 亿元在深圳前海设立全资子公司——誉衡前海金融服务（深圳）有限公司，作为公司拓展金融板块的投资管理旗舰平台。

本次投资拟通过充分发挥公司的品牌优势、客户资源优势、资金优势和队伍优势，针对医药行业产业链各个环节设立互联网金融平台，拓展新的业务领域。

此外，公司尝试通过构建多牌照、多功能的金融平台，突破传统医药行业的限制，以更开阔的视角去整合医药行业，探索公司发展新途径。

公司将通过誉衡金服的多种金融业务形式，对产业链各主体提供深度定制的金融产品，增强产业吸附力，为公司未来在产业内做横向和纵向的整合创造机会和条件。

3. 设立商业保理公司

2015 年 7 月 14 日公告称，公司拟通过全资子公司誉衡前海金融服务（深圳）有限公司出资 5000 万元在深圳设立商业保理公司——誉衡商业保理（深圳）有限公司。

根据公司在金融服务领域的发展规划，誉衡金服作为公司拓展金融板块的投资管理旗舰平台，将拓展互联网金融、基金、商业保理、融资担保、融资租赁、小额贷款和第三方支付平台等领域的业务。

作为誉衡金服旗下的重要板块之一，誉衡保理将联手上市公司和银行，在整个誉衡金服产业链金融的大战略下，为医药行业各类经营主体提供优质的保理融资服务。

4. 设立互联网财产保险股份有限公司

2015 年 10 月 20 日公告称,为推进公司在互联网金融领域的发展,培育新的利润增长点,公司拟以自有资金 1.5 亿元参与发起设立互联网财产保险股份有限公司。公司拟申请为全国性财产保险公司,在中国保监会规定的范围内经营各类财产保险业务。

三、转型业务

公司目前的互联网金融业务主要在网络借贷领域。公司打造的誉金所平台定位于医药产业链金融,拟借助互联网技术为上下游客户提供个性化的定制金融产品,满足产业链资金需求,实现传统医药业务与金融的结合。

平台产品有誉贷通、誉保通、誉租宝。产品由深圳市企业信息化融资担保有限公司(与公司无直接股权关系)提供连带责任担保,誉贷通产品中一部分提供质押物给担保公司,另一部分无质押。誉保通产品嵌套保理业务,借款人受让资产(应收账款等)给保理公司由保理公司偿还借款。

从平台数据来看(见图 14 - 23),融资项目较少,截至 2016 年 7 月 12

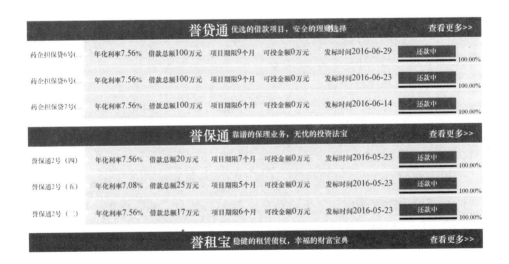

图 14 - 23 誉金所产品

资料来源:誉金所官网。

日，誉贷通产品共有 3 家借款公司 10 个借款项目，最后一个融资项目上线时间为 2016 年 6 月 29 日；誉保通产品共有 1 家借款公司 7 个借款项目，最后一个项目上线时间为 2016 年 5 月 23 日。平台交易总额为 24384 万元。

第五节　金一文化（002721）

一、主营业务

北京金一文化发展股份有限公司（金一文化）是从事贵金属工艺品的研发设计、外包生产和销售的企业。公司定位于产业链中附加值较高的研发和销售环节，生产环节则采用委托加工方式。公司以金、银等贵金属为载体，立足于中华五千年璀璨传统文化，秉承"让黄金讲述文化，让文化诠释黄金"的产品研发理念，围绕"创艺见真金"的品牌定位，以"金一"品牌不断开发出创意独特、品质卓越的贵金属工艺品，逐渐开拓了中国贵金属工艺品行业的新领域。公司为中关村高新技术企业、北京 2008 年奥运会贵金属产品特许分销商、中国 2010 年上海世博会贵金属特许产品经营企业、广州 2010 年亚运会贵金属类特许生产商、2011 年西安世界园艺博览会特许产品供应商、深圳第 26 届世界大学生夏季运动会特许商品生产商、海阳 2012 年亚洲沙滩运动会特许经营商。公司全资子公司江苏金一为上海黄金交易所（综合类）会员。

2011～2015 年金一文化营业收入及增长率、净利润及增长率分别如图 14-24 和图 14-25 所示。

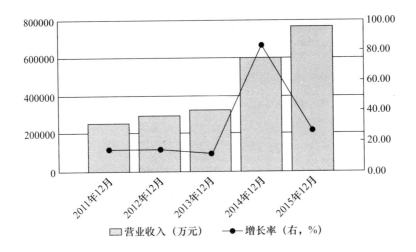

图 14-24　2011～2015 年金一文化营业收入及增长率

资料来源: Wind 数据库。

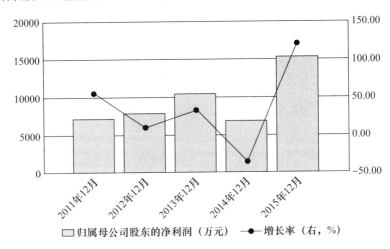

图 14-25　2011～2015 年金一文化净利润及增长率

资料来源: Wind 数据库。

二、转型路径

1. 参股设立珠宝贷

2014 年 6 月 13 日公告称, 公司拟与深圳市中金创展金融控股股份有限公司、深圳市同心同德投资合伙企业（有限合伙）和深圳市雅诺信珠宝首饰有限公司等共 15 家公司一同设立深圳市珠宝贷互联网金融股份有限公司，珠宝贷公司注册资本拟定 4.3 亿元，其中公司以自有资金出资 1000 万元，占珠宝贷公司总股本的 2.3256%。

珠宝贷公司通过互联网平台将潜在投资人与珠宝行业资金需求方进行连接，提供资金需求的信息发布、流程管理和交易功能及业务运营平台。公司看好互联网金融产业发展的前景，将借助该平台拓宽公司渠道，关注行业发展动态，集结整合行业优势资源，为公司带来相关的投资收益。

2. 成立金一金控有限公司

2015 年 5 月 12 日公告称，根据战略发展需要，公司拟与网信集团有限公司合作成立金一金控有限公司，金一金控定位为互联网金融投资咨询公司，主要为黄金珠宝行业内企业提供互联网金融服务。

此次合作旨在通过与互联网及金融服务的混业资源整合，搭建黄金珠宝产业互联网金融平台。

3. 购买卡尼小贷股权并增资

公司以 4.8 亿元的价格购买深圳市卡尼珠宝首饰有限公司持有的深圳市卡尼小额贷款有限公司 60% 的股权，并与卡尼珠宝、徐雪香按照前述股权转让后的持股比例同比例增资卡尼小贷，即金一文化以 3270 万元的增资价格认缴卡尼小贷新增注册资本 3000 万元。根据金一文化公告的《重大资产购买之实施情况报告书（摘要）》，卡尼小贷 60% 的股权已过户至公司名下，注册资本已由 2.5 亿元增至 3 亿元，相关工商变更登记手续已办理完毕。卡尼小贷股份结构如图 14-26 所示。

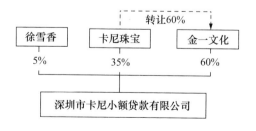

图 14-26 卡尼小贷股份结构

4. 投资设立上海金一云金网络服务有限公司

2016 年 4 月 14 日公告称，北京金一文化发展股份有限公司拟与上海金生宝互联网金融信息服务有限公司共同投资设立上海金一云金网络服务有限公司。金一云金拟定注册资本 1000 万元，其中公司以自有资金出资 700 万元，占金一云金总股本的 70%；上海金生宝以自有资金出资 300 万元，占金一云金总股本的 30%。金一云金股份结构如图 14－27 所示。

图 14－27　金一云金股份结构

公司此次出资设立金一云金，将以公司零售渠道及全国优质实体金店为依托，以金融和互联网技术为工具，解决客户存量黄金的流动性问题，提升公司零售渠道的服务功能和盈利能力，推动公司供应链金融业务的快速发展。此举是公司搭建黄金珠宝产业平台化公司的重要举措，将进一步增强公司在黄金珠宝产业的整合能力，提升公司竞争力。

三、转型业务

1. 网络借贷

珠宝贷：珠宝贷股东多为珠宝行业公司，凭借其股东在珠宝行业的优势，珠宝贷服务于珠宝行业上下游企业（加工、研发、批发、零售等），提供 P2P 网络借贷。截至 2016 年 7 月 1 日，平台累计成交额达 50 亿元。从平台披露的数据来看，自 2015 年 8 月开始，月均融资额达到 3 亿多元，日均融资项目 1~2 个，平均每个项目完成融资时间为 1~3 天。

在风险控制方面，平台对融资方的信息公开包括注册资本、主营业务、经营状况、企业征信情况、涉诉情况、财务数据（包括总资产、存货、营业额、营业利润、珠宝贷借款余额）、营业执照、组织机构代码证和税务登记证等。平台与深圳市中金创展融资担保股份有限公司、深圳市金钻融资担保股份有限公司、深圳市建银融资担保股份有限公司、深圳市莆商融资担保股份有限公司达成战略合作，为融资企业提供担保（各担保公司与平台无直接股权关系）。部分借款项目融资珠宝企业实际控制人提供个人连带责任反担保以及提供贵重珠宝、房产等质押物。

2. 供应链金融

卡尼小贷致力于为黄金珠宝首饰行业产业链内的核心企业、上游供应商、下游经销商提供融资服务。公司围绕客户需求在贷款发放上有一定的创新，为行业内的企业和个人提供量身定制的专业化、个性化融资产品。公司旗下产品分为好易贷、互助贷、循环贷、融易贷。

好易贷：是以产业链内的核心企业或企业负责人做担保，为产业链内上下游企业提供融资服务的贷款产品。由产业链内具备良好信用度的核心企业或企业负责人个人提供担保，使具备经营能力的上下游中小企业无须抵（质）押就可以获得融资服务，快捷方便。好易贷适合合法经营、资信良好但无有效抵（质）押物的中小企业及个人。

互助贷：是由行业内合法经营的3~5家中小企业通过联保方式获得融资的贷款产品。由企业自愿组织，或由行业协会、政府部门牵头，3~5家企业联保联贷。互助贷有利于企业拓展合作伙伴，在没有足够抵（质）押物的前提下快捷获取融资服务。互助贷适合产业链内资信良好、具备还款能力的中小企业及个人。

循环贷：是企业以房产或公司认可的其他抵（质）押物为抵（质）押，由公司按企业具体经营规模及过往信用记录，核定最高贷款额度，由企业在约定的期限和额度内分次使用，逐笔归还，随用随借，额度可循环使用的贷款产品。循环贷一次性给予企业融资额度，简化了多次贷款手续，降低了融资成本。循环贷适合有一定的资产抵押、资质良好的企业，特别适用于有季节性、周期性资金需求的企业及个人。

融易贷：为企业在贷款、验资、投标等业务中起"搭桥铺路"的作用而提供的临时性、超短期"过桥贷款"。其期限短，审批快，可用存货、提单、应收货款、有价单证、股权等做质押。融易贷适合有"还旧借新"资金拆借、注册资金验资、投标、发债等业务，有临时性资金需求的企业及个人。

第六节　腾邦国际（300178）

一、主营业务

深圳市腾邦国际商业服务股份有限公司（腾邦国际）通过遍布全球的服务网络，为客户提供专业的商业服务解决方案，业务涵盖机票酒店、旅游度假、差旅管理和金融服务四大板块。经营范围以航空客运销售代理业务为主，并提供酒店预订、商旅管理和旅游度假等服务。主要产品包括机票系列、"机票＋酒店"系列、商旅管家系列、旅游产品系列、网上交易平台服务。公司正沿着既定战略加速布局，以世界商业服务巨头为目标，打造名副其实的高端商业服务民族品牌。

从图 14 - 28 和图 14 - 29 可以看出，公司近年来营业收入逐步提高，特别是 2015 年增幅较大，同时净利润也是稳中有升。业绩增长的主要原因是公司金融业务的贡献，公司目前正积极推进出境游全产业链业务布局。

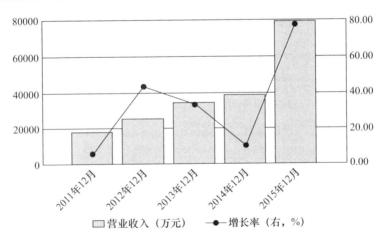

图 14 - 28　2011~2015 年腾邦国际营业收入及增长率

资料来源：Wind 数据库。

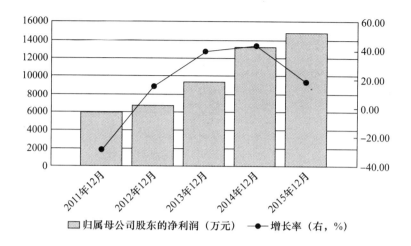

图 14－29　2011～2015 年腾邦国际净利润及增长率

资料来源：Wind 数据库。

二、转型路径

1. 设立融易行小额贷款公司

2012 年 12 月 28 日公告称，为充分利用金融政策和自身资源，有效缓解小微机票代理商融资难问题，同时进一步完善腾邦国际商旅服务体系，实现服务产品创新，更好地为中小微企业尤其是中小微机票代理商提供安全、便捷的金融服务，腾邦国际对深圳市小额贷款市场、同业状况进行了深入的调研，决定投资设立融易行小额贷款公司。

2. 设立保险经纪有限公司

2014 年 4 月 11 日公告称，随着公司业务需求的迅猛增长，原有的保险兼业代理业务已无法应对客人在旅行期间易发的财产损失、旅行延误、住院医疗、救援等意外事件，投资设立保险经纪公司就是为了能从客户的需求出发，量身设计保险方案，为客户选择合适的保险产品，提供专业化的服务。

公司已经陆续开展第三方支付、小额贷款等金融服务强化客户黏性，成立保险经纪公司开展保险经纪业务能够有效丰富公司产品、优化公司业务结构、增强核心竞争力，对于公司向商旅综合服务提供商转型、实现大金融的发展目标具有举足轻重的作用。

3. 投资设立腾邦创投

2014年5月12日，公司第二届董事会第二十五次会议审议通过了《关于使用超募资金投资设立深圳市腾邦创投有限公司的议案》，同意公司使用超募资金1000万元投资设立深圳市腾邦创投有限公司，开展P2P网络借贷业务。

2015年3月20日，深圳市腾邦国际商业服务股份有限公司公告，为增强全资子公司深圳市腾邦创投有限公司的资本实力，促进其主业的持续稳定发展，提高其经营效率和盈利能力，增强其可持续发展能力和核心竞争力，拟以自有资金出资9000万元，将腾邦创投注册资本由1000万元增加至1亿元。

腾邦创投搭建的网贷平台，一方面可有效缓解深圳市前海融易行小额贷款有限公司的资金压力；另一方面，因腾邦创投平台需通过第三方支付平台进行资金监管，因此还将大幅度拉动深圳市腾付通电子支付科技有限公司的交易流水量，从侧面辅助腾邦国际的业务增长。

4. 发起设立并购基金

2014年7月29日公告称，公司拟设立面向腾邦国际主营业务旅游及互联网金融相关领域的专业化投资管理公司——深圳市腾邦梧桐投资有限公司，管理公司注册资本1000万元，其中腾邦国际投资490万元、前海梧桐投资510万元。通过本次投资，公司将借力未来设立的并购基金实现公司的商旅金融产业链整合和快速扩张，推动公司健康、快速成长。2014年8月15日，该公司在深圳市市场监督管理局福田局登记成立。

5. 取得基金销售支付结算业务许可

2014年9月24日公告称，深圳市腾邦国际商业服务股份有限公司全资子公司深圳市腾付通电子支付科技有限公司收到中国证券监督管理委员会证券基金机构监管部《关于对深圳市腾付通电子支付科技有限公司备案为基金销售支付结算机构无异议的函》，对腾付通开展基金销售支付结算业务无异议。

本次腾付通取得基金销售支付结算业务许可，可以为用户（投资者）

及基金销售机构提供全面的基金第三方支付结算服务，对公司支付结算业务及互联网金融业务的发展具有重要意义。

6. 增资融易行小额贷款

2014 年 10 月 27 日公告称，深圳市腾邦国际商业服务股份有限公司为增强全资子公司深圳市前海融易行小额贷款有限公司的资本实力，促进其主业的持续稳定发展，提高其经营效率和盈利能力，增强其可持续发展能力和核心竞争力，拟以自有资金出资 1 亿元，将融易行注册资本由 2 亿元增加至 3 亿元。

2015 年 1 月 6 日公告称，公司拟以自有资金出资 2 亿元，将融易行注册资本由 3 亿元增加至 5 亿元。

2015 年 12 月 26 日公告称，公司拟以自有资金出资 1 亿元，将融易行注册资本由 5 亿元增加至 6 亿元。

投资目的：①扩大资本实力、增强抗风险能力的需要；②满足业务拓展的需要；③有利于提高融易行的贷款规模，为更多的腾邦国际生态圈内的中小微企业提供资金服务，提高股东收益。

7. 发起设立前海再保险

2015 年 2 月 13 日公告称，为了优化公司经营结构，提升公司综合竞争能力，在不影响主营业务发展的前提下，公司计划使用自有资金出资 3 亿元参与发起设立再保险公司，占拟参与发起设立再保险公司注册资本的 10%。

2016 年 3 月 28 日，深圳市腾邦国际商业服务股份有限公司关于发起设立前海再保险股份有限公司获中国保监会筹建批复。

8. 收购保险经纪公司

2015 年 6 月 23 日公告称，为进一步推进公司业务发展，完善互联网金融板块，公司决定以自有资金收购成正民、深圳市沃恒投资有限公司持有的深圳中沃保险经纪有限公司 100% 的股权。本次交易完成后，中沃保险经纪将成为腾邦国际的全资子公司。

2015 年 8 月 7 日公告称，中沃保险经纪的相关股权变更工商登记手续已经完成，根据未来经营需要，中沃保险经纪决定更名为"深圳腾邦保险经纪有限公司"，本次更名事项已经由深圳市市场监督管理局核准。

本次交易完成后，公司将获得保险经纪业务经营资质，在原有保险兼业代理业务基础上，公司迈入了发展空间更大的保险经纪市场，有助于公司为客户提供更为完整的保险产品解决方案及创新服务，能够有效优化公司业务结构，完善互联网金融布局，同时拓宽公司收入。

9. 发起设立相互人寿保险公司

2015年6月11日公告称，为了优化经营结构，拓宽业务领域，推进公司在互联网金融、相互制保险组织领域的战略布局，参与创新发展普惠金融，提升综合竞争力，在不影响主营业务发展的前提下，公司出借自有资金5000万元，参与发起设立相互人寿保险公司（或组织），出借资金后公司拟占相互人寿保险公司（或组织）初始运营资金的5%。腾邦国际表示，此次参股寿险公司可以充分利用公司的业务优势，推进公司在金融领域的战略布局，提升公司的综合竞争力，为股东创造更大的价值。

保险公司于2016年6月23日获批并要求自收到批准筹建通知之日起一年内完成筹建工作。

10. 投资设立征信公司

2015年6月27日公告称，公司拟对外投资设立深圳腾邦征信有限公司。腾邦征信注册资本拟定为5000万元，公司以自有资金出资5000万元，占总注册资本的100%。

深圳腾邦征信有限公司已完成了相关的工商注册登记手续，并于2015年8月4日取得了深圳市市场监督管理局核发的营业执照。

征信是腾邦国际发展互联网金融、构建大旅游生态圈的重要环节。腾邦国际掌握了大量极具价值的数据资产，如机票分销及旅游业务交易数据、TMC差旅管理数据、个人客户旅游消费数据等，通过互联网技术对这些数据进行分析处理，输出征信结果，一方面可有效降低业务经营风险，另一方面可将沉睡的数据变现，拓宽公司收入来源。如结合公司业务场景开展基于个人信用的大数据营销；为合作企业、个人客户提供信用综合解决方案；为金融机构、公共机构提供基本的征信报告服务等。

11. 参与竞买前海股权交易中心

2015年10月8日公告称，公司第三届董事会第十七次会议审议通过了《关于参与竞买前海股权交易中心（深圳）有限公司部分股权的议案》，同意公司作为战略投资方，与合格企业组成联合体，共同参与前海股权交易中心（深圳）有限公司在北京产权交易所挂牌的增资扩股项目，联合竞买标的企业新增注册资本 6 亿元，新增注册资本占增资后标的企业注册资本的比例为 50.9597%，并授权公司管理层以自有资金在不超过 2.5 亿元的范围内认购标的企业新增注册资本 1 亿元，及办理本次竞买有关的一切事宜。

2015 年 11 月 13 日公告称，公司以 2.1 亿元成功认购标的企业新增注册资本 1 亿元，占其增资扩股后股权的 8.4933%。

前海股权交易中心（深圳）有限公司力求打造一个独立于沪深交易的新型资本市场，充分利用国务院赋予前海地区在金融改革创新领域先行先试的政策优势，发挥中心在场外市场的投融资功能、资源配置功能、风险发现和定价功能，为中小微企业提供综合性金融服务，积极探索产业链发展模式，以平台为基础设立一系列配套企业群，致力于发展成一个由若干层次平台和若干公司构成的多元化金融企业集团。

12. 发起设立腾邦梧桐第二期在线旅游产业投资基金

2016 年 7 月 19 日公告称，公司拟使用自有资金 5000 万元与腾邦集团有限公司、深圳市腾邦梧桐投资有限公司联合发起设立腾邦梧桐第二期在线旅游产业投资基金，公司作为有限合伙人承担有限责任。

腾邦梧桐第二期在线旅游产业投资基金将围绕公司的战略发展方向，聚焦于在线旅游、互联网金融、大数据相关企业的并购与重组过程中的投资机会，致力于服务上市公司的并购成长，推动公司价值创造，并在并购投资中合理运用杠杆，提前布局于与公司旅游金融生态圈相关的各细分行业等领域。通过本次投资，公司将借力腾邦梧桐第二期在线旅游产业投资基金实现公司的产业链整合和产业扩张，推动公司健康、快速成长。

腾邦集团有限公司是公司控股股东，深圳市腾邦梧桐投资有限公司是公司与深圳市前海梧桐并购基金管理有限公司发起设立的面向腾邦国际主营业务旅游及互联网金融相关领域的专业化投资管理公司，公司持有深圳市腾邦梧桐投资有限公司 39.20% 的股权，同时公司董事总经理乔海、董事副总经理兼董事会秘书周小凤任深圳市腾邦梧桐投资有限公司董事，根据《深圳证券交易所创业板股票上市规则》及相关规定，本次投资事项构成关联交易。

三、转型业务

1. 网络支付

据中国人民银行网站公告，深圳市腾邦国际票务股份有限公司全资子公司深圳市网购科技有限公司（后更名为深圳市腾付通电子支付科技有限公司）取得了中国人民银行颁发的《支付业务许可证》，许可证编号为Z2006844000016，许可业务类型为互联网支付、移动电话支付，许可业务覆盖范围为全国，许可证有效期至 2016 年 12 月 21 日。

本次取得《支付业务许可证》，使网购科技在行业内合法拥有了业务资质，同时也表明公司移动支付业务在机构、资金、技术、人员、风控、安全等方面已具备了较好的经营能力，对公司移动支付业务的顺利发展具有重要意义。

2. 网络借贷

公司旗下的 P2P 网络借贷平台"腾邦创投"是为了满足公司供应链金融业务发展而产生的，公司供应链金融有融资杠杆上限，P2P 网络借贷业务对于供应链金融的意义在于解决小贷资金问题，并突破杠杆上限。

该平台 2015 年实现营业收入和净利润分别为 5317.97 万元和 2917.95 万元，分别同比增长 23 倍和 83.8 倍（腾邦创投从 2014 年下半年开始正式运营）。2015 年腾邦创投撮合交易规模约 32 亿元，项目收益率为 7%～15%，截至 2016 年 8 月，平台放款总额达到了 39 亿元。

平台 P2P 网络借贷项目一般以企业经营性收入作为第一还款来源，该企业法定代表人提供保证反担保。此外，其中的"担保项目"和"保理项目"由深圳前海腾邦项目担保有限公司或深圳前海腾邦商业保理有限公司进行担保或应收账款保理（两个公司均为腾邦集团的控股子公司），达到为该项目增信的目的，担保公司或保理公司作为借款项目的第二还款来源。部分项目债权可以转让，投资人可以提前收回款项。还有一部分项目是以汽车等作为抵押进行融资借款，抵押贷款一般是个人进行小额融资。腾邦创投网络借贷业务模式如图 14-30 所示。

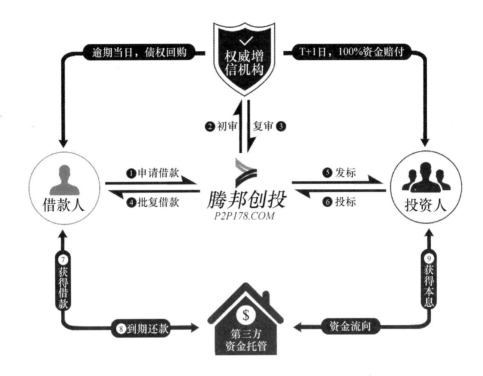

图 14 – 30 腾邦创投网络借贷业务模式

资料来源：腾邦创投官网。

3. 供应链金融

公司旗下小贷平台"融易行"为各中小微企业和个人提供优质快捷的资金服务。融易行现主营商旅循环贷、个人消费贷、拖头车抵押经营贷、公司经营贷及企业接力贷五种类型贷款。其业务流程如图 14 –31 所示。

联系我们
客服热线：4006940069-9-2

确认需求
面谈商洽，走访考察

提交资料
个人/企业相关信息

审批放款
审批通过，发放贷款

图 14 –31 融易行业务流程

资料来源：融易行官网。

公司 2015 年年报披露小额贷业务全年实现营业收入和净利润分别为 2.7 亿元及 1.01 亿元,分别同比增长 225.19% 和 191.08%。小额贷业务主要服务于腾邦本身机票代理客户的供应链金融("GSS + 八千翼"共约 11 万户小 B 公司),2015 年贷款余额约为 12.28 亿元,按照 6 亿元注册资金以及 1:2 的融资杠杆测算贷款上限为 18 亿元,已相距不远,而公司并购的欣欣旅游年末注册用户已达 11 万户且还未整合,未来小额贷仍有相当大的发展空间。

4. 其他后续互联网金融业务

2015 年,公司首先整合收购了多家区域旅行社龙头,并通过八千翼及欣欣旅游两大线上平台,聚集了超过 20 万家中小旅行社,同时,通过自设与收购并举的方式,取得了再保险、相互保险、保险经纪等牌照,日益全面布局金融领域。未来,随着航空公司提直降代以及同订同出等政策的推出,小代理商逐步向腾邦等大票代靠拢,市场集中度提升有望促进公司长久发展。

第七节　东方金钰 (600086)

一、主营业务

东方金钰股份有限公司(东方金钰)是目前国内翡翠行业唯一一家上市公司,注册资本 3.5 亿元,公司总资产逾 52 亿元,公司业绩和每股盈利近年来呈现平稳快速增长,2013 年销售收入逾 59 亿元。东方金钰是中国珠宝玉石首饰行业协会副会长单位,荣获中国珠宝玉石行业驰名商标、中国 500 最具价值品牌、中国珠宝首饰最具竞争力品牌。公司是深圳建行在行业内第一家战略合作伙伴,并发行全国首只信托翡翠基金——中信钰道基金,与中国黄金达成长期战略合作伙伴关系,是北京 2008 年奥运会、广州 2010 年亚运会、深圳 2011 年大运会特许产品经营商,创始人赵兴龙从事翡翠行业 20 余年，是我国著名的相玉大师、蜚声海外的翡翠赌石大王、《翡翠分级国家标准》专家组专家。

从图 14-32 和图 14-33 可见，近年来，公司营业收入增长停滞，净利

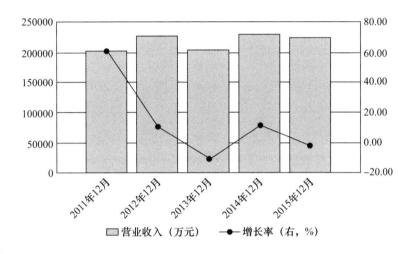

图 14-32　2011~2015 年东方金钰营业收入及增长率

资料来源：Wind 数据库。

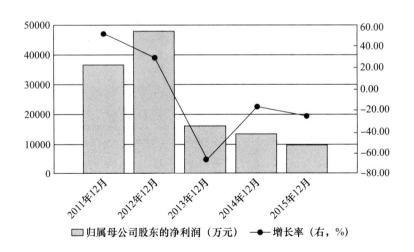

图 14-33　2011~2015 年东方金钰净利润及增长率

资料来源：Wind 数据库。

润连续 3 年负增长，这对公司提出了转型要求。另外，公司作为珠宝行业的领军企业，可以依托行业优势和互联网金融优势为行业整体供应链提供金融服务，这将是很好的一个转型方向。

二、转型路径

1. 非公开发行股票

2015 年 6 月 13 日非公开发行股票预案公告称，本次非公开发行的募集资金总额（含发行费用）不超过 80.08 亿元，扣除发行费用后，将用于以下项目："互联网＋"珠宝产业综合服务平台项目、设立深圳市东方金钰小额贷款有限公司、对深圳市鼎泰典当行有限公司增资、设立云南东方金钰资本管理有限公司和偿还金融机构贷款。

2. 建设"互联网＋"珠宝产业综合服务平台

公司拟使用募集资金 9.43 亿元对金钰网络出资及增资，金钰网络其他股东中深圳名厦投资有限公司届时将根据原持股比例出资及增资合计 2.38 亿元，深圳市吉之荣科技股份有限公司将继续出资 900 万元并放弃本次增资。增资完成后，金钰网络实收资本将达到 12 亿元，全部用于建设"互联网＋"珠宝产业综合服务平台项目。

该项目将以投融资信息和珠宝产品为核心，打造从产品到投资服务一体化的珠宝行业垂直类网络平台，以珠宝行业 P2P 网络借贷、在线珠宝商城、珠宝论坛为主要服务产品，聚合珠宝消费者、珠宝商户和投资者。

3. 设立深圳市东方金钰小额贷款有限公司

公司拟使用募集资金 22 亿元增资深圳东方金钰，并由其全资发起设立深圳市东方金钰小额贷款有限公司。该项目主要功能为向深圳地区珠宝商户提供小额贷款服务。

珠宝行业小额贷款有助于推动珠宝行业理性化和差异化发展，助推行业转型升级。珠宝行业的进一步发展有赖于占行业数量 90% 的中小微企业和个体经营户，金钰小贷项目不仅给行业客户带来了资金，更将在与"互联网＋"珠宝产业综合服务平台结合后为客户带来整合、创新的信息与机会,发掘行业新理念、新思维。

4. 对深圳市鼎泰典当行有限公司增资

该项目拟使用募集资金 26 亿元对深圳东方金钰增资,鼎泰典当行其他股东承诺放弃优先增资权。该项目实施后,鼎泰典当行将成为深圳东方金钰控股子公司,向珠宝行业商户及消费者提供珠宝典当服务。

5. 设立云南东方金钰资本管理有限公司

该项目拟使用募集资金 2.45 亿元对云南兴龙珠宝增资,并由公司及云南兴龙珠宝分别出资 2.55 亿元、2.45 亿元发起设立云南东方金钰资本管理有限公司。该项目主要功能为向云南地区珠宝商户提供小额贷款服务。

本次募集资金项目完成后,公司将从传统的线下黄金珠宝销售企业转型为与互联网结合的珠宝行业综合服务企业,业务领域进一步拓展,市场规模及成长前景良好,有利于提升公司盈利能力。此外,部分募集资金将用于偿还公司贷款,有利于降低财务费用。综上所述,本次发行将有助于提高公司的整体盈利能力。

6. "东方金钰网贷"上线运营

2015 年 7 月 10 日,公司控股子公司深圳市东方金钰网络金融服务有限公司旗下运营的互联网金融服务平台"东方金钰网贷"正式上线。

专注珠宝翡翠行业的 P2P 网络借贷平台,为有投资理财需求的客户和有融资贷款需求的珠宝中小商户提供珠宝行业投融资信息服务,向以珠宝抵押的借款人提供珠宝鉴定、评估服务。东方金钰网贷的正式上线运营,有助于公司进一步整合旗下各类金融资源,更好地服务珠宝行业实体产业,加快公司发展战略转型步伐。

三、转型业务

公司的转型业务为 P2P 网络借贷业务。公司打造的东方金钰网贷平台专注于珠宝行业融资细分领域,为珠宝全产业链条提供企业融资服务。该平台凭借东方金钰在珠宝行业丰富的行业经验,针对行业特性开展企业融资借贷服务。平台上线后,截至 2016 年 6 月 24 日,公司成交额已达到 19

亿元。

平台的融资方主要是珠宝行业上下游产业链上的企业，包括珠宝翡翠的生产加工、设计、销售等企业，其资金需求量大，因此相较其他P2P网络借贷平台，公司的融资金额较高。融资企业多以翡翠、珠宝等高价值物品作为抵押，由平台的专家估值团队进行估值，融资金额不高于抵押物估值，如融资企业出现还款问题，平台可对抵押物进行快速变现偿还借款。

从平台相关数据来看，平台融资速度较快，大多数融资计划完成时间为5～8小时，最长不超过1天，且随着平台还款信用记录提升，资金筹集时间呈逐步缩短趋势。

平台产品分为三大类：

（1）金赢宝是针对优质珠宝企业的短期抵（质）押项目，项目金额一般在1000万元以下，融资期限为1～3个月。

（2）钰赢宝是针对优质珠宝企业的短期抵（质）押项目，金额在1000万～5000万元，融资期限为3～6个月。

（3）金钰满堂是针对优质珠宝企业的长期抵（质）押项目，融资金额在1000万元以上，期限为6个月以上。

在风险控制方面，金钰网贷凭借母公司东方金钰在珠宝行业的地位和在整个产业链各环节上的经验，对有借款需求的上下游优质企业在信誉、口碑、经营现状、资金需求等方面做出详细分析，以业内专业评判技术，对抵（质）押物的真实价值和抵（质）押折扣率做出准确判断，保护投资者利益。在借款前，每笔业务从受理借款申请开始，对项目的可行性、资金用途、财务状况、还款能力等多方面进行严格的审核；在借款后，对融资方各类经营活动进行监督，实时了解借款项目的实际情况，保障投资安全。东方金钰网贷产品示例如图14-34所示。

东方金钰2015年年度报表上披露网络金融服务业务的利润率达到了90.76%，远高于其他业务的利润率。

可投金额：0.00
账户余额：0.00

借款人介绍　　项目介绍　　资料审核　　风控措施

1. 项目基本要素

借款金额：3000万元

借款期限：12个月

借款用途：购买珠宝原材料

还款来源：货物销售收入

2. 质押物

质押物为翡翠原料2件，经专家组鉴定评估，质押物评估价值不低于7800万元。

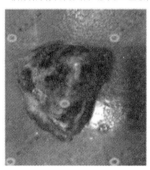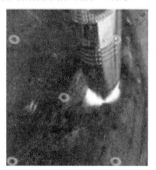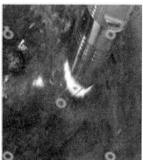

图 14 - 34　东方金钰网贷产品

资料来源：东方金钰官网。

第十五章　其他类别

　　本章共四家企业，它们的业务在行业分类中比较分散，且无相关性，所以将其归为其他。

　　本章的四家企业所处领域各不相同，欧浦智网和安源煤业都涉足大宗商品交易的不同环节，所以都以供应链金融为切入点，借助互联网手段进行创新，如安源煤业创新性地推出 P2S 模式（Peer to Supply Chain），两家企业在资产端和风控手段上都具备天然优势。熊猫金控和新力金融则都是计划剥离原有业务，收购、创立金融机构，从烟花、水泥等传统行业彻底转型为以金融业务为主的上市公司。熊猫金控大力发展互联网金融 P2P 网络借贷，并围绕互联网金融开展一系列线上线下业务；新力金融借壳上市，其资本运作手段有较强的参考意义，旗下的金融业务已经发展得较为成熟，并从传统的小额贷款、担保等金融业务切入互联网金融领域，有较好的业务基础和资源协同效应。

第一节　欧浦智网（002711）

一、主营业务

　　欧浦智网股份有限公司（欧浦智网）是一家集实体物流和电子商务于一体的大型第三方钢铁物流企业，能够提供大型仓储、剪切加工、金融质押监管、转货、运输、商务配套、综合物流服务、钢铁现货交易以及钢铁资讯等全方位、"一站式"的第三方钢铁物流服务，拥有"欧浦钢铁交易市场"和"欧浦钢网"两大主体，采用"实体物流＋电子商务"的发展模式。

通过图 15－1 和图 15－2 不难发现，欧浦智网营业收入和净利润稳健增长。公司形成"智能物流＋电商平台＋供应链金融"体系，电商在钢铁、家具基础上已延伸至塑料和冷链，同时在增资欧浦小贷、携手民生电商后，供应链金融业务也将得到优化。

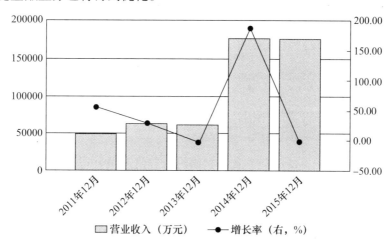

图 15－1　2011～2015 年欧浦智网营业收入及增长率

资料来源：Wind 数据库。

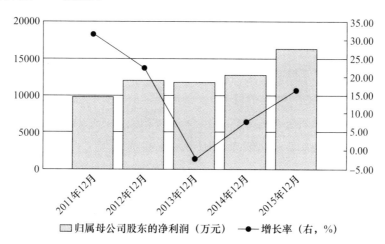

图 15－2　2011～2015 年欧浦智网净利润及增长率

资料来源：Wind 数据库。

二、转型路径

1. 投资欧浦家具电子商务平台

2014年11月18日公告称，公司与全资子公司深圳市前海弘博供应链物流有限公司共同投资欧浦家具电子商务平台项目。

项目建设紧紧围绕行业市场实际需求，以网上交易与采购平台（欧浦家具网上商城）建设为核心，以欧浦家具微商城、移动APP系统、金融质押平台、供应链金融服务平台、物流配送调度服务平台、第三方支付平台、私人订制平台、大数据服务平台和专业导购平台等建设为配套，为消费者提供全方位、"一站式"的网上交易和管理服务。

2. 欧浦家具网正式上线

2014年12月19日，广东欧浦钢铁物流股份有限公司①推出的欧浦家具网正式上线。该项目投资有利于拓展公司销售渠道和服务内容，进一步优化供应链服务体系建设，加速O2O的互动和深度融合，为客户提供更全面的金融支持服务。

3. 签署战略合作保理协议

2014年12月3日公告称，广东欧浦钢铁物流股份有限公司与深圳市前海森福商业保理股份公司签订了《战略合作业务保理协议》。本次协议的签署将进一步优化公司供应链金融服务体系建设，提升公司产业运作效率，抓住行业整合机会，促进公司快速、稳健、可持续发展。

4. 收购欧浦小贷100%的股权

2015年4月8日公告称，广东欧浦钢铁物流股份有限公司与佛山市顺德区欧浦小额贷款有限公司股东佛山市中基投资有限公司及金泳欣等八位自然人签署了《股权收购意向书》，公司拟投资不超过3亿元收购欧浦小贷100%的股权，从而更好地满足公司成长及战略发展需要，加速电子商务平台及互联网金融业务的布局。

---

① 2015年8月18日，公司名称由"广东欧浦钢铁物流股份有限公司"变更为"欧浦智网股份有限公司"。

5. 增资欧浦小贷

2015 年 8 月 7 日公告称，为进一步推进佛山市顺德区欧浦小额贷款有限公司业务的发展，公司拟使用自有资金 1 亿元对欧浦小贷进行增资，本次增资完成后，欧浦小贷的注册资本将由原来的 2 亿元增加至 3 亿元。公司增资欧浦小贷后，将会进一步完善"交易平台＋金融＋物流"的业务模式，进一步扩大放贷规模，满足更多客户的融资需求。同时有助于增强公司在产业链金融服务领域的核心竞争力。

6. 携手平安银行

2015 年 9 月 16 日公告称，公司拟与平安银行签署《银企战略合作协议》，平安银行拟提供授信额度 15 亿元作为意向性授信表示。平安银行在金融领域拥有丰富的资源，公司在电商服务领域积累了多年的经验，公司和平安银行将发挥各自优势，寻求互惠互利的创新合作模式，为双方的金融业务提供补充，有助于公司推动互联网金融和供应链金融平台的建设。

7. 携手民生电商

2015 年 12 月 17 日公告称，公司与民生电商控股（深圳）有限公司签订了《合作框架协议》。根据协议，公司优先使用民生电商支付结算平台、互联网金融平台，优先销售民生电商的互联网金融产品；民生电商优先使用公司的仓储物流系统、电子商务平台，优先向欧浦智网推荐客户提供融资服务。双方对优先使用对方的服务提供优惠便利条件。

本次合作是基于看好供应链金融发展前景，加速公司线上线下业务的进一步融合，发挥业务协同效应，符合公司发展战略。

8. 携手上海钢银

2015 年 12 月 19 日公告称，公司与上海钢银电子商务股份有限公司签订了《战略合作框架协议书》。双方在互惠互利、优势互补的基础上，就全国范围内本公司所持有的专业物流基地和剪切加工配送中心展开全面合作。本次公司与上海钢银进行合作，将会把上海钢银的线上流量导入线下，有利于进一步增加公司仓储和加工业务量，扩大公司仓储和加工业务规模。双方合作是基于对公司物联网智能仓库和精细化加工体系等实体物流服务的肯定，能够充分发挥双方优势，实现优势互补和合作共赢。

9. 携手顺德农商行

2016 年 1 月 30 日公告称，公司与广东顺德农村商业银行股份有限公司签订了《在线供应链融资业务合作框架协议》。此次合作是为了给公司综合电商平台上的交易提供跟单融资等更多的金融服务，促进公司战略转型的实施，有利于进一步完善公司供应链金融的布局，实现产业、互联网和金融的跨界融合。

三、转型业务

1. 供应链金融服务

公司在家具、钢铁、塑料和冷链等行业积累的庞大数据资源，以及线下完善的仓储监管配套服务，为开始供应链金融业务提供了有力支持。目前公司已经为客户提供网上贷、金融质押监管、保理业务等模式成熟的供应链金融服务。

公司全资子公司欧浦小贷主要为中小企业及工商个体户提供小额流动资金贷款、小额技术改造贷款、小额科技开发贷款、小额委托贷款、小额综合授信以及小额中长期或短期的各类贷款。其主要业务有"优质客户贷款计划"、常规"线下贷"和全国范围内的"网上贷"。欧浦小贷具备线上灵活放贷，以及线下仓储和物流支撑强大的优势，也是继阿里小贷后为数不多可向全国会员发放网上贷款的公司。

2. 其他后续转型业务

公司使用募集资金收购欧浦小贷 100% 的股权，并增资 1 亿元扩大放贷规模，为供应链金融布局；公司致力于金融生活服务平台建设、用金融衔接互联网和传统产业、构建金融应用场景的民生电商展开合作。此外，公司还与平安银行等展开合作，搭建银企融资平台，助力供应链金融服务发展。可以看到，公司在积极地进行供应链金融布局，金融、仓储、线上及线下全面出击，大力推进互联网金融与产业的对接。

第二节　安源煤业（600397）

一、主营业务

安源煤业集团股份有限公司（安源煤业）是江西省国资委下属江能集团的能源业务上市融资平台，集团正向多元化综合能源转型，以景德镇分公司下属煤矿置换集团煤层气发电和燃气等非煤资产。公司原以煤炭采掘销售、浮法玻璃生产、玻璃深加工及客车制造为主业，后完成重大资产置换及发行股份购买资产，以及完善法人治理结构，实现平稳过渡，并成为煤炭采掘专业公司。

通过图15-3和图15-4可以看到，安源煤业营业收入下滑明显，净利润更是出现断崖式下跌。企业的业绩显然受到了行业整体不景气的影响，并且未来业绩预期不甚乐观，所以转型迫在眉睫。公司目前积极推进与大唐

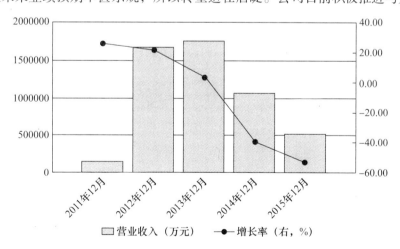

图 15-3　2011～2015 年安源煤业营业收入及增长率

资料来源：Wind 数据库。

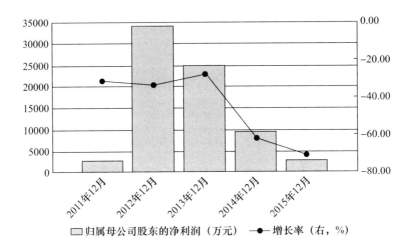

图 15 - 4　2011～2015 年安源煤业净利润及增长率

资料来源：Wind 数据库。

发电合作的煤电一体化项目、九江储备基地以及江西煤炭交易中心的电商平台，以实现产融贸多元化发展。

二、转型路径

1. 搭建煤炭电子交易平台

安源煤业在 2014 年年度报告中明确提出将搭建覆盖"两湖一江"区域的江西省煤炭电子交易中心，该中心两大股东为安源煤业（占股 50%）及天津泛亚电子商务技术服务有限公司（占股 50%）。根据 2014 年年报，该交易中心的投资端通过互联网平台和煤炭行业专业化风控为中小企业提供供应链金融服务。融资端除银行授信外，还借助互联网金融上线 P2P 平台快速灵活扩大融资规模，支撑供应链金融需求。

2. 煤炭交易及互联网金融平台正式上线

2015 年 4 月 29 日公告称，江西省煤炭交易中心有限公司推出的煤炭交易及互联网金融平台经试运行状态良好，已于 2015 年 4 月 28 日正式上线，标志着公司正式迈入互联网金融领域。

煤炭交易及互联网金融平台是将公司煤炭产业的综合优势和互联网技

术的创新手段相结合建立的供应链金融和互联网金融、产业资本和金融资本深度融合的综合性服务平台。该平台创建的 P2S 运营模式将互联网金融与煤炭供应链对接，将金融资本导入煤炭产业，为会员提供"一站式"服务，为煤炭上下游企业提供电子化、模式化的信息、交易、融资、结算等综合服务，助力煤炭企业客户实现信息流、资金流、物流的有效结合，从而加快货物和资金流转，提高交易效率，降低交易成本。

三、转型业务

1. 供应链金融

目前煤炭行业主要面临以下三方面问题：

（1）下游企业议价能力提升，付现比例下降，上游和流通环节账期延长。随着近年来煤炭供需宽松，上游产业链地位下降，下游（包括 2016 年利润较好的火电企业）付现比例逐年下滑，应付款逐年抬升，而煤炭企业应收款和票据占比连续上升，应收账款周转率连续下降。

（2）煤矿库存高位，资金占用较大。在供需宽松下，煤矿库存逐年上升，据煤炭工业协会数据，全国各环节煤矿库存总量近年来一直保持在 3 亿吨以上，按照 350 元/吨的煤价计算，沉淀资金超过 1000 亿元。

（3）在传统银行的信贷模式下，中小企业由于规模小、实力弱，难以提供担保、质押等获得银行授信，融资难一直困扰着中小企业，特别是煤炭、钢铁等传统行业。前几年爆发的钢贸商融资骗贷以及融资矿违约事件更是让银行对煤炭的中小贸易商避之不及。

江西省煤炭交易中心创新性地推出 P2S 模式，将煤炭供应链和互联网金融结合在一起，使得资金在供需双方之间直接、自由、低成本、低风险地流动。经过一年多的运营，交易中心累计交易额突破 8 亿元，累计为投资客户创造收益 9133715.65 元，无一单坏账。

交易中心的 P2S 模式依托平台的委托受托业务，基于委托方会员连续、真实的贸易，引入受托方会员来协助委托方会员为其垫付货款、销售或采购商品。交易中心通过对会员贸易项下的货物、应收账款、业务流程进行密切监控，整合第三方保险、仓储、物流支持，辅以逐日盯市、跌价补偿手段, 建立质押物处置渠道, 在煤炭供应链中有效控制了风险。P2S 业务模式如图 15 - 5 所示。

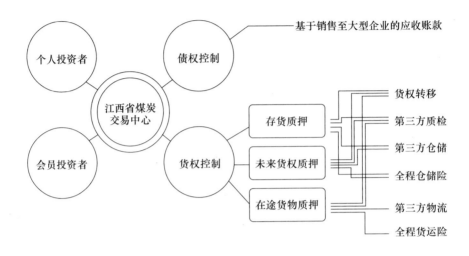

图 15 - 5　P2S 业务模式

资料来源: 安源煤业官网。

委托销售流程:

(1) 交易中心会员完成货物入库。

(2) 交易中心登记确认, 生成注册仓单。

(3) 交易中心会员使用注册仓单进行挂牌/摘牌并委托销售。

(4) 交易中心受托方会员为委托方会员垫付货款, 并代持委托货物。

(5) 货物销售未完成时, 委托方、受托方会员可随时终止委托受托业务。

(6) 货物销售完成, 结算货款, 委托受托业务自动结束。

委托采购流程:

(1) 交易中心会员支付保证金进行线上采购。

(2) 采购货物到库并完成入库, 交易中心登记确认。

(3) 交易中心会员对已成交的交易合同申请委托。

(4) 交易中心受托方会员为委托方会员垫付货款, 并代持委托货物。

(5) 委托方会员可随时支付货款, 终止委托受托业务, 收回委托货物并办理出库。

在资金安全方面，交易中心与多家商业银行系统直联，会员资金划入自定存管银行账户后，交由银行实施管理，不允许挪作他用，交易中心与银行实行每日对账，保证投资资金的安全。交易中心账号与银行账户一一对应，资金只能转出到认证及绑定过的银行账户，保证资金的转入转出安全，同时辅以交易中心账户密码、资金转账密码、银行账户密码等多重保护，确保资金安全。会员通过交易中心网站、网银、银行柜台、电话银行、手机银行等多种方式快速便捷地将资金在投资账户和银行账户间自由调拨，无资金量限制，瞬间到账，保障资金效率。

2. 其他后续转型业务

煤炭贸易属于资本密集型大宗贸易，贸易链条涉及铁路港口物流、煤炭采购、库存场地等多个方面，货物仓储运输量大，运输周期长，需要大量贸易资金支持。

虽然煤炭行业难以如传统电商一样从撮合交易切入互联网，但从大宗商品供应链金融角度切入互联网金融极具示范意义，钢铁、原油等大宗商品都可借鉴。当前产业链各环节账期延长，存货堆积，银行对中小企业和贸易商的融资制约越发严重，煤炭庞大的流通贸易环节可为供应链金融提供施展空间。

交易中心在投资端可通过互联网平台和煤炭行业专业化风控为中小企业提供供应链金融服务，依靠安源煤业深耕煤炭行业多年所积累的经验，可以大大提高煤炭行业专业化的风险控制能力，从而将风险收益比控制在合理水平。同时，可通过 P2P 网络借贷平台快速灵活地扩大融资规模，未来还可以开展票据、在线交易等服务以支持供应链金融的发展。

第三节　新力金融（600318）

一、主营业务

安徽新力金融股份有限公司（新力金融）地处安徽省巢湖市，原名

"安徽巢东水泥股份有限公司"，于 2016 年 3 月发布公告，正式将公司名称改为"安徽新力金融股份有限公司"，意味着向类金融业务的全面转型。公司原主营水泥及相关产品的生产、销售，主要产品包括"巢湖"牌和"东关"牌普通硅酸盐水泥、矿渣硅酸盐水泥、水泥熟料、复合水泥等。近年来，由于市场需求减弱，销售价格大幅下降，行业竞争异常激烈。对此，股东结构率先大洗牌，原大股东退出：通过分批次协议转让股份的方式，公司原大股东昌兴矿业彻底退出公司，具备安徽国资背景的新力投资入主成为大股东。公司彻底转型，收购供应链金融标的，完整剥离水泥业务。

从图 15－6 和图 15－7 可以看出，公司近年来主营业务收入增长停滞不前，净利润则停止增长。公司业绩显然受到宏观经济增速减弱、固定资产投资增速下滑、行业产能过剩、水泥市场价格出现明显下滑趋势等宏观及行业环境的负面影响。在激烈的市场竞争和全国水泥行业严重产能过剩的情况下，公司拟将水泥业务相关的资产和负债完整出售给第二大股东海螺水泥的全资子公司巢湖水泥，同时与水泥业务相关的员工全部转移至巢湖水泥，水泥业务将整体剥离出公司，彻底向金融业务转型。

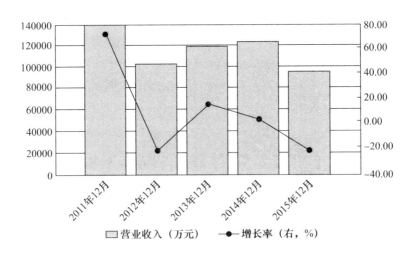

图 15－6　2011～2015 年新力金融营业收入及增长率

资料来源：Wind 数据库。

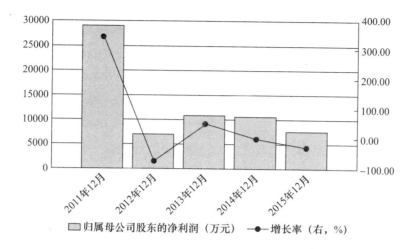

图 15 – 7 2011 ~ 2015 年新力金融净利润及增长率

资料来源：Wind 数据库。

二、转型路径

1. 重大资产购买，进军互联网金融

2015 年 2 月 6 日，安徽巢东水泥股份有限公司公告重大资产购买预案摘要（修订稿），称公司拟以现金方式收购新力投资等 46 名交易对象持有的五家类金融公司股权，其中新力投资在本次交易中获得交易对价约 9.89 亿元，占交易总金额的 58.76%。

本次交易完成后，上市公司主营业务将扩展至小额贷款、融资性担保、融资租赁、典当、P2P 网络借贷等类金融业务。交易具体标的资产分别是：德善小贷 55.83% 的股权，德信担保 100% 的股权，德合典当 68.86% 的股权，德润租赁 60.75% 的股权、德众金融 67.5% 的股权。本次重大资产购买完成后，德信担保成为公司的全资子公司，德善小贷、德合典当、德润租赁、德众金融成为公司的控股子公司。

2. 股权转让，引入新力投资

2015 年 4 月 1 日公告称，安徽新力投资集团有限公司就安徽巢东水泥股份有限公司此前重大资产重组中收购的有关资产未来 3 年盈利进行了承诺，为了更好地履行其盈利承诺，保障上市公司及相关方的利益，新力投资与昌兴矿业投资有限公司协商，由昌兴矿业向新力投资协议转让其持有的巢东股份3630万股（占巢东股份公司股份总数的15%）。

本次转让完成后，公司第一大股东仍为昌兴矿业，新力投资将成为第三大股东，本次权益变动不会导致公司控股股东及实际控制人发生变化。

根据2015年7月8日安徽巢东水泥股份有限公司关于股东增持的公告，新力投资于2015年7月7日通过上海证券交易所交易系统增持公司股份5667094股，占公司总股本的2.34%，买入均价为14.76元。本次增持后，新力投资持有的公司股份数量为41967094股，占公司总股本的17.34%，新力投资成为公司第二大股东。

根据现行《上市公司重大资产重组管理办法》的有关规定，金融、创业投资等特定行业暂不适用借壳上市规定，即金融、创业投资等特定行业的企业无法实现借壳上市。

目前，国内资本市场构成借壳上市有两个必要条件：一是置入资产超过上市公司前一年资产规模的100%；二是上市公司的实际控制人变更。只要能够规避其中一个条件，就无须进行借壳上市审核。虽然巢东股份收购的类金融资产规模已经达到上市公司净资产的148%，但公司的实际控制人并没有发生变化，所以不构成借壳上市。

2015年3月31日，巢东股份控股股东昌兴矿业向新力投资协议转让了其持有的3630万股上市公司股份，占公司股份总数的15%。此次股份转让每股受让价格为16元，总价款5.808亿元。新力投资分两期支付给昌兴矿业，2015年3月31日前付清2.2亿元，2015年4月13日前付清3.608亿元。

2015年6月23日，巢东股份又发布公告称，公司控股股东昌兴矿业当日分别与华泰资管和自然人张敬红签署了股权转让协议，以协议转让方式转让其持有的巢东股份股票4370万股，占公司总股本的18.06%。转让后，昌兴矿业将不再持有巢东股份的股票。

昌兴矿业从巢东股份中全身而退后，上市公司的控制权也随之发生变化，持有上市公司股份16.28%的海螺水泥晋级为公司第一大股东，持股15%的新力投资成为第二大股东，华泰资管和张敬红则居于第三大股东和第四大股东的位置。

2015年7月6日，巢东股份公告表示，公司股东安徽新力投资集团有限公司计划未来12个月内（自2015年7月6日起算）以自身名义通过二级市场增持公司股份，累计增持数量1210万股左右，约占公司总股份的5%。本次计划增持完成后，新力投资将持有公司股份4840万股，占公司总股本的20%。本次增持完成后将导致公司实际控制人发生变化，新力投资由此晋升为上市公司第一大股东，成为上市公司实际控制人。

3. 重大资产出售，剥离水泥相关业务

2015年11月7日公告称，巢东股份拟将水泥业务相关的全部资产与负债出售给海螺水泥的全资子公司巢湖海螺，巢湖海螺以现金111386.68万元向巢东股份支付对价。

本次交易完成后，上市公司主营业务将置出水泥业务，进一步聚焦类金融服务业务，实现转型升级与长远发展。小额贷款、融资租赁、典当等类金融前景广阔，处于历史发展机遇期，有利于上市公司未来的可持续发展。

4. 彻底转型，更名为新力金融

2016年3月31日，安徽新力金融股份有限公司发布关于变更证券简称的公告：2015年第四次临时股东大会审议通过了《安徽巢东水泥股份有限公司章程修正案》，拟将公司名称由"安徽巢东水泥股份有限公司"变更为"安徽新力金融股份有限公司"。2016年3月25日完成了工商变更登记手续，取得了新的企业法人营业执照。

三、转型业务

公司目前的互联网金融业务主要是网络借贷。旗下德众金融（见图15-8）为安徽省供销社下属的安徽新力投资集团发起成立的安徽省国资背景网络借贷平台，致力于为有投资理财或者融资需求的企业及个人搭建公开、透明、稳健、高效的综合化金融服务平台，形成了以具有国有或政策性背景的担保公司、优质小贷公司、典当公司、融资租赁公司等担保项目为主导产品，以借款人自有或第三方抵押为担保主体的"抵押贷"及以政府信用为背书的"政信贷"等丰富的多元化产品体系。产品包括：

图 15 – 8　德众金融网络借贷平台

资料来源：德众金融官网。

（1）国资保：由政府财政或国资全资或绝对控股的专业融资性担保公司、小额贷款公司、融资租赁公司、保理公司、典当公司、资产管理公司等合作机构为借款人提供连带责任保证担保或承诺回购债权的融资。平台对担保机构实行严格的准入和额度管理，平台和担保机构对融资项目进行双重调查、透明披露，并加强贷后监测和催收管理。

（2）抵押贷：借款人以房地产（车辆）进行抵押担保、用以满足个人消费或经营需求的融资产品。该产品小额分散、风险可控，单笔额度原则上最高不超过100万元；抵押物易于变现；抵押足值、本息保障。

（3）周转易：针对个人在购车、房屋买卖、置换银行贷款过程中产生的阶段性融资需求所设计的融资产品。因银行贷款审批时间或房屋买卖时间较长，故在借款人借款用途真实可靠的前提下，在一定额度内提供临时性周转资金。该产品额度小，风险分散，用途明确，实行动态监测；产品周期超短，贷款期限原则上控制在1个月以内，最长不超过3个月，因银行贷款审批时间或房屋交易完成时间不确定，故可能提前还款。

（4）金色链：平台围绕供应链中核心企业上下游中小企业的融资需求而设计的供应链融资产品，其通过核心企业对上下游企业资金流和物流的控制，把单个借款人的不可控风险转变为供应链企业整体的可控风险。该产品用途明确，交易真实。

（5）债易宝：符合平台合作准入标准的小额贷款公司、融资租赁公司、典当公司、保理公司、资产管理公司以及经政府主管部门批准设立的股份制商业银行等金融机构（转让机构）将其存量信贷资产向境内自然人（或其他合格投资人）进行收益权转让以取得相应对价，但债权未转移，原有债务人仍将清偿债务款项支付给转让机构，并由转让机构承诺到期无条件回购收益权的业务。

（6）信宜融：平台为满足优质企业及个人融资需求设计的融资产品，主要为资信状况良好、家庭经济实力较强的个人，或者信用状况、生产经营状况良好的企业提供的流动资金授信。该产品借款人资信优质，第一还款来源可靠，风险可控。担保方式可以为信用、保证、抵押、质押等方式或者几种担保方式的灵活组合。

（7）政信贷：政信贷是以政府信用为背书，满足地方基础设施、基础产业、公用事业建设及国有企业生产经营资金需求的融资产品。此类项目均符合国家政策且为地方政府重点项目，用途公益性强；项目以地方政府信用为背书，还款来源稳定且多样，包括财政资金、地方土地出让收入、借款人生产经营收入等；同时，此类项目一般期限较长、收益稳健，是安全、稳健的中长期投资的理想选择。

第四节　熊猫金控（600599）

一、主营业务

熊猫金控股份有限公司（熊猫金控）地处中国烟花之乡浏阳，经过30多年的发展已成为中国最大的鞭炮烟花出口公司，也是国际烟花行业唯一的上市公司。公司在浏阳、醴陵、万载、上栗等地建有大型烟花生产与科研基地，生产和经营的烟花鞭炮产品涵盖数千个品种。2015 年，公司进行重大资产重组，名称由"熊猫烟花集团股份有限公司"变更为"熊猫金控股份有限公司"，经营范围变更为以自有资产进行互联网产业的投资和管理，在全省范围内从事第二类增值电信业务中的信息服务业务（仅限互联网信息服务，不含新闻、出版、教育、医疗保健、药品和医疗器械、文化、广播电影电视节目、电子公告服务）等。

近年来，受各级政府限放禁放政策的限制、国内民众环保意识的加强、雾霾天气的肆虐等因素的影响，国内烟花市场需求不断萎缩，影响公司未来的持续发展。面对严峻的行业形势，公司及时调整发展战略，推动企业转型升级，及时把握互联网金融新蓝海机遇，初试互联网金融成效显著，为保障公司持续稳定发展奠定了坚实的基础。

从图 15－9~图 15－13 可以看出，公司调整了相关发展战略，开始向互联网金融转型，并陆续对烟花业务相关资产以租售、关停和剥离等方式进行处置。

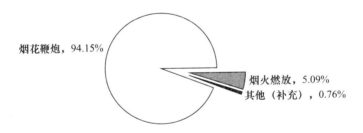

图 15－9　2013 年熊猫金控主营收入占比

资料来源：Wind 数据库。

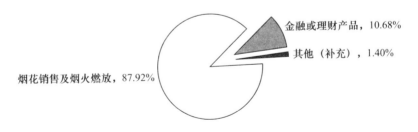

图 15－10　2014 年熊猫金控主营收入占比

资料来源：Wind 数据库。

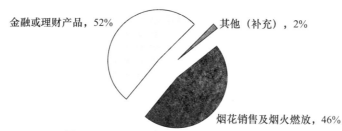

图 15 – 11　2015 年熊猫金控主营收入占比

资料来源：Wind 数据库。

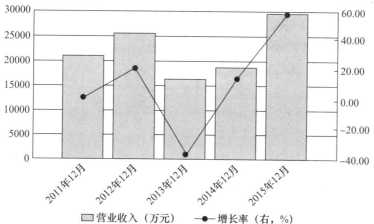

□ 营业收入（万元）　━●━ 增长率（右，%）

图 15 – 12　2011～2015 年熊猫金控营业收入及增长率

资料来源：Wind 数据库。

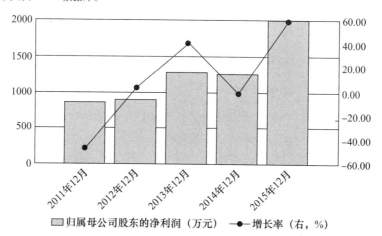

□ 归属母公司股东的净利润（万元）　━●━ 增长率（右，%）

图 15 – 13　2011～2015 年熊猫金控净利润及增长率

资料来源：Wind 数据库。

二、转型路径

1. 投资平台

2014 年 4 月 2 日熊猫烟花公告称，拟出资 1 亿元设立全资子公司熊猫资本管理有限公司，作为熊猫烟花多元化发展的投资管理平台。

公司称，由于市场需求下滑，且花炮作为传统工艺品，行业竞争激烈，因此公司决定拓展多元化经营。通过设立熊猫资本，依托母公司品牌和渠道，开展项目投资、投资管理和财务顾问等业务，从而优化公司业务，降低公司风险。

2. 设立银湖金融，涉足小额贷款

2014 年 4 月 1 日公告称，经和相关主管部门沟通，原拟由万载县熊猫烟花有限公司投资 2000 万元设立银湖网络科技有限公司（银湖网）变更为由熊猫资本管理有限公司投资 1 亿元设立。

公告称，银湖网络科技有限公司设立后将主要开展信用风险评估与管理、小额贷款行业投资、小微借款咨询服务和交易促成、借贷信息咨询和发布等业务，同时建立完整和严谨的风险管理体系，利用熊猫烟花在全国各地的渠道优势联动作业，在更大范围内进行业务拓展。

此次发起设立银湖网络科技有限公司，是公司进入资本市场、实现产融联合的重要战略步骤。在主业之外拓宽生存空间和盈利空间，建立多元化业务体系，能有效促进公司产业转型升级，分散主营业务经营风险，保障公司产业接替、资本增值及持续发展。

2014 年 12 月 30 日公告称，根据银湖网络科技有限公司的经营情况，考虑到市场前景广阔，为满足其配套的流动资金需求，促进其业务发展，熊猫资本管理有限公司拟将自筹资金以现金方式向银湖网络科技有限公司增资 1 亿元，增资完成后银湖网络科技有限公司注册资本为 2 亿元人民币。

2014 年 12 月 30 日公司公告称，银湖网络科技有限公司主要作为线上投资与咨询信息发布平台，为客户发布信息，促成交易。融信通商务顾问有限公司（公司旗下另一子公司）作为银湖网的重要合作伙伴，互相依托，利用公司在全国各地的渠道优势联动作业，在各地成立实地营业部，为客户提供面对面的实地信用风险评估、投资项目咨询等服务。银湖网与融信通的战略合作形成了完整和严谨的线上线下相结合的风险管理体系、信息发布及交易促成平台。

根据银湖网及融信通的行业特点及发展情况，为促进银湖网和融信通业务发展，银湖网拟在1亿元额度内以自有资金补充风险备用金，融信通拟在5000万元额度内以自有资金补充风险备用金，用于垫付逾期债权和收购不良债权，具体规模将根据业务情况而定。

3. 设立融信通商务顾问有限公司

2014年6月6日公告称，公司全资子公司熊猫资本管理有限公司出资5000万元设立融信通商务顾问有限公司（融信通），占注册资本的100%，新设立公司主要从事信用评估与管理、投资咨询、经济咨询、商务咨询及其他经批准的业务。

融信通作为银湖网的战略合作伙伴，主要经营小额信用借款咨询服务和为投资人提供便捷安全的理财服务，为银湖网提供线下资金及流量导入。融信通已经在全国10余个城市建立了实体金融服务门店，为互联网金融业务快速发展夯实了基础，类似早期宜信这类理财公司。

4. P2P网络借贷平台银湖网正式上线

2014年7月8日公告称，由公司下属孙公司银湖网络科技有限公司开发运营的互联网金融平台银湖网正式上线。银湖网采用P2P网络借贷的金融模式，实现用户投资和融资的双向通道，以互联网技术和创新的模式为广大用户提供安全、高效的投融资服务。

公司称，银湖网力求打造最值得信赖的互联网借贷平台，力求设计有保障、可操作的融资方案，并引入担保、反担保措施。银湖网正式上线后引起市场的广泛关注，上线一周已经累计注册近千名用户，线上融资项目全部成功满标，目前投资人的投资需求量大，网站正努力增加标的数目以满足用户的投资需求。

截至2015年6月，银湖网成交金额突破10亿元，并与芝麻信用达成战略合作协议，与民生银行达成全面深度合作，截至6月底在全国P2P网络借贷平台"百强榜"排列第18名，并且摘得"2014卓越竞争力成长性P2P网络借贷企业"桂冠。

5. 计划投资设立支付公司

2015年3月31日公告称，拟由熊猫资本管理有限公司投资1亿元设立熊猫网络支付有限公司（熊猫网络支付）。

经营范围：为中小微企业、金融机构、行业客户和投资者提供金融支付、理财平台等综合支付服务，技术开发、技术服务、技术咨询，以及金融信息服务。

熊猫网络支付将借助计算机、移动设备和互联网信息安全技术，在用户和金融机构支付结算系统间建立连接，通过其支付平台把消费者、商家和金融机构连接在一起，实现从消费者到商家以及金融机构之间的货币支付、现金流转、资金结算等功能。

6. 更名熊猫金控，调整主营业务

2015年3月24日公告称，公司中文名称由"熊猫烟花集团股份有限公司"变更为"熊猫金控股份有限公司"，英文名称由"Panda Fire Works Group Co. Ltd."变更为"Panda Financial Holding Corp. Ltd."，英文简称由"Panda Fire Works"变更为"Panda Financial"。经营范围在变更后增加了"互联网产业投资和管理"。

2015年3月27日公告称，公司董事会通过了调整公司主营业务的议案，以互联网金融领域作为公司未来重点发展方向，将陆续对烟花业务相关资产以租售、关停和剥离等方式进行处置。

7. 投资设立熊猫金服

2015年3月24日公告称，拟由熊猫资本管理有限公司投资1亿元设立北京市熊猫金融信息服务有限公司（熊猫金服）。

熊猫金服于2015年正式成立，注册资本金1亿元，是公司旗下专注于提供社区金融服务的品牌，熊猫金服立足社区，以社区体验店形式为广大居民提供"一站式"的优质金融服务，业务包含财富管理、各类金融产品咨询等金融业务，另外还会将更多优质的生活服务、商品惠购及信息交互等逐步引入社区体验店，为周边居民提供更便利的社区生活服务，致力于成为社区居民身边最贴心的金融管家。2015年成立之后，熊猫金服已在北京、武汉等一线、二线城市开立20余家社区体验店，熊猫金服员工在线下为社区居民提供贴心的金融服务以及社区服务。曾有万余人注册并使用熊猫金服旗下独立开发的产品"熊猫票号",销售业绩在短短 3 个月内突破千万元。熊猫金服构建了完整的组织架构和稳健的风险控制体系,下设合规部、市场部、招商部、运营部等,同时建立了严格的贷前审查、完善的贷后管理等风控措施。

8. 投资设立小额贷款公司

2015 年 3 月 24 日公告称,拟由熊猫资本管理有限公司投资 2 亿元设立熊猫小额贷款有限公司。

2015 年 10 月 22 日公告称,该公司已获得广州市越秀区金融工作办公室核准并完成工商注册登记手续,取得了广州市工商行政管理局颁发的《营业执照》。

9. 投资设立众筹公司

2015 年 3 月 24 日公告称,拟由熊猫资本管理有限公司投资 1 亿元设立熊猫众筹科技有限公司。经营范围包括信用评估与管理、投资咨询、经济咨询、商务咨询及其他经批准的业务。拟开展的业务包括利用互联网和社交网络的传播,对需要资金的创业企业及个人申请线上的创意及项目进行审核,审核通过后在平台上面向公众发布项目情况,在项目筹资成功后监督、辅导(人才、渠道、管理)和把控项目的顺利展开,建立产品众筹和股权众筹相结合的综合性众筹平台。2015 年 9 月 8 日公司发布的《对外投资进展公告》中披露,该公司已完成工商注册登记。

10. 拟从 2.65 亿元收购莱商银行 5% 的股权

2015 年 6 月 2 日公告称,本次交易标的为泰丰纺织持有的莱商银行 1 亿股股权,占莱商银行股份的 5%。该股权因泰丰纺织涉及债权债务及保证合同纠纷无力清偿而被法院强制查封并委托拍卖,经过三次拍卖均未能成交,现依法进入变卖阶段,变卖价格为 26489.45 万元。

熊猫金控表示,本次交易有利于发挥公司互联网金融业务线上与线下平台的协同效应,整合各方资源,实现优势互补,增强自身的资金实力,更好地服务于公司的战略转型需求;有利于优化投资结构,实现多元化经营,增强企业风险抵御能力,加快形成新的利润增长点。2016 年 8 月,公司公告该交易完成过户。

11. 拟定增 30 亿元投入互联网金融

2015 年 6 月 17 日熊猫金控披露非公开发行股票预案，公司股票自 2015 年 6 月 18 日开市起复牌。

公告显示，公司拟以 27.25 元/股的价格向银湖资本投资管理有限公司、北京市东方银湖科技有限公司、东营国际金融贸易港有限公司、杭州里程股权投资合伙企业、万载县长欣创新咨询服务有限公司发行不超过 1.1 亿股。本次非公开发行募集资金不超过 30.06 亿元，扣除发行相关费用后将投入银湖网贷平台及互联网金融大数据中心建设项目、金融信息服务平台建设项目。后因为行业环境及政策变化，公司于 2016 年 9 月发布公告称决定终止该定增相关事项。

12. 设立大数据信用管理公司

2015 年 8 月 12 日公告称，公司全资子公司熊猫资本管理有限公司出资 5000 万元设立熊猫大数据信用管理有限公司，占注册资本的 100%，新设立公司经营范围主要为信用评级、数据信息服务等。

13. 设立财管及小贷子公司

2015 年 9 月 1 日公告称，公司将投资设立全资财富管理子公司及小额贷款子公司，投入资金分别为 1 亿元和 3 亿元。

财富管理公司注册资本 1 亿元，将依托母公司的品牌影响及旗下互联网金融业务的渠道优势，开展项目投资、投资管理、资产管理和财务顾问等业务，有利于优化公司的业务结构，实现多元化经营，降低公司经营风险，促进公司持续健康发展。

小额贷款公司注册资本 3 亿元，将基于互联网金融业务平台，打破传统线性模式，通过线上线下同时导入客户资源并对其进行信用甄别，为优质中小微企业及客户提供小额贷款融资和咨询服务，有利于公司拓展新的投资发展空间，增强企业风险抵御能力，加快形成公司新的利润增长点。

14. 增资广东熊猫镇投资管理有限公司

广东熊猫镇投资管理有限公司系由公司与自然人周凌宇共同出资 1000 万元设立。根据广东熊猫镇的经营情况，考虑到市场前景广阔，为满足其配套的流动资金需求，促进发展公司的现有业务，公司及周凌宇拟对其进行增资，增资完成后广东熊猫镇注册资本变更为 1 亿元，公司占其注册资本的 70%，周凌宇占 30%（见表 15－1）。

表 15－1　熊猫镇股份结构

股东名称	出资方式	增资前出资总额（万元）	增资前股权比例（%）	增资后出资总额（万元）	增资后股权比例（%）
熊猫金控股份有限公司	现金	490	49	7000	70
周凌宇	现金	510	51	3000	30

广东熊猫镇投资管理有限公司是公司互联网金融业务的重要组成部分，主要以互联网技术和创新的模式为广大年轻用户提供安全、高效的在线移动端财富管理服务。主要是通过撮合投资人与借款人形成借贷关系，并从借款人获得相应服务费用。由广东熊猫镇独立开发运营的互联网金融理财平台"熊猫金库"已正式上线。"熊猫金库"采用 P2P 网络借贷的金融模式，融合新兴互联网思维和金融风控手段，主要面向手机移动端的年轻人，以互联网技术和创新的产品模式为其提供财富增值和管理服务。①

三、转型业务

1. 网络借贷

公司旗下 P2P 网络借贷平台为银湖网（见图 15－14），目前有注册人数 35 万，2015 全年平台撮合成交量 14.59 亿元，产品主要包括银定宝、直投项目和债权转让。

（1）银定宝是银湖网推出的一款固定期限类"一站式"理财咨询服务。银定宝通过小额分散、循环出借，采用智能投标、自动转让的方式帮助用户降低投资风险，提高资金利用率。

（2）直投项目是融资方直接通过平台借款融资。

（3）债权转让则是供平台直投项目债权方交易所有债权。

---

① 熊猫金控 6510 万增资广东熊猫镇　扩充互联金融产品线［N］. 证券时报，2016－07－07.

图 15-14　银湖网

资料来源：银湖网官网。

　　平台移动端 APP 和微信公众号也已上线开通，实现平台多端口接入。银湖网表示平台通过市场调研和对出借人的人群画像分析，推出了不同类别的产品和不同的计息方式，用差异化产品满足不同人群的投资需求。另外，通过与美国个人消费信用评估公司 FICO 达成战略合作，极大地完善了整体风控管理体系。

　　旗下的融信通商务顾问有限公司作为银湖网络科技有限公司的战略合作伙伴，主要为银湖网推荐借款客户，负责借款审核、贷中风控、逾期催收等工作，并向借款客户收取一定的服务费，2015 全年共撮合成交 8719 笔，实现营业收入 1.27 亿元。

　　2. 互联网理财平台

　　公司旗下广东熊猫镇投资管理有限公司新开发了互联网在线理财平台熊猫金库，根据公司 2016 年半年报，熊猫金库深耕移动端理财领域，抢占移动端互联网红利，把控用户流量入口，设计了微信端和手机 APP 多个产品入口，让平台实现全方位的理财服务，使得投资、支付更加便捷快速。

第十六章 对A股实业上市公司开展
互联网金融的几点总结

第一节 A股实业上市公司开展
互联网金融的动因

通过对上述45家上市公司的梳理，可以总结出其互联网金融转型的动因大致分为以下几种：一是利用原有业务资源向互联网金融拓展，以增加利润增长点；二是原有业务遇阻，转型互联网金融寻求突破；三是看好互联网金融前景而主动涉足。一般第一种由于新业务与原有业务形成了协同效应，从互联网金融业务贡献利润的角度看，较第二种更有优势，而第三种由于上市公司原有业务积累了雄厚的资金实力，便于资源整合，也较第二种更具优势。

一、利用原有业务资源向互联网金融拓展

利用原有业务资源向互联网金融拓展，一种是上市公司原有业务与金融业关联性较强，如提供财经资讯或交易软件，下游客户为投资者或潜在投资者，或者是金融机构，这些公司利用原有业务形成的用户及大数据资源，在原有业务基础上向互联网金融拓展，可以增加利润增长点，新业务与原有业务之间有明显的协同效应，业务拓展的成本相对较低，比较典型

的是金融资讯供应商转型互联网基金销售，如同花顺和东方财富。从业绩上考量，这种转型也是相对成功的。另一种是利用提供交易系统或财经资讯而获得的大数据而拓展业务，是相对比较新的互联网金融转型尝试，如同花顺与基金管理公司合作推出的大数据基金管理业务，从基金业绩排名看，这项业务也是比较成功的。

东方财富是我国领先的网络财经信息平台综合服务商，旗下天天基金网提供详尽的基金相关资讯，在基金资讯领域具有龙头地位。在天天基金网的用户基础上，公司于2012年获互联网基金代销牌照，开展网上基金销售业务，将原有的基金资讯用户转化为基金的投资者。近年来，依托东方财富网的巨大流量，天天基金网作为网上基金超市，成为销售规模最大的独立销售机构。根据公司财报，在2015年的牛市背景下，公司基金销售收入达24.42亿元，占比90%，成为公司最主要的收入来源。

同花顺原有业务是提供网上免费股票证券交易分析软件，是国内主流的三大行情软件提供商之一，另外两家分别是大智慧和通达信。公司的用户既包括机构也包括散户，这些用户资源中既有投资者，也有未来潜在的投资者。2012年公司的投资基金销售资格获批，2015年在牛市背景下，基金销售贡献业绩明显，据公司财报，2015年基金代销服务收入同比增长11倍，营业收入占比达到16.39%。

除了互联网基金销售业务外，同花顺于2016年初与泰达宏利基金联合推出大数据基金——泰达宏利同顺大数据基金，涉足基金管理。根据公开资料，由同花顺为该基金提供所需的大数据，该基金以综合分析互联网大数据所反映的投资者行为作为主线，通过量化投资方式精选个股，可见同花顺的互联网金融拓展充分利用了原有业务所累积的资源。截至2016年12月9日，该基金累积收益率19.5%，在同类基金中表现优异。

大智慧是国内三大证券交易行情提供商之一，也曾于2014年获基金销售牌照，但网上第三方基金销售竞争激烈，同时落后于天天基金网等第一批获取牌照的公司，失去了先机，在2014年及2015年的财报中并未体现基金销售收入。

利用原有业务资源向互联网金融拓展，还有一种情况是制造业企业或消费类企业拓展产业链，利用上游供应商或者下游客户资源，为其提供融资服务，开展供应链金融，这种拓展既支持主业，也增加了利润增长点。但这种转型模式由于流量不足、上市公司经营互联网金融业务的经验不足以及监管收紧后合规成本上升等原因，效果是分化的，如红星美凯龙（非纳入本书的样本公司）对面向客户的网贷平台进行了剥离。另一家上市公司誉衡药业（非纳入本书的样本公司）于 2016 年 9 月将旗下的 P2P 网络借贷平台"誉金所"以 3500 万元及其 5% 的股权作为对价，转让给了聚有财，誉金所 2015 年 9 月上线运营，定位于供应链金融服务，上线仅一年即被转让，应该有监管收紧以及运营状况平平等方面的原因。

二、原有业务遇阻，转型互联网金融寻求突破

在 45 家互联网上市公司中，受宏观经济或行业因素影响，有的上市公司因为原主营业务遇阻，需要寻求业绩增长的突破口。在宏观经济增速放缓、制造业不景气、结构调整成为主基调的背景下，为拥抱互联网、覆盖长尾市场，拥有巨大市场潜力的互联网金融业务成为部分寻求转型的上市公司的首选，比较典型的如熊猫金控、键桥通讯、银之杰。

1. 熊猫金控

"熊猫金控"原名"熊猫烟花"，有 30 多年的发展历史，是中国最大的鞭炮烟花出口企业，也是国际烟花行业唯一的上市公司。公司在多地建有大型烟花生产与科研基地，生产和经营的烟花鞭炮产品涵盖数千个品种。近年来，随着环境问题日益严峻，受各级政府限放禁放政策的限制、国内民众环保意识的加强、雾霾天气肆虐等因素的影响，国内烟花市场需求不断萎缩，公司营业收入在 2013 年出现大幅下降，行业的困境使公司未来的持续发展蒙上了阴影，这促使公司在 2014 年加入了互联网金融转型的热潮，2016 年半年报中披露了旗下四家金融企业：融信通商务顾问有限公司、银湖网络科技有限公司、广州市熊猫小额贷款有限公司、广东熊猫镇投资管理有限公司。

2. 键桥通讯

键桥通讯是专业从事能源、交通领域通信技术解决方案业务的服务商，是国内专网 RPR 市场最大的设备、服务提供商之一。公司业绩在 2013 年出

现大幅下跌，虽然营业收入保持增长，但净利润出现亏损；2014年扭亏，但营业收入出现下滑；2015年营业收入有较大反弹，但净利润增长缓慢。2016年的财报显示，公司在2016年上半年亏损1000多万元，第三季度亏损扩大，归属于上市公司股东的净利润为－2643万元。2016年10月键桥通讯公告称拟收购上海即富45%的股权，在公司收购上海即富的重组发布会上，键桥通讯实际控制人刘辉表示，近年来，随着市场竞争日趋激烈，从事能源、交通领域信息通信技术解决方案业务的键桥通讯经营压力日益增大。键桥通讯董事长在会上表示，公司专网通信业务收入逐年递增，盈利却并未同步，这也体现了单一主营收入给公司带来的风险。为改变这种状况，键桥通讯近几年在大数据及金融领域进行了相关布局，寻找新的增长点，同时推进产融结合战略。

根据原股东方的承诺，上海即富2016年度、2017年度、2018年度对应的经审计的净利润应分别不低于1.5亿元、2亿元、2.5亿元，而2016年1～9月，上海即富实现的净利润约为13571.30万元，所以若收购上海即富45%的股权完成，键桥通讯的财报将将有大幅度改善。而市场对第三方支付资产的争夺，除了利润方面的考量，还有抢占第三方支付形成的大数据资源、潜伏大数据分析和利用的战略诉求。键桥通讯除了在业绩方面得到提升外，也获得了未来向基于大数据的其他互联网金融业务拓展的便利。

3. 银之杰

银之杰原专注于银行影像应用软件开发，下游空间比较狭窄，财报显示公司的营业收入在2013年之前增长停滞，而净利润出现了下滑。在公司主业出现增长"瓶颈"的背景下，2014年公司收购国内最大的移动信息服务商亿美软通100%的股权，进军通信领域；同样始于2014年，银之杰进行了多点开花式的互联网金融布局。目前，银之杰旗下有参股的国内领先的大数据整体方案解决提供商明略软件，参股的首批个人征信公司华道征信，为银行等机构提供助贷服务的金融科技公司国誉金服。国誉金服根据不同消费场景建设定制化风控模型，依据大数据征信评估体系筛选优质客户，可以降低银行放贷的风险；2016年12月，国誉金服开启助贷服务，在消费金融明确受政策支持的背景下，该业务受到市场关注。

银之杰的互联网金融转型，原业务遇到"瓶颈"是原因之一。而其布局的互联网金融业务可以利用现有业务形成的资源，实现协同效应。如征信业务以及助贷业务中均可利用原有银行客户，而大数据业务可利用通信业务进行数据采集等。

银之杰因其多元的互联网金融概念，在二级市场上曾在 2014～2015 年的牛市中被资金爆炒，但其互联网金融业务业绩尚未释放，牛市结束后其股价也大幅下跌。2016 年三季报中公司披露"华道征信的个人征信业务尚处于准备工作阶段，尚未正式获得中国人民银行开展个人征信业务的经营许可；发起设立的互联网财产保险公司开展业务处于起步阶段；证券公司及人寿保险公司的正式设立尚需等待审批"。但目前银之杰仍是互联网金融板块中估值较高的个股之一，可见市场仍对其互联网金融业务的前景寄予了厚望。

三、看好互联网金融前景而主动涉足

除前述两种动因外，还有一种是上市公司主业仍处于良好发展势头，营业收入及净利润增长较快，但公司看好互联网金融前景而主动涉足，在前述 45 家上市公司中，比较典型的是中天城投。

中天城投主营房地产开发，从近几期的财报来看，2011 年和 2012 年公司营业收入及净利润增长较慢，而 2013 年则实现了较大幅度的增长，2014年及 2015 年也保持了较高增速。2016 年三季报显示，其归属于上市公司股东的扣除非经常性损益的净利润增长 56.2%，且毛利率为 31.45%，远高于行业水平。根据机构研报，高毛利源于公司的优质项目及在优势区域持续深耕布局。在主业发展良好的情况下，中天城投从 2013 年开始依靠其政府背景、贵州当地的政策红利，以及主业发展积累的自有资金，开始多点开花式地强力布局大金融产业。根据机构研报，目前公司已经初步形成以贵阳金融控股有限公司（贵阳金控）和中天普惠金融服务有限公司为主体，集证券、保险、基金、互联网金融、权益类交易场所于一体的"大金控"体系。而其金融产业已经开始贡献丰厚利润，贵阳金控在 2015 年首次纳入报表，净利润为 8.09 亿元，在中天城投约 26 亿元的净利润中占比超过 30%。

在中天城投的大金融产品布局中，互联网金融是重要一环。目前，其旗下有控股的 P2P 网络借贷平台招商贷和百安互联网保险，其参股的中黔交易中心则开发了互联网金融产品，另外，其控股的贵阳互联网金融产投与当地的银行合作，打造供应链金融和直销银行业务。

第二节　A股实业上市公司开展
互联网金融的几个特点

通过对前述45家实业上市公司开展互联网金融业务的梳理，可以总结出以下一些特点：

一、网络借贷是上市公司参与较多的互联网金融业务

网络借贷包括P2P网络借贷和网络小额贷款，前者是谋求开展互联网金融业务的实业上市公司开展最多的业务。在梳理45家公司的互联网金融转型过程中发现，多数情况下，虽然上市公司做了多方面的尝试与努力，但实际落实的业务却不多，且多数公司的互联网金融业务在"网络借贷"上落地。

究其原因，一是行业处于飞速发展阶段，从而吸引新的参与者进入。即便在2016年新规颁布、监管收紧及行业竞争加剧等负面因素干扰的环境下，行业仍然取得了飞速发展。根据网贷之家的《2016年全国P2P网贷行业快报》，2016年全国P2P网贷成交额突破2.8万亿元，同比增长137.59%，较往年的成交额增速大幅下降，但超过翻番的增速，仍说明市场的需求为行业的增长提供了内在动力。

二是P2P网络借贷是各互联网金融行业中不需牌照即无市场准入要求的业态，进入门槛低，与互联网保险、个人征信、第三方支付、互联网基金销售等其他互联网金融业态相比，不需要严格的市场准入要求及冗长的审批程序，是A股实业上市公司介入互联网金融比较"方便"的一个领域。当然，这种"方便"使得P2P网络借贷的快速发展伴随着重重问题，例如根据网贷之家的《2016年全国P2P网贷行业快报》，截至2016年底，全国

主动关闭、提现困难、失联跑路问题平台等累计 2456 家，其中 2016 年新发生 938 家（即平均每月曝出 78 家问题平台）。随着《网络借贷信息中介机构业务活动管理暂行办法》及有关资金存管的规定落地实施，行业的门槛在提高，未来上市公司开展这一业务的难度加大，也有部分上市公司退出了 P2P 业务。

二、在存在市场准入要求的领域，业务落地时间较长

在所梳理的 45 家公司中，有多家尝试进入有市场准入要求的业务领域，如个人征信、第三方支付、互联网保险等，但都面临冗长的审批程序，业务落地需要较长的时间周期，也面临较大的不确定性。

键桥通讯曾于 2015 年 8 月公告通过向旗下全资子公司大连先锋投资管理有限公司出借自有资金不超过 3000 万元，参与发起设立相互保险组织众惠财产相互保险总社，该事项至 2016 年 6 月才获保监会批准筹建。上海钢联曾于 2013 年 11 月 15 日公告称拟与复星集团共同出资设立一家支付公司，而由于第三方支付牌照的发放基本收口，公司于 2016 年 5 月 5 日在全景网互动平台表示，公司的第三方支付牌照申请尚在中国人民银行受理中。2013 年 11 月 21 日银之杰公告称拟设立合资公司北京华道征信有限公司，开展征信服务业务及其相关业务，而直至 2016 年底个人征信牌照仍未发放。可见，在这些存在市场准入要求的领域，上市公司面临较多的政策风险，可以从战略的角度做业务布局，但不能寄望于业务尽快落地并贡献业绩。

三、相同细分行业的上市公司开展互联网金融的路径具有共性

相同细分行业的上市公司，利用原有的资源禀赋，并考虑上下游的具体需求，在向互联网金融拓展的路径上具有一些共性。金融软件和信息服务行业及软件和信息服务业的上市公司，大多数进行了互联网金融技术的开发及布局，如同花顺与券商合作推出大数据基金，金证股份推出金微蓝云平台，恒生电子开展了区块链技术在票据领域应用的研发。此外，房地

产开发企业多参与了 P2P 网络借贷，而大众消费行业的上市公司多开展了以产业链真实交易为背景的供应链金融。

四、从主营业务构成看，目前并无纯粹的互联网金融标的

从前述纳入 Wind 互联网金融指数的标的公司来看，目前并没有完全意义上的互联网金融标的。根据梳理，前述上市公司大多数是从多元化经营的角度涉足互联网金融业务，即使是致力于全面转型的公司，如熊猫金控，仍保留了相当大比例的原主营业务，根据 2015 年年报，其烟花业务营业收入占比为 45.47%。在 45 家公司中，根据 2016 年年报，新力金融是唯一置出原全部主营业务和资产的上市公司，公司名称也由"安徽巢东水泥股份有限公司"变更为"安徽新力金融股份有限公司"，主营业务变更为类金融业务，公司转型为"以农村金融服务为特色，以互联网金融为核心的综合性现代金融服务企业"。其旗下的类金融业务包括小额贷款、融资担保、典当、融资租赁、P2P 网络借贷业务，其中具有互联网金融属性的 P2P 网络借贷业务无论从营业收入还是净利润来看，都占比很小。可见，从主营业务构成看，A 股上市公司中目前并无纯粹意义的互联网金融标的，而 Wind 互联网金融指数对行业的代表性也要打一定的折扣。

五、2016 年监管新规带来了冲击

据网贷之家统计，截至 2016 年 10 月，上市系 P2P 网络借贷平台中上线于 2011 年的有 3 家，2012 年的有 5 家，2013 年的有 11 家，2014 年的有 30 家，2015 年的有 31 家。而在盈灿咨询和网贷之家联合发布的《2016 上市系 P2P 网贷平台年终盘点》中，2016 年上市系 P2P 网络借贷平台仅上线 7 家。上市系 P2P 网络借贷平台上线数量的变化，也折射出行业环境的变化。2016 年是互联网金融经历较强监管的一年，对于 P2P 网络借贷行业，除了互联网金融风险专项整治外，还有《网络借贷信息中介机构业务活动管理暂行办法》及《网络借贷资金存管业务指引（征求意见稿）》等监管文件出

台，这些文件的出台提高了行业的合规成本，也一定程度上影响了上市公司进入这一行业。

另外，2016 年上半年，媒体广泛报道证监会将禁止上市公司为投资互联网金融、影视、网络游戏和虚拟现实（VR）等"虚拟"非核心业务而定增融资，以避免出现投机性泡沫。在此影响下，有多家上市公司终止了以互联网金融资产为标的的定增预案。

第三节　A 股实业上市公司开展互联网金融的路径

上市公司转型互联网金融业务，根据企业自身资源禀赋和各互联网金融业务性质的不同，一般有以下几条路径：申请牌照自营、通过收购曲线介入、合资成立互联网金融企业、通过定增扩充原有互联网金融业务。

一、申请牌照自营

在有市场准入监管的领域，上市公司申请牌照开展业务，如互联网基金销售、互联网保险以及征信等。

财经资讯及行情交易软件供应商如东方财富、同花顺及大智慧均获得了基金销售牌照。东方财富和同花顺于 2012 年获得互联网基金销售牌照，而大智慧于 2014 年获得基金销售牌照。关于此三家公司，前文已有说明，在此不再赘述。

此外，在新兴领域，如互联网保险，市面上现有牌照较少，上市公司欲涉足这一领域，也采取了申请牌照的路径。对比网络借贷行业，互联网保险起步较晚，直到 2015 年才真正开始试行并较大规模推进，2015 年因而被业界称为互联网保险元年。也是在 2015 年，首批四家互联网保险牌照获批，而直至 2016 年底，仍仅为这四家公司持有互联网保险牌照，分别为众安、泰康、易安及安心保险，其中易安保险即上市公司银之杰旗下参股的互联网保险企业。

另外，随着P2P网络借贷的"野蛮"生长以及消费金融的兴起，对于个人征信的市场需求越来越迫切，但截至2016年底，中国人民银行仍未下发个人征信牌照，觊觎个人征信市场的上市公司，申请并等待牌照是更为现实的选择。2015年1月，中国人民银行印发《关于做好个人征信业务准备工作的通知》，八家机构进入筹备阶段，2016年8月中国人民银行完成了对这八家机构的审核，牌照的下发将是它们进入市场的最后一环。上市公司银之杰旗下的华道征信是这八家筹备征信业务并申请牌照的机构之一。

二、通过收购曲线介入

对于有市场准入监管但已经收口的领域，如第三方支付，排队申请新牌照前景渺茫，前述45家上市公司中，中天城投、上海钢联及生意宝旗下的生意通均曾排队申请第三方支付牌照，但截至2016年底，均尚未获批，从而对上市公司而言，采取收购的方式曲线获得牌照成为现实的选择。

在前述45家上市公司中，有多家公司通过收购曲线获得第三方支付牌照，包括互联网支付牌照。

2015年7月，东方财富公司公告称，使用自有资金2.5亿元，增资入股易真网络科技股份有限公司，增资后公司持有的股份占易真股份增资后总股本的27%。易真股份全资控股的第三方支付企业宝付公司主营业务为互联网第三方支付平台的运营。通过收购易真股份，公司曲线进入互联网第三方支付领域。

2016年10月，键桥通讯发布重大资产购买暨关联交易报告书（草案），拟斥资9.45亿元购买上海即富45%的股权，收购的价款一部分来自建行深圳市分行的专项贷款，一部分来自公司自有资金。资料显示，上海即富专注于小微商家数据服务，通过提供电信增值服务、基于场景的支付服务，为小微商家提供专业的移动互联网综合服务解决方案，其子公司点佰趣是拥有全国性收单业务支付牌照的43家机构之一。键桥通讯通过此次收购可曲线进入第三方支付领域。

另外，由于券商牌照尚未向互联网企业放开，有互联网上市公司通过收购券商而致力于互联网券商业务的拓展。如东方财富（占股99%）及旗下全资子公司东财研究所（占股1%）于2015年12月完成收购西藏同信证券100%的股权。公司在公告中称，东方财富未来将利用其基于互联网金融服务大平台所积累的庞大用户群体、技术能力、服务能力和资源整合优势，与同信证券传统证券业务进行协同发展，充分挖掘客户对金融服务的潜在需求，为客户量身定制专业化、差异化的金融产品和服务，凭借海量客户基础和数据推动公司继续向一站式互联网金融服务大平台迈进。

三、合资成立互联网金融企业

部分上市公司与其他公司共同出资成立互联网金融企业，以实现优势互补，合力进入新的业务领域。对于上市公司来说，通过合作聚拢多方资源，可以减少进入新业务领域的风险。

银之杰与易宝支付及创恒鼎盛共同出资设立北京华道征信，银之杰拥有广泛的银行客户资源，可为发展征信服务市场提供渠道与资源；而易宝支付拥有首批中国人民银行颁发的支付牌照，已经积累了丰富的交易数据，可为公司从事征信业务提供一定的数据基础。

2015年5月汇金股份公告称，公司与上海棠棣信息科技有限公司、上海海涵资产管理有限公司共同出资设立了上海微银财富有限公司。公司在此前的公告中称，通过本次投资，公司将进入互联网金融领域。新设公司将充分利用参股投资股东的技术、交易数据、客户资源及业务管理优势，为新公司未来的发展奠定坚实的基础。新设公司主要专注于互联网金融领域，搭建P2P网络借贷平台，为投融资提供服务。

四、通过定增扩充原有互联网金融业务

由于业内流传证券监管层在2016年上半年严控定增进行针对互联网金融资产的跨界并购，所以2016年以来获批的以互联网金融业务为标的的定增均是用于内生性的业务扩充，且资金用途主要是互联网金融技术方面。在45家上市公司中，以定增来进行内生性互联网金融业务扩充的主要有赢

时胜和银之杰。

赢时胜为国内老牌金融机构资产管理和托管业务软件服务商，下游客户覆盖基金、托管银行、证券、保险、信托等金融行业。2015 年 7 月，赢时胜公布定增预案，公司拟向实控人唐球等定增不超过 4500 万股，募资不超过 30 亿元投向互联网金融项目，具体包括互联网金融大数据中心项目、互联网金融产品服务平台、互联网金融机构运营服务中心及补充公司流动资金。上述三个项目建设周期均为两年。

公司表示，本次募集资金投资项目建成运营后，公司将由原有的金融信息化业务扩展到互联网金融服务业务，向客户提供更加丰富的互联网金融服务。2016 年 3 月，公司完成了定增，开启了"互联网金融 2.0 时代"。

银之杰于 2016 年 11 月公布修订后的定增预案，拟非公开发行不超过 2400 万股，募集资金总额不超过 3.62 亿元，扣除发行费用后将全部用于银行数据分析应用系统建设项目及补充流动资金。12 月该定增方案获得证监会通过。根据公告，该银行数据分析应用系统以提升银行的运营效率、降低运营成本为目标，以大数据及云计算技术为基础，开发面向银行业的数据分析应用软件（系统）作为前端应用产品，并在深圳、上海各建设一个数据中心作为后端支撑基础设施，以此通过定制化开发系统及提供技术服务、运维服务、数据存储服务等方式，向银行提供相应的数据挖掘分析、风险管理、精准营销、决策支持等服务。

第四节　监管新规后几家上市公司的互联网金融转型遇阻

互联网金融，尤其是 P2P 网络借贷近年来的发展历程中，监管相对滞后、缺位，导致 P2P 网络借贷平台丑闻频出，严重损害了投资者利益。2016 年是监管迎头赶上的一年，被称为互联网金融监管年。2016 年监管文件密集出台，涉及互联网金融的多个业态。其中，网络贷款是上市公司参与互联网金融涉及较多的领域，也是受监管新规冲击较大的互联网金融行业。

一、网络借贷新规

2016 年的网络借贷新规，一是 8 月银监会向各银行下发的《网络借贷资金存管业务指引（征求意见稿）》，对银行开展网络借贷资金存管业务进行了规定。二是同样在 8 月，由银监会、公安部、工信部、互联网信息办公室四部委联合发布的《网络借贷信息中介机构业务活动管理暂行办法》（以下简称《办法》），网络借贷行业监管细则正式出台。

与 2015 年 12 月出台的《网络借贷信息中介机构业务活动管理暂行办法（征求意见稿）》相比，《办法》对"小额"做出了具体规定，P2P 网络借贷行业整改期也由征求意见稿中的 18 个月改为 12 个月，同时修改、新增了三条红线，包括：

（1）禁止"开展类资产证券化业务或实现以打包资产、证券化资产、信托资产、基金份额等形式的债权转让行为"。

（2）禁止发售的理财产品新增"金融产品募集资金"。

（3）禁止借款用途新增"场外配资、期货合约、结构化产品及其他衍生品"。

对于现有的 P2P 网络借贷平台来说，在政策趋紧的大背景下，在一年整改期结束后能否达到标准进行合规经营还是一个未知数。监管新规中最为引起业界轰动的，当属如下几条规定：

1. 电信业务经营许可证

《办法》第二章第五条规定："网络借贷信息中介机构完成地方金融监管部门备案登记后，应当按照通信主管部门的相关规定申请相应的电信业务经营许可（ICP 经营许可证）；未按规定申请电信业务经营许可的，不得开展网络借贷信息中介业务。"依据《互联网信息服务管理办法》，互联网信息服务分为经营性和非经营性两类。国家对经营性互联网信息服务实行许可制度，对非经营性互联网信息服务实行备案制度。

2. 资金存管

2016 年 8 月发布的《网络借贷资金存管业务指引（征求意见稿）》中

第七条规定："网络借贷信息中介机构需获得电信业务经营许可并满足其他条件后，才可以作为委托人开展网络借贷资金存管业务。"《办法》给出的一年整改过渡期并不够一般 P2P 网络借贷平台跨过银行资金存管的门槛。

根据零壹财经研究院的数据，在实务中，由于存管门槛高，截至 2016 年 10 月 1 日，国内与银行签约存管的网络借贷平台不足 300 家，实际完成系统对接的仅有 95 家，其中部分还是颇受争议的银行与第三方支付"联合存管"模式。① 行业存管率只有 5.6%，大多数平台尚未接入银行存管系统，这使行业整体的合规风险大大增加。

从资金存管的另一参与主体——银行来看，并无接入 P2P 网络借贷平台的主动性。业内人士表示，银行为 P2P 网络借贷平台提供存管服务仅能获得有限的用户资源、交易量和手续费，并且现在政策还不明朗，行业监管不够规范。另外，在实务中，由于投资者普遍存在刚性兑付的心态，对风险认识不足，而 P2P 网络借贷平台作为新生事物，风控本身存在"短板"，一旦 P2P 网络借贷平台出现问题，存管银行会受到牵连，从而银行对 P2P 网络借贷平台的态度是不积极的，这也给 P2P 网络借贷平台实现资金存管增加了难度。

3. 借款余额限制

《办法》第三章第十七条规定："同一自然人在同一网络借贷信息中介机构平台的借款余额上限不超过人民币 20 万元；同一法人或其他组织在同一网络借贷信息中介机构平台的借款余额上限不超过人民币 100 万元；同一自然人在不同网络借贷信息中介机构平台借款总余额不超过人民币 100 万元；同一法人或其他组织在不同网络借贷信息中介机构平台借款总余额不超过人民币 500 万元。"

这项规定给网络贷款平台带来了巨大冲击。在实务中，目前大量平台都超过了《办法》中对于借款余额的限制，所以不但新增业务将会遇到借款余额上限的制约，消化现有存量业务对于网络借贷平台来说也是一个不小的难题。

监管措施的陆续出台，加速了实力较弱的平台离场，网络借贷行业已

---

① 零壹财经研究院. 中国网贷行业月度简报 [N]. 2016 - 10 - 08.

进入洗牌期。有不少经营困难或不合规的网络贷款平台选择主动退出市场，也有数百家平台选择隐形停运，形成"良币驱逐劣币"的趋势，体现了优胜劣汰的健康发展机制。关于电信业务经营许可证及银行资金存管都需要一定的业务办理周期，对于网络借贷企业来说，在整改期限内完成整改，时间上比较紧张，同时合规成本的上升将使盈利更加困难，未来还将有网络借贷平台退出市场，行业集中度有望提高。

二、上市公司剥离 P2P 网络借贷业务

虽然仍有上市公司在扩充 P2P 网络借贷资产，如欣旺达接手新纶科技持有的 P2P 网络借贷平台鹏鼎创盈 2.9508％ 的股权，使原有的 2.9508％ 的持股比例上升至 5.9016％，但也出现了上市公司面对监管收紧、行业盈利前景看淡而出于整体战略考虑剥离 P2P 网络借贷业务的现象。

业内认为一般上市公司的 P2P 资产是相对比较健康的，对比非上市系的 P2P 网络借贷业务，因上市公司信息批露要求高所以更透明，且第三方资金存管也比较到位，但监管收紧、行业竞争加剧以及缺少经验等原因，使个别的 P2P 网络借贷平台盈利成为"短板"。根据公开信息，有五家涉 P2P 网络借贷业务的上市公司剥离了该业务，分别是红星美凯龙、匹凸匹、盛达矿业、高鸿股份和新纶科技。

1. 红星美凯龙

红星美凯龙是香港上市的家具巨头，2015 年 8 月全资成立家金所，作为一家网络借贷平台，其产品之一是"家金宝"，主要面向红星美凯龙商场内经营的商户提供展位新开、展位装修、缴纳租金和经营周转贷款，但其额度超过了网贷新规中关于个人贷款不超过 20 万元的要求，后来下架。家金所于 2016 年 10 月发布公告称，从 10 月 30 日起不再提供借贷撮合服务，原有的资金融通业务由旗下的小贷公司提供，标志着红星美凯龙将退出 P2P 网络借贷业务。

上市公司依托实业发展互联网金融业务，除了面临监管收紧、合规成本提高外，还有一个问题是虽然利用了原有业务的客户资源，但流量不足，同时竞争激烈，理财端融资成本高，且缺乏互联网金融平台的运营经验。

2. 匹凸匹

匹凸匹原名多伦股份，主营业务为房地产综合开发，2015年5月更名以示转型互联网金融的决心。2016年8月公司发布公告称，拟以1亿元出售P2P网络借贷业务公司——匹凸匹金融信息服务（深圳）有限公司100%的股权。该拟出售子公司于2015年5月成立，是匹凸匹转型互联网金融的核心资产，受行业监管政策影响，一直未正式开展P2P网络借贷业务。匹凸匹解释称，鉴于互联网金融行业监管趋严，短期内无法通过该业务为公司带来收入及利润，公司因此拟将其转让。该公司的转让，意味着匹凸匹转型互联网金融折戟。

3. 盛达矿业

盛达矿业于2015年6月发布公告称，拟斥资2.75亿元收购和信贷的运营商和信电子商务有限公司（和信电商）与和信金融信息服务（北京）有限公司（和信金融），并对其增资，交易完成后占股均为55%。3个月后的9月交易大幅度缩水，该项交易投资金额由2.7亿元变更为2500万元，占股比例也均变更为5%。这次交易意味着盛达矿业以参股方式首次涉足互联网金融行业。根据公司公告，和信贷互联网金融服务平台于2013年8月18日正式上线运营，主要为中小微企业及企业主提供投融资信息咨询服务，采用自营O2O模式，依托互联网、大数据风控、云征信等技术建立完整的互联网金融O2O闭环。

2016年10月，盛达矿业发布的对外投资进展公告显示，拟以3060万元全部转让持有的和信电商及和信金融各5%的股权，股权转让后可直接获得投资收益560万元，收益率为22.4%。盛达矿业解释称，目前国家针对P2P行业陆续出台监管政策，该行业发展空间受限，公司决定退出该项目。和信贷官网显示，其仍然保持较好增长势头，属于质量较好的互联网金融资产，对于盛达矿业来说，虽然该笔投资获得不菲收益，但也意味着监管新规下盛达矿业试水互联网金融暂时中止。

4. 高鸿股份

上市公司高鸿股份于2016年9月发布公告，旗下子公司高鸿中网拟出售外购的互联网金融借贷技术平台，该平台支持中小企业或个人用户通过平台经营者提供的客户端软件、网站进行借贷。公司公告称，互联网金融借贷平台系为开展相关业务外购的技术平台，受行业监管政策影响，高鸿中网未来不准备再发展此方向，因此希望尽快转让，以盘活资产。该公告也意味着公司 P2P 网络借贷资产的剥离。

5. 新纶科技

新纶科技于 2016 年 9 月底发布公告称，公司董事会审议通过公司以 4000 万元价款将持有的鹏鼎创盈 2.9508% 的股权转让给欣旺达电子股份有限公司。鹏鼎创盈全称为深圳市鹏鼎创盈金融信息服务股份有限公司，成立于 2014 年 6 月，依托互联网等技术手段，提供金融中介服务（根据国家规定需要审批的，获得审批后方可经营）。参股公司有多家深圳的上市公司，可以说是当地上市公司试水 P2P 网络借贷业务的一个平台，新纶科技于 2016 年 7 月出资 2000 万元，获 3.7895% 的股权；后来鹏鼎创盈又增资扩股，使得新纶科技的持股比例降为 2.9508%。

新纶科技在公告中称，鹏鼎创盈股权非公司核心资产，与公司主营业务无直接关联，本次股权转让符合公司整体发展战略，有利于公司进一步优化资产结构及资源配置，集中资金聚焦核心业务发展。本次股权转让完成后，公司不再持有鹏鼎创盈的股权。鹏鼎创盈的另外一家上市公司股东天源迪科也于 2016 年 9 月初出售了所持有的全部股份，从 P2P 网络借贷业务中撤退。

业内分析认为，对上市公司而言，继续持有 P2P 网络借贷资产，一方面要投入大量资源确保合规；另一方面，监管新规下的 P2P 网络借贷平台向着小微化和中介化转型，业务模式相对单一，已经很难承载上市公司通过 P2P 网络借贷平台布局互联网金融业务的愿望。

三、上市公司终止以互联网金融资产为标的的定增

上市公司转型互联网金融业务，通过定增募集资金是大手笔，可以募集数亿元甚至几十亿元的资金收购互联网金融资产。2016 年上半年媒体透露监管层严控以互联网金融资产为标的的定增，上市公司转型互联网金融遭遇新的政策风险，先后有多家上市公司以互联网金融资产为标的的定增被迫终止。本书中提及的 45 家上市公司中，熊猫金控、天业股份和融钰集

团终止了以互联网金融资产为标的的定增。

1. 熊猫金控

上市公司开展互联网金融业务，多数并未放弃主业，而是以参股或控股子公司的形式参与。熊猫金控是少数全面转型互联网金融的公司之一。2015年3月，公司董事会通过决议将公司名称由"熊猫烟花"更名"熊猫金控"，推动企业转型升级，以设立、参股等形式进入互联网金融、小额贷款等金融领域，并陆续对烟花业务相关资产租售、关停和剥离，标志着公司全面转型互联网金融业务。Wind资讯显示，2015年公司年报披露的主营业务构成为：金融或理财产品占52.47%，烟花销售及烟火燃放占45.47%。

从业绩的角度考量，公司转型一年多，目前整体上转型业务尚未贡献利润。2016年公司半年报显示，金融业务四家公司中仅熊猫小额贷一家盈利，银湖网亏损1000多万元，金融业务合计亏损达3000万元，烟花业务盈利，扣非净利润为负的1228.69万元。三季报显示，截至三季度公司扣非净利润为负的214.84万元，整体仍然未能实现盈利。而终止定增，使其在互联网金融转型之路上进一步遇阻。

熊猫金控曾于2015年10月披露非公开发行股票预案修订稿，酝酿一年多之后，于2016年9月发布公告称决定终止该定增相关事项。根据定增预案，熊猫金控原拟以25.17元/股的价格向银湖资本、东方银湖等四名对象非公开发行不超过1.53亿股，募集资金总额不超过38.5亿元，拟全部用于投资互联网金融行业，具体包括网络小额贷款项目、互联网金融大数据中心建设项目及金融信息服务平台建设项目。

公司在投资者说明会中回复投资者称，鉴于此次非公开发行股票方案发布至今，再融资政策法规、资本市场环境、融资时机等因素发生了诸多变化，公司综合考虑各种因素，经与其他各方深入沟通和交流，决定终止此次非公开发行股票相关事项。此前，虽然监管层并未明确发文，但业内流传严控上市公司跨界定增，包括互联网金融资产，因此熊猫金控终止定增应与此有关。

2. 天业股份

天业股份原主营业务为房地产及矿业，于2015年开始涉足金融业务，旗下有产业并购基金天恒盈合、小贷公司天业小贷及证大速贷及租赁公司博申租赁。2015 年 12 月公司发布公告称，拟定增加码互联网金融业务，2016 年 8 月公告终止该定增事项。根据原定增预案，天业股份拟向北京国开汉富中金投资中心（有限合伙）等六名特定对象非公开发行不超过 2.67 亿股，募资拟用于增资济南市高新区天业小额贷款股份有限公司、增资博申融资租赁（上海）有限公司及投资社区金融互联网综合服务平台建设项目。

天业股份在投资者说明会中未直接回答终止定增是因为证监会限制跨界定增，回复中称，鉴于标的公司所处行业为类金融行业，其行业监管政策和市场环境发生变化，综合考虑目前资本市场现状及实际情况、对广大中小股东保护等因素，经与认购对象、保荐机构等深入沟通和交流，公司决定终止本次非公开发行股票相关事项，并向中国证监会申请撤回本次公司非公开发行股票的申报材料。回复中提及"标的公司所处行业为类金融行业"，而公司主业仍为房地产和矿业，可见证监会限制跨界定增是终止定增的原因之一；另外，提及类金融行业监管政策和市场环境发生变化，互联网金融行业监管收紧影响行业前景应该也是原因之一。

3. 融钰集团

融钰集团主营业务为电气开关，受行业环境影响，业绩增长遇到"瓶颈"，从而开始寻求转型之路。2015 年 12 月公司发布定增公告，拟以发行股份及支付现金的方式收购北京海科融通支付服务股份有限公司（海科融通）100% 的股份。

2016 年 6 月，融钰集团发布终止收购的公告，在公告中称，本次收购标的公司海科融通主要从事第三方支付与互联网借贷平台业务，属于互联网金融行业。目前，互联网金融行业的发展面临着监管政策的重大不确定性，未来随着监管政策的不断完善，将深刻影响行业未来的发展方向和竞争格局。虽然公司本次收购标的具有一定的行业影响力，但尽管如此，鉴于行业监管政策在短期内难以明朗且依据监管部门关于重大资产重组政策的最新调整，公司确实无法按照相关规定在限定的期限内召开董事会并发布召开股东大会的通知，经公司董事会审慎研究，本次重组事项自然终止。

从上述公告中可见，公司终止定增收购，既有互联网金融监管收紧增加行业发展不确定性的原因，也有证监会严控跨界定增的原因。

以互联网金融资产为标的的定增遇阻，意味着上市公司向互联网金融转型或扩张需要更多依赖自有资金的积累，速度将会放慢。而在监管收紧的背景下，上市公司对互联网金融的态度也将趋于谨慎。

除了上述以定增方式获取资金进行互联网金融资产收购遇阻外，还有上市公司以现金方式收购互联网金融资产折戟，典型的案例是华塑控股。

华塑控股原主营业务为门窗制造，作为传统行业，近年来出现盈利困难，从财务报表上看，扣非净利润处于连年亏损状态，管理层希望通过涉足互联网金融寻求转变。公司于 2016 年 5 月发布公告称，拟以现金方式购买曲水中青和创网络科技持有的北京和创未来网络科技有限公司（和创未来）51% 的股权，交易金额为 14.28 亿元。根据公告，和创未来为一家互联网金融信息服务平台，与 P2P 网络借贷平台不同，和创未来提供的服务更为多元，为大学生提供分期付款及小额现金贷款，并围绕大学生、商家及银行三个信用主体提供信息、撮合、助贷等服务。

2016 年 6 月，华塑控股发布公告称终止收购和创未来。公司称，鉴于当前市场环境发生变化，经公司审慎研究认为，继续推进此次重组事项将面临诸多不确定性因素，决定终止此次重大资产重组事项。华塑控股终止此次定增，应该与监管层严格跨界并购审批有关。可见，以现金方式进行互联网金融的跨界并购同样面临困难。

专题一　互联网金融概念股股价走势

为了更直观地让读者感受资本市场对互联网金融以及相关企业的反应，我们整理了 2014 年 8 月 1 日至 2016 年 8 月 1 日期间上证指数、Wind 互联网金融指数以及 45 家上市公司股价数据，分别形成对比折线图后发现所有互

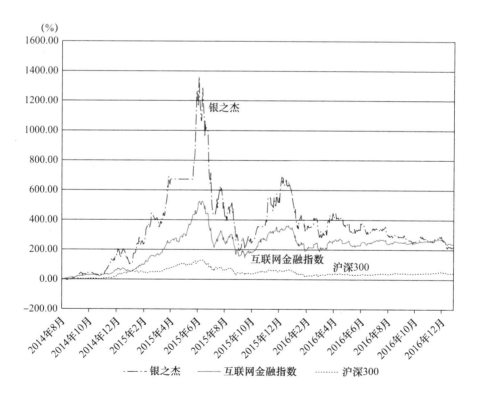

图1　银之杰、互联网金融指数及沪深 300 的走势

资料来源：根据 Wind 资讯数据整理（以 2014 年 8 月 1 日价格为基数）。

联网金融概念股股价涨跌走势与上证指数走势一致，但涨跌幅度明显高于上证指数、Wind 互联网金融指数。以银之杰为例，2014 年牛市开启后，其股价一路上涨，涨幅远超同期上证指数、Wind 互联网金融指数；公司于2015 年 4 月 2 日停牌并开始筹划非公开发行股票预案，募集资金总额不超过289860 万元投入互联网金融大数据服务平台；2015 年 5 月 22 日复牌后连续收获多个涨停板，但随后即遇到股灾来临，其股价从历史最高位 101.88元直线跌落到最低位 19.73 元，其他互联网金融概念股跌幅也远超上证指数，这说明中国互联网金融兴起的这轮浪潮确实催生了资本市场的大量泡沫。潮退了，才知道谁在裸泳，这一轮去泡沫化的过程也是去芜存菁的过程，对于中国互联网金融这一新兴产业，长期来看是一件好事。

专题二 公司更名情况

更名前	更名后	更名日期
汉鼎股份	汉鼎宇佑	2016 年 6 月 22 日
绵世股份	绵石投资	2016 年 7 月 13 日
鸿利光电	鸿利智汇	2016 年 7 月 19 日
浩宁达	赫美集团	2016 年 5 月 24 日
金叶珠宝	金洲慈航	2016 年 4 月 25 日
欧浦钢网	欧浦智网	2015 年 8 月 18 日
巢东股份	新力金融	2016 年 4 月 7 日
熊猫烟花	熊猫金控	2015 年 4 月 20 日
海隆软件	二三四五	2016 年 3 月 13 日
永大集团	融钰集团	2016 年 11 月 4 日

参考文献

［1］奥兹·谢伊．网络产业经济学［M］．上海：上海财经大学出版社，2010．

［2］陈晓华，曹国岭．互联网金融风险控制［M］．北京：人民邮电出版社，2016．

［3］胡滨，尹振涛．中国网络借贷行业研究［M］．北京：经济管理出版社，2016．

［4］霍学文．新金融新生态［M］．北京：中信出版社，2015．

［5］克里斯·安德森．长尾理论［M］．北京：中信出版社，2006．

［6］零壹研究院．2015 中国 P2P 借贷服务行业白皮书［M］．北京：东方出版社，2015．

［7］零壹研究院．中国 P2P 借贷服务行业发展报告（2016）［M］．北京：中国经济出版社，2016．

［8］帅青红．电子支付结算系统［M］．成都：西南财经大学出版社，2006．

［9］斯蒂芬·德森纳．众筹［M］．北京：中国人民大学出版社，2015．

［10］网贷之家，盈灿咨询．2016 年全国 P2P 网络借贷行业半年报［R］．2016－07－01．

［11］吴秋余．谁"偷"了我的支付信息？［N］．人民日报，2016－11－21．

［12］谢平，陈超，陈晓文．中国 P2P 网络借贷：市场、机构与模式［M］．北京：中国金融出版社，2015．

［13］谢平，邹传伟，刘海二．互联网金融手册［M］．北京：中国人民大学出版社，2014．

［14］谢平，邹传伟．互联网金融的兴起及八大类型［J］．博鳌观察，2014（4）．

［15］杨才勇，严寒．互联网消费金融：模式与实践［M］．北京：电子工业出版社，2016.

［16］杨涛．真实的 P2P 网贷［M］．北京：经济管理出版社，2016.

［17］易观智库．2016 年中国个人征信市场专题研究报告［R］．2016－08－02.

［18］易观智库．中国校园消费金融市场专题研究报告［R］．2016－01－25.

［19］郑联盛．美国互联网金融为什么没有产生"颠覆性"？［J］．经济研究信息，2014（3）．

［20］中国互联网金融协会．中国互联网金融年报 2016［M］．北京：中国金融出版社，2016.

［21］朱彤．外部性．网络外部性与网络效应［J］．经济理论与经济管理，2001（11）．

后　记

在书稿的编写过程中，我们发现，对于部分上市公司来说，"开展互联网金融业务"远不如"进行互联网金融业务布局"更为准确，因为从业绩的角度去考量，有一些互联网金融业务尚未坐实、落地，如个人征信牌照迟迟未下发，上市公司开展互联网金融业务面临复杂的外部环境，未来将任重而道远。投资者对此也需加以甄别，如果盲目跟风炒作，在概念炒作退潮、市场重新回归理性并审视价值这一投资本源时，难免会遭受损失。

2014年和2015年出现互联网金融的热潮，2016年随着竞争加剧及监管收紧，这一波热潮开始冷却。互联网金融概念上市公司的二级市场表现，也为我们提供了另外一个视角去窥视行业沉浮。以 Wind 互联网金融指数为例，在从2015年的牛市高点回调后，2015年下半年有所反弹，年底随市场回落，之后在2016年基本是低位横盘运行，总体上二级市场表现平平。总结原因，可以推断一是在监管新规后，资金开始趋于冷静，失去了对这一板块的炒作热情；二是互联网金融板块整体在业绩上并无明显建树，未能吸引资金的持续跟进。在我们梳理的45家上市公司中，不乏互联网金融业务亏损或仅仅微利的例子。互联网金融因为覆盖了广阔的长尾市场而被业界视为"蓝海"，但认清其本质，如何冷静而理性地面对，不论是对投资者，还是对实业的参与者，都是需要思考的课题。

作为新兴的领域，国内互联网金融的发展可以概括为业务实践走在前面，而配套的"基础设施"相对滞后，至今仍然面临诸多问题与挑战，如监管体系的进一步建设与完善、征信体系的建设与完善、投资者"刚性兑付"观念的改变与风险意识的培养以及风险的防范与控制等，在很多方面并没有现成的经验可供借鉴，在行业的发展中，难免会伴随着试错与纠错的过程，但行业逐步走向成熟是必然趋势。我们相信未来也会有从事互联网金融业务的上市公司脱颖而出，为投资者贡献丰厚的回报。

　　本书的出版是多方共同努力与付出的结果。首先，黄国平、朱太辉、肖翔、赵鹞、胡吉祥、张立炜等几位专家学者给出了非常中肯的指导，我们在后期的修改中充分参考并吸收了他们的意见。其次，吕雯博士在本书的写作和完善中付出了非常多的精力。再次，编写过程中涉及大量的信息收集与整理，当时学院的实习生姚佳超、陈兆聪和陈雅静配合编写组做了许多细致的工作，在此一并向他们表示感谢！最后，感谢经济管理出版社的编辑宋娜对本书的支持！

　　本书所覆盖的上市公司开展互联网金融业务在时间跨度上基本是在2011～2016年，未来在行业逐步走向成熟的过程中会出现个体的优胜劣汰，而行业内的上市公司也将出现分化，我们将继续跟踪这一实力较强又具有透明度的企业群体，观察它们如何演绎行业的变迁，也乐于与读者共同探讨这一课题。本书下篇的内容多参照上市公司的公开信息，并做了一些调研，但囿于时间及精力，对上市公司的了解不够深入，书中难免有片面及不足之处，衷心希望读者批评指正。

本书编写组

2017 年 3 月 31 日